形势分析
政策纵横

XINGSHI FENXI ZHENGCE ZONGHENG

主　编　胡　宁　于春明　唐建文
副主编　杨先永　陈秀元　田宪刚

中国社会科学出版社

图书在版编目（CIP）数据

形势分析　政策纵横/胡宁，于春明，唐建文主编 . —北京：中国社会科学出版社，2015.8
ISBN 978 - 7 - 5161 - 6805 - 9

Ⅰ.①形… Ⅱ.①胡… ②于… ③唐… Ⅲ.①时事政策教育—高等学校—教材　Ⅳ.①G641.41

中国版本图书馆 CIP 数据核字（2015）第 193893 号

出 版 人	赵剑英	
责任编辑	卢小生	
特约编辑	林　木	
责任校对	周晓东	
责任印制	王　超	
出　　版	中国社会科学出版社	
社　　址	北京鼓楼西大街甲 158 号	
邮　　编	100720	
网　　址	http://www.csspw.cn	
发 行 部	010 - 84083685	
门 市 部	010 - 84029450	
经　　销	新华书店及其他书店	
印刷装订	北京君升印刷有限公司	
版　　次	2015 年 8 月第 1 版	
印　　次	2015 年 8 月第 1 次印刷	
开　　本	710×1000　1/16	
印　　张	13.75	
插　　页	2	
字　　数	233 千字	
定　　价	28.00 元	

凡购买中国社会科学出版社图书，如有质量问题请与本社营销中心联系调换
电话：010 - 84083683
版权所有　侵权必究

前　　言

　　形势政策教育是高等学校思想政治教育的重要内容，是对学生进行形势与政策教育的主渠道、主阵地，是大学生的必修课程，在大学生思想政治教育中担负着重要使命，具有不可替代的重要作用。编写本书的中心思想是：全面贯彻党的十八大和十八届三中、四中全会精神，深入学习习近平总书记系列重要讲话精神，开展社会主义核心价值观宣传教育，引导大学生正确把握国内外形势的新变化新特点，统一思想，坚定信念，凝聚力量，为实现中华民族伟大复兴而努力奋斗。

　　本书要达到的具体目标有：

　　（1）引导学生深刻认识"四个全面"是从我国发展现实需要中得出来的，是从人民群众的热切期待中得出来的，是为推动解决我们面临的突出矛盾和问题提出来的。引导学生深刻理解全面推进依法治国的重大意义，全面了解科学立法、严格执法、公正司法和全民守法等战略部署的工作目标和主要任务，更好地投身中国特色社会主义伟大实践。

　　（2）汲取中华优秀传统文化的思想精华和道德精髓，大力弘扬以爱国主义为核心的民族精神和以改革创新为核心的时代精神，使中华优秀传统文化成为涵养社会主义核心价值观的重要源泉。

　　（3）引导学生认识我国经济工作必须坚持稳中求进工作总基调，坚持以提高经济发展质量和效益为中心，狠抓改革攻坚，突出创新驱动。努力保持经济稳定增长、积极发现培育新增长点、加快转变农业发展方式、优化经济发展空间格局、加强保障和改善民生工作。

　　（4）引导学生深刻认识党风廉政建设和反腐败斗争的重要意义，让学生理性认识反腐败斗争是一场攻坚战、持久战，形势依然严峻复杂，反腐败体制机制还不够完善，思想防线还没有筑牢，党风廉政建设和反腐败斗争永远在路上。

　　（5）中国从政治安全与经济发展"两个轮子一起转"的大方向出发，

为地区和平发展做出新的贡献，进一步改善我国周边环境。中国梦与亚太梦、世界梦相融相通，启动亚太自贸区进程，批准 APEC 互联互通蓝图，推动构建"丝绸之路经济带"和"21 世纪海上丝绸之路"，筹建亚洲基础设施投资银行，设立丝路基金，打造中国—东盟自贸区升级版，使区域内的国家和人民从中受益。

　　《形势分析政策纵横》一书追踪形势变化，把握国内外形势大局，讲述及引导学生及时掌握最新动态。为帮助师生学好形势政策这门课程，正确解读新形势与新政策，根据中宣部和教育部 2015 年形势政策课教学内容的要求，结合学校学科特点，由胡宁、杨先永构思本书的内容框架、形式与要求，组织部分教师和学者编著本书。本书各章作者是：第一章李宝军、杨先永，第二章刘海楠、胡宁，第三章于春明、郭占庆，第四章唐建文，第五章王彦勇、胡宁，第六章胡宁，第七章陈秀元，第八章田宪刚、王辉、池玉霞，第九章张勤谋、隋卫东，最终由胡宁、杨先永统稿。受作者水平的限制，书中如有疏漏，恳请广大师生和读者批评指正。

　　本书在写作过程中得到了山东建筑大学校党委、宣传部、法政学院、商学院等部门的大力支持；同时，在编写过程中参阅了一些专家论著，在此表示衷心感谢！

目　录

第一章　"四个全面"战略布局

一　"四个全面"战略布局形成的背景

习近平总书记指出，"四个全面"是从我国发展现实需要中得出来的，是从人民群众的热切期待中得出来的，也是为推动解决我们面临的突出矛盾和问题提出来的。这深刻揭示出"四个全面"提出的社会历史条件和时代背景。

21世纪头二十年是我国难得的重要战略机遇期，达到总体小康目标之后，中国仍然处于可以大有作为的重要战略机遇期，这个判断并未改变，但是其内涵和条件正在发生变化。这种新变化集中体现为，在更高的发展起点上，发展机遇前所未有，风险挑战也前所未有。

"四个全面"在这个时候提出，从坚定中国自信、立足中国实际、总结中国经验、针对中国难题的高度，廓清了治国理政全貌，抓住了改革发展稳定的关键，拎起了中国发展的总纲，确立了党和国家各项工作的主要矛盾、重点领域、主攻方向。

"四个全面"战略布局有一个逐步提出和成型的过程。党的十六大提出"全面建设惠及十几亿人口的更高水平的小康社会"；党的十七大重申这一奋斗目标，并把"全面建设小康社会"改为"全面建成小康社会"；党的十八大则提出全面建成小康社会和全面深化改革开放的目标。党的十八届三中全会，习近平总书记在《关于〈中共中央关于全面深化改革若干重大问题的决定〉的说明》中，提出《中共中央关于全面深化改革若干重大问题的决定》的起草体现了"全面建成小康社会、全面深化改革、全面推进依法治国这'三个全面'的逻辑联系"。2014年12月，习近平总书记在江苏考察调研时提出："要全面贯彻党的十八大和十八届三中、四中全会精神，落实中央经济工作会议精神，主动把握和积极适应经济发展新常态，协调推进全面建成小康社会、全面深化改革、全面推进依法治国、全面从严治党，推动改革开放和社会主义现代化建设迈上新台阶。"

（一）从"全面建设小康社会"到"全面建成小康社会"

提到"全面建成小康社会"的形成过程，首先要从"小康"概念说起。"小康"概念是1979年邓小平会见日本首相大平正芳时提出和使用的。他用这一概念来表述我国实现四个现代化所要达到的目标水准。"小康社会"概念可以追溯到20世纪改革开放之初的80年代。十六大提出了"全面建设小康社会"概念，十七大使用了"全面建成小康社会"的概念，但真正赋予"全面建成小康社会"丰富内涵，并对这一工作作出全面战略部署的是党的十八大。十八大将我们的经济社会发展目标的表述做了重大调整和完善。

一是将"全面建设小康社会"的提法改变为"全面建成小康社会"。这个改变，虽然只有一字之差，内涵却发生了深刻变化。十七大报告中所提到的"全面建成小康社会"讲的是，到2020年完成"全面建设小康社会"的目标任务；而十八大报告阐述的"全面建成小康社会"则强调的是，我们已经进入了"全面建成小康社会"的倒计时。因为改革开放后每一届全国党代会的届期是五年，十八大的届期是2012—2017年。这五年是我国实施国民经济和社会发展第十二个五年规划的完成时期和第十三个五年规划的开始时期。也就是我们所讲的到2020年实现国内生产总值比2010年翻一番的目标内容。十六大最早提出的是到2020年国内生产总值比2000年翻两番，而2012年召开十八大时，已经翻了一番，尔后的提法就是比2010年翻一番。这个指标与十七大相比，从"人均国内生产总值"又恢复到了"国内生产总值"的提法。但发展目标中增加了比较硬的一项指标，就是"城乡居民人均收入"也要比2010年翻一番。这个指标体现了以人为本思想，贯彻了科学发展观的要求。党的十九大的届期应是2017—2022年，这个时间超越了第十三个五年规划完成的时间（2020年），所以党的十八大将"建设"改成了"建成"，就是一个深谋远虑的考虑，也是一个统筹了各方面因素而做出的重大决策。

二是在阐述经济社会发展和改革开放目标时，十八大与以前党代会报告表述不同的是，将"全面建成小康社会"目标和"全面深化改革开放"目标放在一起并列提出，这在以往是没有过的。这样做和这样的设计表明，我们要以改革开放为动力，将改革开放作为"全面建成小康社会"目标实现的动力保障。另外，报告不仅是对发展目标做出了规划，同时也对改革开放要达到的目标做出了规划。对"全面建设小康社会"的目标内容，十七大报告从十六大报告的四个方面，增加到五个方面，增加了社会建设的内容。十八大报告对"全面建成小康社会"的内容仍然延续十七大报告的做法，分列了五个方面：经济持续健康发展，人民民主不断扩大，文化软实力显著增强，人民生活水平全面提高，资源节约型、环境友好型社会建设取得重大进展。这五个方面是从中国特色社会主义事业总布局的经济建设、政治建设、文化建设、社会建设、生态文明建设分别来论述的。这五个方面的具体内容与十七大报告相比，各项指标和要求都更高、更全面了。

　　"全面建成小康社会"作为新形势下以党治国理政战略布局中的战略目标和"四个全面"中的第一个"全面"，是党的十八大确定的，它直接源自党的十八大。

（二）从"全面深化改革开放"到"全面深化改革"

　　党的十八大在确定经济社会发展和改革开放目标时，同时将改革的目标与发展的目标一起并列提出。十八大报告的提法是"全面建成小康社会和全面深化改革开放的目标"。在阐述了"全面建成小康社会"的目标后，报告继而阐述了"全面深化改革开放"的目标，其内容包括五个方面：一是要加快完善社会主义市场经济体制，完善公有制为主体、多种所有制经济共同发展的基本经济制度，完善按劳分配为主体、多种分配方式并存的分配制度，更大程度更广范围发挥市场在资源配置中的基础性作用，完善宏观调控体系，完善开放型经济体系，推动经济更有效率、更加公平、更可持续发展。二是加快推进社会主义民主政治制度化、规范化、程序化，从各层次各领域扩大公民有序政治参与，实现国家各项工作法治化。三是加快完善文化管理体制和文化生产经营机制，基本建立现代文化市场体系，健全文化管理体制，形成有利于创新创造的文化发展环境。四是加快形成科学有效的社会管理体制，完善社会保障体系，健全基层公共服务和社会管理网络，建立确保社会既充满活力又和谐有序的体制机制。五是加快建立生态文明制度，健全国土空间开发、资源节约、生态环境保护的体制机制，推动形成人与自然和谐发展新格局。

　　党的十八届三中全会确定的主题是"全面深化改革"。改革开放以来，党中央召开的历次三中全会的主题都是研究讨论深化改革问题。有的涉及全局性改革，有的涉及局部性改革。十八届三中全会所确定的主题与十八大报告中的提法有一点不同，即少了"开放"二字。按邓小平关于改革开放的思想和观点来讲，"开放也是改革"。所以，为突出全面深化改革这个主题，将改革开放简化为改革，更为简明扼要。

十八届三中全会通过了《关于全面深化改革若干重大问题的决定》，确定了"5＋1＋1"的七个方面的改革，这些改革是与覆盖中国特色社会主义事业总布局"五位一体"建设相对应的，即经济体制改革、政治体制改革、文化体制改革、社会体制改革、生态文明体制改革，以及党的建设制度改革和国防与军队改革。具体内容涉及 15 个领域、330 多个项目。确定的改革总目标是："完善和发展中国特色社会主义制度，推进国家治理体系和治理能力现代化。"

（三）从"全面推进依法治国"到"全面依法治国"

改革开放以来，我们党一贯高度重视法治。从 1978 年 12 月邓小平提出"有法可依，有法必依，执法必严，违法必究"十六字方针，到党的十五大提出依法治国基本方略，从党的十六大提出"坚持党的领导、人民当家做主和依法治国有机统一"到党的十七大提出"全面落实依法治国基本方略"，我们可以发现党对法治认识的高度重视和不断深化。党的十八大报告明确提出"全面推进依法治国"概念，不仅如此，报告第五部分即"坚持走中国特色社会主义政治发展道路和推进政治体制改革"中，专门列了一个目来阐述这个问题，对"全面推进依法治国"提出了要求，做出了部署。

十八届四中全会将"全面推进依法治国"确定为主题，《关于全面推进依法治国若干重大问题的决定》提出，全面推进依法治国的任务是：在中国共产党的领导下，坚持中国特色社会主义制度，贯彻中国特色社会主义法治理论，形成完备的法律规范体系、高效的法治实施体系、严密的法治监督体系、有力的法治保障体系，形成完善的党内法规体系，坚持依法治国、依法执政、依法行政共同推进，坚持法治国家、法治政府、法治社会一体建设，实现科学立法、严格执法、公正司法、全民守法，促进国家治理体系和治理能力现代化。《决定》提出的全面依法治国总目标是："建设中国特色社会主义法治体系，建设社会主义法治国家。"十八届四中全会的部署是对依法治国的全面部署、系统部署，而且着眼于长远，着眼于建立一整套基本定型的制度体系。

（四）从"全面提高党的建设科学化水平"到"全面从严治党"

从党的十八大报告中，我们找不到"全面从严治党"的直接来源和出处，但在十八大报告中"全面提高党的建设科学化水平"这个部分中，可以感受到"全面从严治党"的灵魂、精神和意蕴的存在。

十八大报告中就此强调了两个"全面"：一是"以改革创新精神全面推进党的建设新的伟大工程"；二是"全面提高党的建设科学化水平"。十八大报告在党的建设的总体部署中讲到了我们党自十五大以来一直强调的坚持党要管党、从严治党的方针。在这一部分中讲了党的建设的八个方面的工作，即坚定理想信念，坚守共产党人精神追求；坚持以人为本、执政为民，始终保持党同人民群众的血肉联系；积极发展党内民主，增强党的创造活力；深化干部人事制度改革，建设高素质执政骨干队伍；坚持党管人才原则，把各方面优秀人才集聚到党和国家事业中来；创新基层党建工作，夯实党执政的组织基础；坚定不移反对腐败，永葆共产党人清正廉洁的政治本色；严明党的纪律，自觉维护党的集中统一。值得注意的是，十八大在党的建设问题上确定了"围绕保持党的先进性和纯洁性，在全党深入开展以为民务实清廉为主要内容的党的群众路线教育实践活动，着力解决人民群众反映强烈的突出问题"。十八大结束后不久，党中央就对这一活动的开展作了全面部署，紧接着全国各地区、各部门按照中央的统一部署，分期分批开展了教育实践活动。这次活动结束的时候，习近平总书记在党的群众路线教育实践活动总结大会上发表重要讲话，对活动进行了全面总结，并对新形势下坚持从严治党提出了八个方面要求，即落实从严治党责任，坚持思想建党和制度治党紧密结合，严肃党内政治生活，坚持从严管理干部，持续深入改进作风，严明党的纪律，发挥人民监督作用，深入把握从严治党规律。虽然这个时候我们党还没有明确对"全面从严治党"的命题、概念、范畴进行提炼和概括，但是"全面从严治党"的指导思想、路径、要求、措施已经被基本阐发出来了，已经形成了成熟的"全面从严治党"的基本思想和方略。

强调"四个全面"协调推进在我们党的历史上是第一次，深刻表明我们党不断坚持和发展中国特色社会主义的历史自觉，彰显了马克思主义执政党勇于开拓创新的理论品质，必将开辟中国道路新境界，成为当代中国新航标，书写改革开放和社会主义现代化建设的新篇章。

二 "四个全面"战略布局内容

（一）全面建成小康社会

全面建成小康社会是党的十八大提出的重大战略任务，其重要科学内涵有五个方面：一是指全面建成小康社会覆盖人群之全面，即"要在本世纪头二十年，集中力量，全面建设惠及十几亿人口的更高水平的小康社会"；二是指全面建成小康社会覆盖领域之全面，也就是"六个更加"，即"使经济更加发展、民主更加健全、科教更加进步、文化更加繁荣、社会更加和谐、人民生活更加殷实"；三是指实现国民经济发展之全面，即推动实现我国国民经济全面发展，以利于缓解一系列重大矛盾；四是指我党在新世纪之初要推动建设的三大文明协调发展之全面，即要推动实现社会主义物质文明、精神文明、政治文明协调发展；五是指人的发展之全面，就是要在社会生产力不断发展基础上，逐步实现人的全面发展，即更加关注并努力满足中国十几亿人口特别是普通人的多方面发展需要。

（二）全面深化改革

党的十八届三中全会审议通过了《中共中央关于全面深化改革若干重大问题的决定》，提出"全面深化改革的总目标是完善和发展中国特色社会主义制度，推进国家治理体系和治理能力现代化"，并对经济体制改革、政治体制改革、文化体制改革、社会体制改革、生态文明体制改革和党的建设制度改革进行了全面部署。

全面深化改革之全面的科学内涵，首先指的是改革总目标之全面。在此之前，我们党也提出过一些着眼于具体领域的改革目标。比如，政治体制改革总的目标是巩固社会主义制度，发展社会主义社会生产力，发扬社会主义民主，调动广大人民的积极性。党的十四大提出，我国经济体制改革目标是建立社会主义市场经济体制。党的十八届三中全会提出了"完善和发展中国特色社会主义制度，推进国家治理体系和治理能力现代化"的全面深化改革的总目标，并在这个总目标统领下，明确了经济体制、政治体制、文化体制、社会体制、生态文明体制和党的建设制度深化改革的分目标。这是改革进程本身向前拓展提出的客观要求，同时也体现了我们党对改革目标认识的深化。同这个总目标紧密相连的是，全面深化改革还围绕完善国家现代治理体系,即我们党领导下管理国家的制度体系,提出了一系列重大改革举措,强调坚决破除一切妨碍科学发展的思想观念和体制机制弊端,构建系统完备、科学规范、运行有效的制度体系,使各方面制度更加成熟、更加定型。

2014年2月,习近平总书记在省部级主要领导干部专题研讨班讲话中指出:"全面深化改革,全面者,就是要统筹推进各领域改革。"十八届三中全会《决定》提出的全面深化改革,覆盖了"5+1+1"广泛领域,即覆盖构成中国特色社会主义总体布局的经济、政治、文化、社会、生态文明五位一体的改革,加上党的建设制度改革,以及国防和军队改革。在一个改革决定中覆盖如此广泛的领域,并且提出的全面深化改革任务有336项之多,这在改革开放历史新时期我们党的历次有关改革的全会《决定》中还是第一次。这是同坚持和发展中国特色社会主义、不断推进中国特色社会主义制度自我完善和发展,到2020年,在各方面形成一整套更加成熟、更加定型的中国特色社会主义制度要求相对应。正因为这样,习近平总书记在主持起草党的十八大报告过程中,明确要求提出全面建成小康社会发展目标的同时,要提出制度建设的目标。事实上,正是通过党的十八大报告提出的中国特色社会主义五位一体制度建设的目标,以及依法治国基本方略全面落实、法治政府基本建成、司法公信力不断提高、人权得到切实尊重和保障,构建系统完备、科学规范、运行有效的制度体系,使全面建设中国特色社会主义各方面制度更加成熟、更加定型的要求,为党的十八大以后以习近平同志为总书记的党中央相继提出全面深化改革、全面推进依法治国奠定了基础。

(三) 全面推进依法治国

党的十八届四中全会通过了《中共中央关于全面推进依法治国若干重大问题的决定》。这是党的中央全会第一次专门研究法治建设。决定提出"全面推进依法治国,总目标是建设中国特色社会主义法治体系,建设社会主义法治国家"。全会同时对全面推进依法治国的原则、任务、布局进行了全面部署。

其重要科学内涵,首先指的是全面依法治国总目标之全面。这个总目标就是建设中国特色社会主义法治体系,建设社会主义法治国家。这既明确了全面依法治国的性质和方向,又突出了全面依法治国工作重点和总抓手,是贯穿十八届四中全会《决定》全篇的一条主线,对全面依法治国具有纲举目张的意义。法治体系是国家治理体系的骨干工程，加快建设中国特色社会主义法治体系，就是要加快形成完备的法律法规体系、高效的法治实施体系、严密的法治监督体系、有力的法治保障体系，形成完善的党内法规体系。

其次指的是全面依法治国的工作布局之全面。这就是坚持依法治国、依法执政、依法行政共同推进，坚持法治国家、法治政府、法治社会一体建设。依法治国是我国宪法确定的治理国家的基本方略，而依法执政则是我们党治国理政的基本方式。能不能做到依法治国，关键在于我们党能不能坚持依法执政，各级政府能不能坚持依法行政。强调要坚持在依法治国、依法执政、依法行政的共同推进上着力，就是要推进依法执政制度化、规范化、程序化；推进严格规范公正文明执法，坚持法定职责必须为、法无授权不可为。强调要坚持在法治国家、法治政府、法治社会一体建设上用劲，是因为这三者各有侧重、相辅相成，全面推进法治国家、法治政府建设需要全社会共同参与，需要全社会法治观念增强，所以，必须在全社会弘扬社会主义法治精神、树立法律权威，建设社会主义法治文化，培育社会成员办事依法、遇事找法、解决问题靠法的良好环境，自觉维护法治权威，自觉抵制违法行为。

其重要科学内涵指的是要着力推进科学立法、严格执法、公正司法、全民守法之全面。科学立法是前提，严格执法是关键，公正司法是防线，全民守法是基础。推进科学立法，关键是完善立法体制，提高立法质量，深入推进科学立法、民主立法。推进严格执法，重点是解决执法不规范、不严格、不透明、不文明以及不作为、乱作为等突出问题。推进公正司法，重点是优化司法职权配置，健全司法权力分工负责、相互配合、相互制约的制度安排。推进全民守法，主要是把全民普法和守法作为全面依法治国的长期基础性工作，着力增强全民法治观念，使遵法守法成为全民自觉行动。

全面依法治国之全面，其重要科学内涵，还体现在坚定不移推进法治领域改革，坚决破除束缚全面推进依法治国的体制机制障碍之全面。党的十八届四中全会研究部署的法治领域改革共提出了190项重要举措，涉及改革发展稳定、内政外交国防、治党治国治军各领域。这表明，全面依法治国是一个系统工程，是国家治理领域一场广泛而深刻的革命。

(四) 全面从严治党

从公开报道看,这6个字合在一起表述尚属首次。但其主要精神习近平总书记在10月8日党的群众路线教育实践活动总结大会的讲话中已经体现出来——"今天这个大会,是对党的群众路线教育实践活动进行总结,对巩固和拓展教育实践活动成果、加强党的作风建设、全面推进从严治党进行部署"。一是内容无死角。就是要覆盖党的思想建设、组织建设、作风建设、反腐倡廉建设和制度建设各个领域。特别是习近平总书记提出要坚持思想建党和制度治党紧密结合,这很有现实针对性。现在,党的建设中一个比较明显的问题是轻视思想政治工作,往往以为定了制度、有了规章,就万事大吉了,有的甚至已经不会或不大习惯于做认真细致的思想政治工作了,还有的甚至认为组织找自己谈话是多此一举。习近平总书记强调,对广大党员干部既要靠教育,也要靠制度,二者一柔一刚,要同向发力、同时发力。二是主体全覆盖。就是要强化党的建设包括党风廉政建设的主体责任,党委(党组)书记作为第一责任人,既要挂帅,又要出征,对重要工作亲自部署、重大问题亲自过问、重要环节亲自协调、重要案件亲自督办,以上率下,层层传导压力,逐级落实责任。在巩固省区市、中央和国家机关落实主体责任成果基础上,把责任落实到地市一级。三是劲头不松懈。做到作风建设永远在路上,纠正"四风"没有休止符,坚持查处腐败问题零容忍的态度不变、猛药去疴的决心不减、刮骨疗毒的勇气不懈、严厉惩处的尺度不松,让那些想搞腐败的人断了念头、搞了腐败的人付出代价。四是把守纪律、讲规矩摆到更加重要位置。保持党的团结统一,既要靠共同的理想信念、严密的组织体系、全党同志的高度自觉,又要靠严明的纪律和规矩。纪律不严,规矩不彰,从严治党就无从谈起。党章等党内规章制度,党的纪律,国家法律,是全党必须遵守的规矩;党在长期实践中形成的优良传统和工作惯例,也是十分重要的党内规矩。人不以规矩则废,党不以规矩则乱。习近平总书记指出,腐败问题与政治问题往往结伴而生。所以,当前对党的政治纪律和政治规矩,要十分明确地强调、十分坚定地执行。各级领导干部特别是高级干部不但要在守纪律、讲规矩上作表率,还要教育引导年轻干部,让他们从进入干部队伍起就知道守纪律、讲规矩的重要性和严肃性。

三 "四个全面"战略布局的逻辑关系

全面建成小康社会是党的十八大提出的总目标，而全面深化改革与全面推进依法治国，则如大鹏之两翼、战车之两轮，共同推动全面建成小康社会奋斗目标顺利实现。在这个过程中，全面从严治党则是各项工作顺利推进、各项目标顺利实现的根本保证。

关键词一：总目标。党的十八大提出了全面建成小康社会的奋斗目标，而要实现这个奋斗目标，就要不失时机深化重要领域改革，坚决破除一切妨碍科学发展的思想观念和体制机制弊端，构建系统完备、科学规范、运行有效的制度体系，使各方面制度更加成熟、更加定型。

关键词二：姊妹篇。从党的十八届三中全会开启全面深化改革闸门，到十八届四中全会高举全面推进依法治国旗帜，两次全会、两大主题、两份决定，是党中央治国理政总体战略在时间轴上的顺序展开，是推动实现全面建成小康社会蓝图的姊妹篇。

关键词三：领导核心。办好中国的事情关键在党。十八届三中、四中全会对"加强和改善党对全面深化改革的领导""加强和改进党对全面推进依法治国的领导"均进行了专门论述，不论是全面深化改革还是全面推进依法治国，都对从严治党提出了新要求，也都以党的领导作为实现目标的根本保证。

我们对全面建成小康社会已经积累了几条经验，首先，要全面建成小康社会，就要通过全面深化改革，来为全面小康社会的实现提供持续的动力。其次，在全面建成小康社会过程中，针对出现的一些社会治理方面的问题，总结了相关的经验，又提出了要全面依法治国。全面建成小康社会离开全面依法治国，也是不能够顺利建成的。最后，结合党内现在存在的这些问题，通过坚持"八项规定"、反对"四风"、高压反腐这些经验我们认识到，党是全面建成小康社会的领导核心，党的建设是全面建成小康社会最重要的政治保证、组织保证和作风保证，从这个角度来看，全面从严治党也是全面建成小康社会不可或缺的。也就是说，这"四个全面"是在我们党的几代中央领导集体领导的全面建成小康社会过程中，探索的经验、积累的规律基础上整合起来。

四 "四个全面"战略布局的意义

通观"四个全面"战略布局，发展是时代的主题和世界各国的共同追求，改革是社会进步的动力和时代潮流，法治是国家治理体系和治理能力现代化的重要依托，从严治党是执政党，党和国家各项工作要面临一系列新形势。

（一）"四个全面"战略布局确立了新形势下党和国家各项工作的战略方向、重点领域、主攻目标

党的十八大以来是向高收入国家迈进的关键阶段。这个阶段面临的突出问题就是如何迈过中等收入陷阱问题。2014年11月10日在北京出席亚太经合组织领导人同工商咨询理事会代表对话会时，习近平总书记指出："对中国而言，'中等收入陷阱'过是肯定要过去的，关键是什么时候迈过去、迈过去以后如何更好向前发展。"其次，中国经济处于"三期叠加"阶段，出现了一系列新的阶段性发展特征。党中央准确把握经济发展大局，做出我国经济社会发展基本面长期趋好，但正处在从高速到中高速的增长速度换挡期、结构调整阵痛期、前期刺激政策消化期"三期叠加"阶段的重要判断。为了应对种种复杂局面，中央确立了"四个全面"战略布局。

"四个全面"战略布局把全面建成小康社会作为党和国家各项工作的战略目标。党的十八大明确提出：确保到2020年实现全面建成小康社会宏伟目标。十八大以来，以习近平同志为总书记的中央领导集体更加系统全面地阐述了这一宏伟目标的科学内涵。新的中央领导集体提出：全面建成小康社会，不能丢了农村这一头，"小康不小康，关键看老乡"，没有老区的全面小康，特别是没有老区贫困人口脱贫致富，那是不完整的；全面建成小康社会是各个民族的共同事业，全面实现小康，一个民族都不能少；人民身体健康是全面建成小康社会的重要内涵，是每一个人成长和实现幸福生活的重要基础；全面小康是"让人民群众在每一个司法案件中都感受到公平正义"的全面小康，是"望得见山、看得见水、记得住乡愁"的全面小康。这样的战略目标激动人心，让人奋起。

"四个全面"战略布局把全面深化改革、全面依法治国、全面从严治党作为党和国家各项工作的重点领域和主攻方向。中国已经进入全面建成小康社会的决定性阶段，所谓决定性阶段就是成败在此一举的阶段。要想在这一阶段取得成功，就要解决这一阶段面临的突出问题。全面建成小康社会关键在于深化改革。改革是决定中国命运的关键抉择，同样也是决定全面建成小康社会的关键一招。改革进入攻坚期和深水区，我们面对的改革发展稳定任务之重前所未有、矛盾风险挑战之多前所未有，我们进行的改革不是单一领域、孤立环节的改革，而是全面深化改革。全面建成小康社会的进程越深入，依法治国在党和国家工作全局中的地位就越加突出、作用就越加重大。全面依法治国是关系我们党执政兴国、关系人民幸福安康、关系党和国家长治久安的重大战略问题，更是关系全面建成小康社会战略目标是否顺利实现的重大战略问题。全面建成小康社会目标能否顺利实现，取决于能否真正做到全面从严治党。全面从严治党是各项工作顺利推进的根本保证。

（二）"四个全面"战略布局开辟了我们党治国理政的新境界

"四个全面"战略布局体现了我们党顶层设计、整体谋划的新高度。十八大以来，习近平总书记十分强调顶层设计，谈到全面深化改革，他提出需要加强顶层设计和整体谋划，加强各项改革关联性、系统性、可行性研究；谈到实施自由贸易区战略，他要求加强顶层设计、谋划大棋局；谈到住房改革与发展，他提出要深入研究住房建设的规律性问题，加强顶层设计，加快建立统一、规范、成熟、稳定的住房供应体系；谈到中国与阿拉伯国家合作，他提出了做好顶层设计，规划好方向和目标，构建了"1+2+3"合作格局，等等。如何实现诸多顶层设计的统一？最根本的就是按照"四个全面"战略布局去进行设计和谋划。"四个全面"战略布局是我们进行各方面工作顶层设计的基础要求。

"四个全面"战略布局开辟了我们党执政兴国的新局面。所谓新局面，就是始终以解决现实问题为导向，努力解决人民群众最关切的实际问题，敢于涉险滩，敢于啃硬骨头，敢于向一切艰难险阻发起冲击。首先，党执政兴国，就是要在全面深化改革过程中破解各种难题。改革已进入"深水区"，可以说，容易的、皆大欢喜的改革已经完成了，好吃的肉都吃掉了，剩下的都是难啃的硬骨头，改革再难也要向前推进。比如在对政府审批权力改革上就是"刀刀见血"：凡是能由市场形成价格的都交给市场，政府不进行不当干预；市场机制能有效调节的经济活动，一律取消审批,对保留的行政审批事项要规范管理、提高效率;企业投资项目,除关系国家安全和生态安全、涉及全国重大生产力布局、战略性资源开发和重大公共利益等项目外,一律由企业依法依规自主决策,政府不再审批。其次,全面依法治国,就是要解决群众反映强烈的突出执法司法问题,大力解决立法工作中较为突出的部门化倾向、争权诿责现象,认真解决比较严重的有法不依、执法不严、违法不究现象,系统解决仍然存在的执法体制权责脱节、多头执法、选择性执法现象,科学解决较为突出的执法司法不规范、不严格、不透明、不文明现象等。全面从严治党,就是要彻底医治损害党的先进性和纯洁性的病症、坚决祛除滋生在党的健康肌体上的毒瘤、坚决消除影响党的战斗力的沉疴。在国庆 65 周年招待会上,习近平总书记指出:"我们要坚持党要管党、从严治党,增强党自我净化、自我完善、自我革新、自我提高能力,永不动摇信仰,永不脱离群众。凡是影响党的创造力、凝聚力、战斗力的问题都要全力克服,凡是损害党的先进性和纯洁性的病症都要彻底医治,凡是滋生在党的健康肌体上的毒瘤都要坚决祛除,使中国共产党始终同人民心连心、同呼吸、共命运。"这是一种坚定自信的表现。

"四个全面"战略布局开辟了我们党治国理政的新方式。全面建成小康社会要求我们要建设创新型国家、服务型政府、学习型社会、"三型"马克思主义执政党、"两型"社会等,这都要求党治国理政要有新方式。什么方式?就是推进国家治理体系和治理能力现代化。实现这一目标,就要靠全面深化改革、全面依法治国、全面从严治党。全面深化改革的总目标是完善和发展中国特色社会主义制度,推进国家治理体系和治理能力现代化。全面依法治国总目标也同样包含促进国家治理体系和治理能力现代化的要求。法治是治国理政的基本方式,党的十八届三中全会提出:建设法治中国,必须坚持依法治国、依法执政、依法行政共同推进,坚持法治国家、法治政府、法治社会一体建设。这是国家治理方式的重大变化。全面从严治党对推进国家治理体系和治理能力现代化起着引导和架构作用。

(三)"四个全面"战略布局实现了马克思主义与中国实践相结合的新飞跃

"四个全面"战略布局体现了马克思主义,特别是辩证唯物主义和历史唯物主义全面的、系统的观点。马克思主义是得到最深刻、最全面、最详尽证明的科学理论,这一理论具有系统性、全面性、完备性的特点。

1913 年 3 月，列宁在《马克思主义的三个来源和三个组成部分》一文中指出，马克思主义辩证法是最完备、最深刻、最无片面性的关于发展的学说。全面的系统观点是唯物辩证法的一个基本观点，它要求把握事物存在和发展的普遍联系，把握事物对立统一的辩证关系。"四个全面"战略布局，是马克思主义在当代中国最实际最系统最好的运用。习近平总书记指出，要学习和掌握历史唯物主义基本原理和方法论，用物质生产是社会生活的基础的观点全面分析改革中存在的问题。这一观点告诉我们：仅仅依靠单个领域、单个层次的改革难以奏效，必须加强顶层设计、整体谋划，增强各项改革的关联性、系统性、协同性。习近平总书记还指出，要学习掌握事物矛盾运动基本原理，不断强化问题意识，积极面对和化解前进中遇到的矛盾。掌握了辩证唯物主义的这一基本原理，我们就能够更加自觉地树立全局观，对各种矛盾心中有数，又能做到优先解决主要矛盾和矛盾的主要方面，以此带动其他矛盾的解决，推动事业发展。

"四个全面"战略布局体现了中国特色社会主义理论体系与时俱进的理论品格。邓小平理论具有鲜明的全面性的特点，具有"放眼世界，放眼未来，也放眼当前，放眼一切方面"的世界眼光和全面战略思维。1975 年邓小平开展大刀阔斧的全面整顿，"文化大革命"结束后，他又推动进行各方面的拨乱反正，领导我们党有步骤地展开各方面体制改革，勇敢打开对外开放的大门。"三个代表"重要思想始终强调马克思主义全面的观点。科学发展观的根本方法就是统筹兼顾。从宏观层面来讲，无论是党的十六届三中全会所提的五个统筹，还是党的十七大提出的八个统筹，其核心都是全面的、系统的观点。

"四个全面"战略布局是对中国特色社会主义理论体系的继承与发展。全面就是要防止片面性，就是要有系统、整体、协同的观点；全面不是面面俱到，而是要有重点，要善于以点带面。习近平总书记在多个方面都阐述了全面的辩证观点：在实践中要始终坚持"一个中心、两个基本点"不动摇，既不偏离"一个中心"，也不偏废"两个基本点"，把践行中国特色社会主义共同理想和坚定共产主义远大理想统一起来，坚决抵制抛弃社会主义的各种错误主张，自觉纠正超越阶段的错误观念和政策措施；在改革中，强调胆子要大、步子要稳，"战略上要勇于进取，战术上则要稳扎稳打"，既敢于出招，又善于应招，做到"蹄疾而步稳"；关于社会治理，"管得太死，一潭死水不行；管得太松，波涛汹涌也不行"。

这是一种全面的观点，是体现"两点论"的全面观，是体现重点论的全面观，是体现辩证法的全面观，是体现马克思主义中国化鲜明品格的全面观。

相关阅读

准确把握"四个全面"的时代内涵。全面建成小康社会，确保实现经济持续健康发展，人民民主不断扩大，文化软实力显著增强，人民生活水平全面提高，资源节约型、环境友好型社会建设取得重大进展，为实现现代化和民族复兴奠定坚实基础。全面深化改革，就是以经济体制改革为重点，以处理好政府和市场关系为核心，全面推进经济体制改革、政治体制改革、文化体制改革、社会体制改革、生态文明体制改革、国防和军队改革、党的建设制度改革，完善和发展中国特色社会主义制度，推进国家治理体系和治理能力现代化。全面推进依法治国，就是坚持走中国特色社会主义法治道路、建设中国特色社会主义法治体系、建设社会主义法治国家，实现科学立法、严格执法、公正司法、全民守法。全面从严治党，就是要落实从严治党责任，坚持思想建党和制度治党紧密结合，严肃党内政治生活，从严管理干部，持续深入改进作风，严明党的纪律，发挥人民监督作用，深入把握从严治党规律，实现党的自我净化、自我完善、自我革新、自我提高，保持和发展党的先进性和纯洁性。

深化理解"四个全面"的逻辑关系。"四个全面"不是简单并列关系，而是"总分总"的逻辑结构。全面建成小康社会是奋斗目标，是我们实现社会主义现代化和中华民族伟大复兴中国梦的阶段性目标，具有战略统领和目标牵引作用。习近平同志指出："党的十八届四中全会通过了全面推进依法治国的决定，与党的十八届三中全会通过的全面深化改革的决定形成了姊妹篇。"这表明，全面深化改革与全面推进依法治国同为支撑，共同支撑和推动奋斗目标的实现。全面深化改革是实现奋斗目标的根本路径、强大动力，全面推进依法治国是实现奋斗目标的基本方式和可靠保障。中国共产党是中华民族伟大复兴的领导核心，全面从严治党具有全局性、根本性，只有通过全面从严治党才能使我们党坚强起来，才能在全面建成小康社会、全面深化改革、全面推进依法治国的进程中发挥领导核心作用，因而全面从严治党是实现前三个全面的坚强保证。

"四个全面"是内在统一的有机整体。"四个全面"作为相辅相成、相互支撑、内在统一的整体，一是统一于"四个伟大"：实现中华民族复兴伟大梦想、推进中国特色社会主义伟大事业、加强党的建设伟大工程、开展具有许多新的历史特点的伟大斗争，都离不开"四个全面"的协调共进。抓好"四个全面"，就能形成"四个伟大"联动的时代洪流。二是统一于党治国理政的伟大实践："四个全面"涵括我们党治国理政的方方面面，协调推进"四个全面"就统揽了治国理政的全局。三是统一于中国与世界的深刻互动：协调推进"四个全面"，既是进一步形成中国特色、打造中国优势的大棋局，又是中国进一步拥抱世界、引领时代的大棋局；统筹好"四个全面"，"中华号"巨轮必能在世界大潮中行稳致远，驶向胜利彼岸。

参考文献

1.《习近平总书记首谈"四个全面"意味着什么?》，新华网，2014 年 12 月 16 日。

2.《习近平"四个全面"战略布局的现实逻辑与思想脉络》，人民网—中国共产党新闻网，2015 年 4 月 10 日。

3. 辛向阳：《"四个全面"的重大战略意义》，《宁波日报》2015 年 3 月 17 日。

4. 李君如：《用法治管住"圈子文化"》，《人民日报》2015 年 3 月 24 日。

第二章　"一带一路"新战略

中国古代，丝绸之路在世界版图上延伸，诉说着沿途各国人民友好往来、互利互惠的动人故事。如今，一个新的战略构想在世界政经版图从容铺展——共建"丝绸之路经济带"和"21世纪海上丝绸之路"。

2014年9月和10月习近平总书记分别提出建设"新丝绸之路经济带"和"21世纪海上丝绸之路"的战略构想，强调相关各国要打造互利共赢的"利益共同体"和共同发展繁荣的"命运共同体"。

这一跨越时空的宏伟构想，从历史深处走来，融通古今、连接中外，顺应和平、发展、合作、共赢时代潮流，承载着丝绸之路沿途各国发展繁荣的梦想，赋予古老丝绸之路以崭新的时代内涵。

一　关于古代丝绸之路和海上丝绸之路

习总书记提出的"一带一路"发展战略，一个靠陆，一个向海，所经地区在我国周边外交战略中均占据重要位置。这一发展战略与古代丝绸之路和海上丝绸之路一脉相承，既是对古代丝绸之路和海上丝绸之路的一种延续与发展，更是一种提升与超越。明白"一带一路"的现实意义，有必要对古代丝绸之路和海上丝绸之路进行初步了解。

古代丝绸之路：是指欧亚大陆北部商路，与南方的茶马古道形成对比，以长安（今西安）、洛阳为起点，经甘肃、新疆，到中亚、西亚，并联结地中海各国的陆上通道。这条丝路由西汉汉武帝时张骞首次开拓，被称为"凿空之旅"，但西汉末年在匈奴的袭扰下，丝绸之路中断。公元73年，东汉时班超又重新打通隔绝58年的西域，并将这条线路首次延伸到了欧洲罗马帝国，罗马帝国也首次顺着丝路来到当时东汉洛阳。自此，丝绸之路沿线国家和地区在丝绸、皮毛、玉石、珠宝、香料等领域的商品交换不断繁荣，文化、宗教等人文交流日益活跃，不仅成为亚欧国家互通有无的商贸大道，也是促进亚欧各国和中国友好往来、沟通东西方文化的友谊之路（见图2-1）。

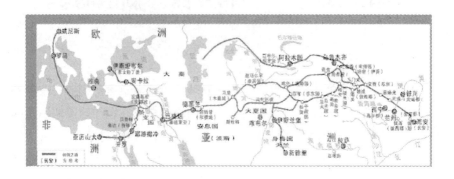

图2-1 古代丝绸之路路线

19世纪末，德国地质学家李希霍芬将这条东西大通道誉为"丝绸之路"。德国人胡特森在多年研究基础上，撰写成专著《丝路》。从此，丝绸之路这一称谓得到世界认可。

古代海上丝绸之路：是古代中国与外国交通贸易和文化交往的海上通道，又称为海上陶瓷之路、海上香料之路。汉朝时期，中国与马来半岛就已有交流，特别是唐代之后，来往更加密切，往来途径主要依靠海路，而中西贸易也利用此航道作为交易之道。这条通道形成的主因，是因为中国东南沿海山多平原少，前往西域走陆路会经过许多不适合人类居住的地区，而海路可以依靠中国东岸夏、冬两季季风助航，因此自古许多人便积极开辟海路通往欧亚各国。其航线主要有东海起航线和南海起航线，形成于秦汉时期，发展于三国隋朝时期，繁荣于唐宋时期，转变于明清时期。南海起航线由中国沿海港去往东南亚、南亚、阿拉伯和东非沿海诸国，其主港历代有所变迁，先后经历徐闻古港、广州、泉州、漳州等。东海起航线由中国沿海港去往朝鲜、日本，其主港是青岛古港，可驶往辽东半岛、朝鲜半岛、日本列岛，很早就有了对日韩的人员交往和文化经贸联系，这条航线也被史学界称为"东方海上丝绸之路"（见图2-2）。

图2-2 古代海上丝绸之路路线

二 新丝绸之路——"一带一路"的内涵

新时期，沿着陆上和海上两条古代丝绸之路构建新经济走廊——"新丝绸之路经济带"和"21世纪海上丝绸之路"，将给中国以及沿线国家和地区带来更加紧密的经济联系和更加广阔的发展空间。

"一带一路"中的"一带"即丝绸之路经济带。是在古丝绸之路概念基础上形成的一个新的经济发展区域，东牵充满活力的亚太经济圈，中穿资源丰富的中亚地区，西通欧洲发达经济体，被认为是"世界上最长、最具有发展潜力的经济大走廊"。21世纪初，贸易和投资在古丝绸之路再度活跃，欧亚各国希望与中国扩展合作领域，在交通、邮电、纺织、食品、机械制造等行业进行投资，并在农业、沙漠治理、太阳能、环境保护等方面展开合作。丝绸之路经济带战略构想应运而生，以综合交通廊道为展开空间，对沿线区域的贸易和生产要素进行优化配置，推进投资贸易便利化、深化经济技术合作、建立自由贸易区，促进区域经济一体化，最终实现区域经济和社会同步发展。

"一路"即21世纪海上丝绸之路。是中央站在中国与东盟建立战略伙伴关系十周年这新的历史起点上，为进一步深化中国与东盟的合作，构建更加紧密的命运共同体，为双方乃至本地区人民的福祉而提出的战略构想。作为古代海上丝绸之路在新时期的丰富和延伸，21世纪海上丝绸之路将中国和东南亚国家临海港口城市串起来，通过海上互连互通、港口城市合作机制以及海洋经济合作等途径，最终形成海上"丝绸之路经济带"，不仅造福中国与东盟，而且能够辐射南亚和中东。

具体来说，"一带一路"战略包括以下几条线路：

（1）中蒙俄经济带：主要通过环渤海、东北地区与俄罗斯、蒙古等国家的交通与能源通道，并向东连接日本和韩国，向西通过俄罗斯连接欧洲。

（2）新亚欧陆桥经济带：通过原来的亚欧大陆桥通过新疆向西连接哈萨克及中亚、西亚、中东欧等国家。

（3）中国—南亚—西亚经济带：通过云南、广西连接巴基斯坦、印度、缅甸、泰国、老挝、柬埔寨、马来西亚、越南、新加坡等国家；通过亚欧陆桥的南线分支连接巴基斯坦、阿富汗、伊朗、土耳其等国家。

（4）海上战略堡垒：分别由环渤海、长三角、海峡西岸、珠三角、北部湾等地区港口、滨海地带和岛屿共同连接太平洋、印度洋等沿岸国家或地区（见图2–3）。

图2–3　"一带一路"规划

"一带一路"战略具有十分丰富的内涵。首先，它体现了对古丝绸之路精神的继承和发扬。2000多年的交往历史证明，只要坚持丝绸之路精神,不同种族、不同信仰、不同文化背景国家完全可以共享和平、共同发展。在建设丝绸之路经济带和 21 世纪海上丝绸之路的今天,更需要将丝绸之路承载的和平合作、开放包容、互学互鉴、互利共赢精神薪火相传,在文明交流史上续写灿烂篇章。习近平主席提出的"一带一路"倡议,充分体现了互信和互利的精神。"一带一路"建设将贯穿"亲、诚、惠、容"的周边外交理念,以经济和人文合作为主线,不搞封闭性的集团,不妨碍既有的多边机制。

其次,与以往西方地缘政治学者认为的包括中亚在内的欧亚大陆腹地是全球战略竞争中心不同,"一带一路"构想旨在使中国发展引擎驱动的地缘经济潜力,形成巨大的正外部性,为相关国家和地区所共享。它展示出中国将自身发展的宏伟愿景与相关国家和地区的发展愿景相结合,将"中国梦"和"亚洲梦"、"欧洲梦"相连接,支持有关国家改善民生、增加就业和工业化的努力,积极为沿线地区提供国际公共产品,让有关国家安心、舒心、开心。为了消除一些国家的疑虑,中国庄严宣布绝不干涉中亚国家内政,不谋求地区事务主导权,不经营势力范围,而是要相互支持,做真诚互信的好朋友;要将政治关系优势、地缘毗邻优势、经济互补优势转化为务实合作优势、持续增长优势。

三 "一带一路"战略构想提出的时代背景

"一带一路"战略是我国最高决策层主动应对全球形势深刻变化、统筹国内国际两个大局做出的重大战略决策,是关乎未来中国改革发展、稳定繁荣乃至实现中华民族伟大复兴的重大"顶层设计"。"一带一路"战略的提出,具有深刻的时代背景。

(一)国内改革步入深水区,对外开放面临调整转向,经济发展处于换挡期、阵痛期、消化期"三期叠加"新阶段,社会改革和发展到了矛盾集聚、风险积压、需要攻坚克难、爬坡过坎的关键期

当前我国经济的阶段性特征就是"三期"叠加。所谓"三期",即增长速度进入换挡期,这是由经济发展的客观规律所决定的;结构调整面临阵痛期,这是加快经济发展方式转变的主动选择;前期刺激政策消化期,这是化解多年来积累的深层次矛盾的必经阶段。正是在这样的背景下,十八大后党中央提出了改革开放再出发、深化改革、扩大开放新方略，重新定位经济发展"新常态"，实现国民经济从高速增长到常态平稳增长的"软着陆"，维持可持续发展和适度增长。这就需要统筹国内、国际两大资源和市场，寻求新的经济发展驱动力和增长点。习近平亲自挂帅的中央深化改革领导小组等总揽全局的顶层设计决策机构的成立，足以表明中央再举改革开放大旗、应对国内国际挑战的决心和勇气。从当年改革初期"摸着石头过河"到积极应对、主动出击，体现了历史的变迁，时代的进步，决策者的魄力和勇气，也反映了问题之复杂，困难之巨大，挑战之严峻，任务之艰巨。

（二）世界经济全球化、区域经济一体化加快推进，全球经济增长和贸易、投资格局正在发生深刻调整，世界经济到了转型升级的关键阶段，需要进一步激发区域内的发展活力与合作潜力

2008 年全球金融危机以来，全球产业结构进入了深度调整期，世界经济复苏缓慢，发达国家增长乏力，经济增长速度不断回落；世界工业生产收缩，制造业处于下行期，原先具有全球产业竞争优势的工业化国家普遍出现了结构性失衡，新兴经济体加剧了全球工业竞争，发展中国家的制造业发展速度有所下滑；世界资本流动减速，金融资产增长缓慢，发达经济体对外投资一蹶不振，原先专注于资本输出的国家开始将目光转向国内，使全球资本跨境流动大幅下挫，新兴与发展中经济体资本市场动荡加剧，投资回报率普遍下降；经济增长的疲软严重拖累世界贸易的增长，世界贸易持续低迷，出口形势急剧恶化，世界商品与服务贸易的出口正在经历深度调整。

世界经济结构的变化和调整呈现如下明显特征：一是世界经济增长格局发生变化，过去几十年引领着全球经济增长的发达经济体，受困于高额的政府债务、投资机会的缺乏、欧债危机的冲击、产业创新的缓慢、紧缩的货币环境、居高不下的失业率等因素，在全球经济增长中的主导作用已经发生动摇，而新兴与发展中经济体始终保持较高增长率，逐渐成为稳定经济增长的主要力量。二是世界工业生产格局出现分化，发达经济体工业增长减速，部分产业空心化，而新兴与发展中国家工业增长表现不俗，但作为工业增长引擎的制造业要想在全球工业生产格局中凸显领导力，仍尚待时日。三是世界资本流动格局发生逆转，原来的西方发达资本输出国大幅减少境外投资，加速全球资本的回流，恶化了发展中国家融资环境，偿还外债能力减弱，金融体系的不稳定加剧。四是世界贸易格局进一步分化，美国、欧盟、亚洲发展中国家在刺激政策作用下商品出口增长较快，日本出口形势则急剧恶化，而在商品进口方面，亚洲发展中国家增长强劲，继续保持领先，美国和欧盟进口则持续乏力疲软。在此情形下，我国对外开放长期以来主要以西方发达经济体国家为主的格局，需要调整、转向。与此同时，伴随着经济全球化步伐，区域经济一体化进程加快，我国周边的东盟、中亚、南亚等发展中国家和地区资源丰富，潜力巨大，亟须通过合作活力激活发展动力。

（三）经济的高速增长使中国成为世界能源进口和消费大国，原油进口来源和运输渠道比较集中和单一，这种原油进口格局与近年来南海局势的紧张，使得我国原油进口潜在的"马六甲之困"日益突出，能源安全形势加剧

在当今国际舞台上，原油领域竞争已经超过了纯商业范围，甚至成了世界大国经济、军事、政治斗争的重要武器，近年来美俄因乌克兰局势交恶掀起的原油价格较量，就是最新的明证。研究表明，1996 年以来，中国原油进口量快速增长，原油进口依存度飙升，进口主要来源地愈趋集中。据海关统计，2003—2013 年 11 年间，我国进口原油从 9100 万吨逐年增加，到 2009 年突破两亿吨大关，2013 年达到 2.82 亿吨。原油进口来源主要集中在中东国家、非洲的苏丹等地，原油进口来源地区比较集中。原油进口量的 80%需要经过马六甲海峡，对外依存度高达 58%，而据外媒报道，国家原油战略储备仅 3 天。作为国家重要的战略物资，原油安全保障对国家经济发展和国家安全都有十分重要的意义。当今国际原油市场深受国际政治的影响，使原油进口国的原油供应具有很大的不稳定性，原油进口的安全性受到很大挑战。尤其是我国原油进口过度依赖中东地区和马六甲海，在中东局势动荡、美国插手南海的情况下，我国的能源安全受到严重挑战，潜在威胁加剧。开辟新的原油供应国或地区，开通新的安全输送管道，实现原油进口的多元化，已经是亟待解决的重大战略问题。

（四）"中国威胁论"甚嚣尘上，国际舆论尤其是西方主流媒体对中国发展和崛起抱有疑虑、担忧甚至戒备、敌意

西方社会的"中国威胁论"由来已久。早在 19 世纪末 20 世纪初，德国威廉二世就提出所谓的"黄祸论"。到 20 世纪 50 年代新中国成立之

初，美国也曾炒作过"红色威胁"。1950 年麦克阿瑟就曾公开辱骂新中国是"共产主义黄祸"。中苏关系紧张时，苏联也兜售过"中国威胁论"。冷战后，"中国威胁论"又开始在美国、日本、菲律宾等国泛滥起来，迄今已经历了四波。第一波是 1992—1993 年，哈佛大学教授亨廷顿的《文明的冲突与世界秩序的重建》断言，儒教文明与伊斯兰教文明的结合将是西方文明的天敌。第二波是 1995—1996 年，李登辉访美两岸关系紧张，中美围绕台湾地区问题发生军事对峙。第三波是 1998—1999 年，亚洲经济危机中中国经济逆势崛起，经济影响力迅速扩大。第四波是进入 21 世纪后，内容扩大，如食品安全威胁论、环境威胁论、军事威胁论、粮食威胁论、经济威胁论、网络威胁论、地缘政治威胁论等。

对"中国威胁论"释疑解惑，不仅要加强宣传解释，讲好中国故事，做好中国传播，播好中国声音，还要用实际行动昭示天下，向世界宣告中国是和平崛起。中国崛起不以损害别国的利益为代价，不构成对任何国家的威胁。

（五）中美战略博弈日益白热化，美国"重返"亚洲再平衡战略与中国参与建构国际新秩序形成越来越激烈的对冲

奥巴马政府执政以来，美国推行所谓的"重返"亚洲再平衡策略，意图围堵中国的发展空间，在外交、军事、安全、经贸等领域实行了一系列新举措。如推行"巧实力"外交，强化"美日安保"，企图拉拢日本、韩国、菲律宾、澳大利亚等国缔结"小北约"，打造环绕中国东部的"三条岛链"，构建从日本东京到阿富汗首都喀布尔的"新月形"包围圈，在 APEC 之外提出"跨太平洋伙伴关系协定（TPP）"，意欲继续主导亚太政经格局，遏制中国发展。

与此同时，凭借改革开放 30 多年的发展成就和累积的国家综合实力，新兴的复兴中的中国积极参与建构国际新秩序，提出了一系列新思路、新战略、新机制，倡导成立了许多新的地区或国际组织。在坚持和平共处五项原则、提倡国际关系民主化、促进世界多极化、倡导多边安全机制等前提下，新一届中国领导提出了亲诚惠容的睦邻政策，全新的亚洲安全观和亚洲梦，并首倡了"和平合作、开放包容、互学互鉴、互利共赢"的"丝路精神"。同时，中国逐步构建全方位、多层次国际对话渠道和合作机制，积极参与联合国维和、G20、APEC 等国际事务，参与协调地区事务如东盟 10 + 3、中日韩领导人峰会、朝核问题六方会谈等机制，树立负责任大国形象；发起并主导上海合作组织、博鳌亚洲论坛、中欧论坛、中东欧合作论坛、中非合作论坛、中阿合作论坛、中国东盟 10 + 1、亚信峰会、金砖国家峰会、中—南美、加勒比海国家、中—南太平洋岛国等对话平台；推行中孟印缅、中巴经济走廊、大湄公河次区域经济区等区域合作建设项目，倡设亚洲基础设施投资开发银行、金砖国家投资开发银行、中国—东盟海上合作基金和丝路建设基金；加快自贸区建设和谈判进程，倡导缔结"亚太自贸区（FTAAP）"……而能把这些新思想理念和对话合作机制落到实处又能统领全局的，恰恰是"丝绸之路经济带"和"21 世纪海上丝绸之路"两大战略构想。无论是和平发展、繁荣进步还是睦邻友好、开放包容这些理念，也无论是政治、外交、军事、安全，还是经济、贸易、文化、科技这些领域，都可以在"一带一路"战略中得到体现，落地生根，发挥实效。

在这一点上，习近平进一步提出了以开放包容原则加强"五通"的具体设想。第一，加强政策沟通。各国可以就经济发展战略和对策进行充分交流，本着求同存异原则，协商制定推进区域合作的规划和措施，在政策和法律上为区域经济融合"开绿灯"。第二，加强道路连通。上海合作组织正在协商交通便利化协定，尽快签署并落实这一文件，将打通从太平洋到波罗的海运输大通道。在此基础上，积极探讨完善跨境交通基础设施，逐步形成连接东亚、西亚、南亚的交通运输网络，为各国经济发展和人员往来提供便利。第三，加强贸易畅通。丝绸之路经济带总人口近 30 亿，市场规模和潜力独一无二。各国在贸易和投资领域合作潜力巨大。各方应该就贸易和投资便利化问题进行探讨并作出适当安排，消除贸易壁垒，降低贸易和投资成本，提高区域经济循环速度和质量，实现互利共赢。第四，加强货币流通。如果各国在经常项下和资本项下实现本币兑换和结算，就可以大大降低流通成本，增强抵御金融风险能力，提高本地区经济国际竞争力。第五，加强民心相通。国之交在于民相亲。搞好上述领域合作，必须得到各国人民支持，必须加强各国人民友好往来，增进相互了解和传统友谊，为开展区域合作奠定坚实民意基础和社会基础。

这"五通"从政策到民心，从道路到贸易，乃至货币，可谓虚实结合、重点突出，为"一带一路"建设指明了方向，确立了机制，落实了内容。而贯穿并统领"五通"的，就是"丝路精神"，就是古代丝路各国共同创造的丝路文化。从这个意义上讲，"一带一路"战略堪称"牵一发而动全身"，"一子落而全盘活"，是理念价值与交流方式、合作机制、具体措施相结合的最佳载体。

四 "一带一路"战略的意义、机遇与挑战

（一）"一带一路"战略的重要意义

"一带一路"战略构想意味着我国对外开放实现战略转变。这一构想已经引起国内和相关国家、地区乃至全世界的高度关注和强烈共鸣。之所以产生如此巨大的效果，就在于这一宏伟构想有着极其深远的重要意义。

第一，"一带一路"的战略构想顺应了我国对外开放区域结构转型的需要。众所周知，1978年召开的党的十一届三中全会开启了中国改革开放的历史征程。从1979年开始，我们先后建立了包括深圳等5个经济特区，开放和开发了14个沿海港口城市和上海浦东新区，相继开放了13个沿边、6个沿江和18个内陆省会城市，建立了众多的特殊政策园区。但显然，前期的对外开放重点在东南沿海，广东、福建、江苏、浙江、上海等省市成为"领头羊"和最先的受益者，而中西部地区始终扮演着"追随者"的角色，这在一定程度上造成了东部、中部、西部的区域失衡。"一带一路"尤其是"一带"起始于西部，也主要经过西部通向西亚和欧洲，这必将使得我国对外开放的地理格局发生重大调整，由中西部地区作为新的牵动者承担着开发与振兴占国土面积2/3广大区域的重任，与东部地区一起承担着中国走出去的重任。同时，东部地区正在通过连片式的"自由贸易区"建设进一步提升对外开放的水平，依然是我国全面对外开放的重要引擎。

第二，"一带一路"战略构想顺应了中国要素流动转型和国际产业转移的需要。在改革开放初期，中国经济发展水平低下，急需资本、技术和先进管理模式。因此，当初的对外开放主要是以引进外资、国外先进的技术和管理模式为主。有数据显示，1979—2012年，中国共引进外商投资项目763278个，实际利用外资总额达到12761.08亿美元。不可否认，这些外资企业和外国资本对于推动中国的经济发展、技术进步和管理的现代化起到了很大作用。可以说，这是一次由发达国家主导的国际性产业大转移。而今，尽管国内仍然需要大规模有效投资和技术改造升级，但我们已

经具备了要素输出的能力。据统计，2014 年末，中国对外投资已经突破千亿美元，已经成为资本净输出国。"一带一路"建设恰好顺应了中国要素流动新趋势。"一带一路"战略通过政策沟通、道路连通、贸易畅通、货币流通、民心相通这"五通"，将中国的生产要素，尤其是优质的过剩产能输送出去，让沿"带"沿"路"的发展中国家和地区共享中国发展的成果。

第三，"一带一路"战略构想顺应中国与其他经济合作国家结构转变的需要。在中国对外开放的早期，以欧、美、日等为代表的发达经济体有着资本、技术和管理等方面的优势，而长期处于封闭状态的中国就恰好成为它们最大的投资乐园。所以，中国早期的对外开放可以说主要针对的是发达国家和地区。而今，中国的经济面临着全面转型升级的重任。长期建设形成的一些产能需要出路，而目前世界上仍然有许多处于发展中的国家却面临着当初中国同样的难题。因此，通过"一带一路"建设，帮助这些国家和地区进行比如道路、桥梁、港口等基础设施建设，帮助它们发展一些产业比如纺织服装、家电甚至汽车制造、钢铁、电力等，提高它们经济发展的水平和生产能力，顺应中国产业技术升级的需要。

第四，"一带一路"战略构想顺应国际经贸合作与经贸机制转型的需要。2001 年，中国加入了世界贸易组织，成为世界贸易组织的成员。中国入世对我国经济的方方面面都产生了巨大影响。可以说，世界贸易组织这一被大多数成员国一致遵守国家经贸机制，在一定程度上冲破了少数国家对中国经济的封锁。但是，近年来国际经贸机制又在发生深刻变化并有新的动向。"一带一路"战略与中国自由贸易区战略是紧密联系的。有资料显示，目前我国在建自贸区，涉及 32 个国家和地区。在建的自由贸易区中，大部分是处于"一带一路"沿线上。因此，中国的自由贸易区战略必将随着"一带一路"战略的实施而得到落实和发展（见图 2 - 4）。

总之，中国政府倡议并推动"一带一路"建设，不仅有利于推动中国自身发展，而且惠及亚洲、欧洲、非洲乃至世界，对提升世界经济发展繁荣与和平进步具有深远意义。可以预见，这一造福于世界各国人民的宏伟蓝图必将在各国互信合作中得以实现。

（二）"一带一路"建设带来的新机遇

"一带一路"是一个宏伟战略构想，它的建设过程不仅涉及众多国家和地区，涉及众多产业和巨量要素调动，同时这其间产生的各种机遇不可估量。主要有以下几方面：

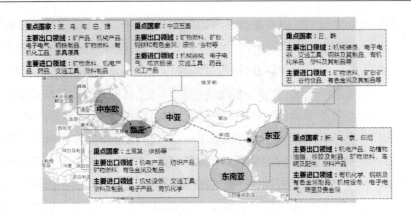

图 2-4　"一带一路"国际贸易产业链

第一，产业创新带来的机遇。产业创新涉及产业转型升级和产业转移等带来的红利。随着"一带一路"战略的实施，中国的一些优质过剩产业将会转移到其他一些国家和地区。在国内，因为市场供求变化，一些过剩的产业，也许在其他国家能恰好被合理估值；在国内，因为要素成本的上升而使一些产业、产品失去了价格竞争力，也许在其他国家，较低的要素成本会使这些产业重现生机。在国内，因为产品出口一些发达国家受限而影响整个产业的发展，也许在其他国家就能绕开这些壁垒，等等。此外，由于产业转移引致的产业转型升级更是机遇无限，比如技术改造、研发投入、品牌塑造等都会给投资者带来无限机遇。

第二，金融创新带来的机遇。"一带一路"战略的实施首先需要有充足资金流，巨量的资金需求只能通过金融创新来解决。我们已经发起设立"亚投行"和"丝路基金"，但这也只能解决部分资金问题，沿"带"沿"路"国家和地区一定会进行各种金融创新，包括发行各种类型证券、设立各种类型基金和创新金融机制等，其间的红利和机遇是不可想象的。

第三，区域创新带来的机遇。"一带一路"本质上是一个国际性区域经济的范畴，随着"一带一路"战略的实施，必将引发不同国家和地区的区域创新，这包括区域发展模式、区域产业战略选择、区域经济的技术路径、区域间的合作方式等，这其中的每个创新都蕴含着无限的机遇。

（三）"一带一路"战略实施过程中面临的挑战

"一带一路"战略的实施不仅有机遇也充满了挑战，需要有一定风险意识，未雨绸缪。

首先，自 1999 年以来，中国政府就一直鼓励企业"走出去"。最初的投资大多集中于一些全球贫穷国家的资源开采项目上。近年来，随着国内经济实力的不断增强，中国对外投资首次超过了外资流入，对外投资也被引导到发展中经济体和发达经济体中的更为引人注目的项目上。五六年前，中国"走出去"模式基本上围绕着大宗商品，现在开始在一些实行竞标机制的国家承建基础设施项目。目前，沿"带"沿"路"的一些发展中国家还是比较愿意接受我们的投资，但由于其中一些国家政局并不是十分稳定，不同党派之间理念差别很大，一旦一个党派下台，就会改变过去的对外政策，必将给我国在这些国家的投资带来巨大风险。因此，在具体实施"一带一路"战略时必须对这些国家的政治格局、法律环境等进行仔细研究，在投资之前做好风险应对的预案，将投资的风险降到最低。

其次，"一带一路"战略实施中的任何创新其实都会有潜在的风险，尤其以金融为主的虚拟经济创新蕴含的乘数式风险，需要我们时时刻刻保持高度警觉。

最后，实施"一带一路"战略必须得与国内经济状况相适应。我们要看到，中国的产能过剩是相对的；实际上，国内在基础设施建设方面仍有很大空间，大有可为。如果我们不顾及国内的这些实际需求而一味向国外投资和转移产业，有可能会产生对国内投资的挤出效应和产业的"空洞化"，对此要提高警惕。

相关阅读一

"一带一路"大事记

时间	事件
2013 年 9 月	习近平在访问哈萨克斯坦时提出构建"丝绸之路经济带"，逐步形成区域大合作
2013 年 10 月	习近平在出席亚太经济合作组织（APEC）领导人非正式会议期间，在印尼国会发表演讲时提出中国愿同东盟国家加强海上合作，共同建设"21 世纪海上丝绸之路"的倡议
2013 年 12 月	习近平在中央经济工作会议上提出，推进"丝绸之路经济带"建设，抓紧制定战略规划，加强基础设施互联互通建设。建设"21 世纪海上丝绸之路"，加强海上通道互联互通建设，拉紧相互利益纽带
2014 年 2 月	习近平主席和普京总统就俄罗斯跨欧亚铁路与"丝绸之路经济带"和"海上丝绸之路"的对接问题达成了共识

续表

时间	事件
2014 年 3 月	李克强总理在《政府工作报告》中介绍今年重点工作时指出,将"抓紧规划建设丝绸之路经济带、21 世纪海上丝绸之路"
2014 年 4 月	博鳌亚洲论坛年会开幕大会上,李克强特别强调要推进"一带一路"的建设
2014 年 5 月	作为"丝绸之路经济带"建设的首个实体平台,连云港中哈国际物流基地的启用,标志着中哈两国依托新亚欧大陆桥,共建"丝绸之路经济带"的战略构想进入实质实施阶段
2014 年 11 月	习近平在 2014 年中国 APEC 峰会上宣布,中国将出资 400 亿美元成立丝路基金。这是专门服务于"一带一路"的营运资金。与此同时,亚洲基础设施投资银行有望成立,中国将是主要股东,亚投行有望成为基础设施建设的重要融资来源
2014 年 12 月	2014 年中央经济工作会议提出,"一带一路"是 2015 年区域发展的首要战略,会议提出要重点实施"一带一路"、京津冀协同发展、长江经济带三大战略,争取 2015 年有个良好开局

相关阅读二

"一带一路"愿景与行动文件

推动共建丝绸之路经济带和 21 世纪海上丝绸之路的愿景与行动
国家发展改革委 外交部 商务部
(经国务院授权发布) 2015 年 3 月

前 言

2000 多年前,亚欧大陆上勤劳勇敢的人民,探索出多条连接亚欧非几大文明的贸易和人文交流通路,后人将其统称为"丝绸之路"。千百年来,"和平合作、开放包容、互学互鉴、互利共赢"的丝绸之路精神薪火相传,推进了人类文明进步,是促进沿线各国繁荣发展的重要纽带,是东西方交流合作的象征,是世界各国共有的历史文化遗产。

进入 21 世纪,在以和平、发展、合作、共赢为主题的新时代,面对复苏乏力的全球经济形势,纷繁复杂的国际和地区局面,传承和弘扬丝绸之路精神更显重要和珍贵。

2013 年 9 月和 10 月，中国国家主席习近平在出访中亚和东南亚国家期间，先后提出共建"丝绸之路经济带"和"21 世纪海上丝绸之路"（以下简称"一带一路"）的重大倡议，得到国际社会高度关注。中国国务院总理李克强参加 2013 年中国—东盟博览会时强调，铺就面向东盟的海上丝绸之路，打造带动腹地发展的战略支点。加快"一带一路"建设，有利于促进沿线各国经济繁荣与区域经济合作，加强不同文明交流互鉴，促进世界和平发展，是一项造福世界各国人民的伟大事业。

"一带一路"建设是一项系统工程，要坚持共商、共建、共享原则，积极推进沿线国家发展战略的相互对接。为推进实施"一带一路"重大倡议，让古丝绸之路焕发新的生机活力，以新的形式使亚欧非各国联系更加紧密，互利合作迈向新的历史高度，中国政府特制定并发布《推动共建丝绸之路经济带和 21 世纪海上丝绸之路的愿景与行动》。

一　时代背景

当今世界正发生复杂深刻的变化，国际金融危机深层次影响继续显现，世界经济缓慢复苏、发展分化，国际投资贸易格局和多边投资贸易规则酝酿深刻调整，各国面临的发展问题依然严峻。共建"一带一路"顺应世界多极化、经济全球化、文化多样化、社会信息化的潮流，秉持开放的区域合作精神，致力于维护全球自由贸易体系和开放型世界经济。共建"一带一路"旨在促进经济要素有序自由流动、资源高效配置和市场深度融合，推动沿线各国实现经济政策协调，开展更大范围、更高水平、更深层次的区域合作，共同打造开放、包容、均衡、普惠的区域经济合作架构。共建"一带一路"符合国际社会的根本利益，彰显人类社会共同理想和美好追求，是国际合作以及全球治理新模式的积极探索，将为世界和平发展增添新的正能量。

共建"一带一路"致力于亚欧非大陆及附近海洋的互联互通，建立和加强沿线各国互联互通伙伴关系，构建全方位、多层次、复合型的互联互通网络，实现沿线各国多元、自主、平衡、可持续的发展。"一带一路"的互联互通项目将推动沿线各国发展战略的对接与耦合，发掘区域内市场的潜力，促进投资和消费，创造需求和就业，增进沿线各国人民的人文交流与文明互鉴，让各国人民相逢相知、互信互敬，共享和谐、安宁、富裕的生活。

当前，中国经济和世界经济高度关联。中国将一以贯之地坚持对外开放的基本国策，构建全方位开放新格局，深度融入世界经济体系。推进"一带一路"建设既是中国扩大和深化对外开放的需要，也是加强和亚欧非及世界各国互利合作的需要，中国愿意在力所能及的范围内承担更多责任义务，为人类和平发展做出更大的贡献。

二　共建原则

恪守联合国宪章的宗旨和原则。遵守和平共处五项原则，即尊重各国主权和领土完整、互不侵犯、互不干涉内政、和平共处、平等互利。

坚持开放合作。"一带一路"相关的国家基于但不限于古代丝绸之路的范围，各国和国际、地区组织均可参与，让共建成果惠及更广泛的区域。

坚持和谐包容。倡导文明宽容，尊重各国发展道路和模式的选择，加强不同文明之间的对话，求同存异、兼容并蓄、和平共处、共生共荣。

坚持市场运作。遵循市场规律和国际通行规则，充分发挥市场在资源配置中的决定性作用和各类企业的主体作用，同时发挥好政府的作用。

坚持互利共赢。兼顾各方利益和关切，寻求利益契合点和合作最大公约数，体现各方智慧和创意，各施所长，各尽所能，把各方优势和潜力充分发挥出来。

三　框架思路

"一带一路"是促进共同发展、实现共同繁荣的合作共赢之路，是增进理解信任、加强全方位交流的和平友谊之路。中国政府倡议，秉持和平合作、开放包容、互学互鉴、互利共赢的理念，全方位推进务实合作，打造政治互信、经济融合、文化包容的利益共同体、命运共同体和责任共同体。

"一带一路"贯穿亚欧非大陆，一头是活跃的东亚经济圈，一头是发达的欧洲经济圈，中间广大腹地国家经济发展潜力巨大。丝绸之路经济带重点畅通中国经中亚、俄罗斯至欧洲（波罗的海）；中国经中亚、西亚至波斯湾、地中海；中国至东南亚、南亚、印度洋。21世纪海上丝绸之路重点方向是从中国沿海港口过南海到印度洋，延伸至欧洲；从中国沿海港口过南海到南太平洋。

根据"一带一路"走向，陆上依托国际大通道，以沿线中心城市为支撑，以重点经贸产业园区为合作平台，共同打造新亚欧大陆桥、中蒙俄、中国—中亚—西亚、中国—中南半岛等国际经济合作走廊;海上以重点港口为节点,共同建设通畅安全高效的运输大通道。中巴、孟中印缅两个经济走廊与推进"一带一路"建设关联紧密,要进一步推动合作,取得更大进展。

"一带一路"建设是沿线各国开放合作的宏大经济愿景,需各国携手努力,朝着互利互惠、共同安全的目标相向而行。努力实现区域基础设施更加完善,安全高效的陆海空通道网络基本形成,互联互通达到新水平;投资贸易便利化水平进一步提升,高标准自由贸易区网络基本形成,经济联系更加紧密,政治互信更加深入;人文交流更加广泛深入,不同文明互鉴共荣,各国人民相知相交、和平友好。

四 合作重点

沿线各国资源禀赋各异,经济互补性较强,彼此合作潜力和空间很大。以政策沟通、设施联通、贸易畅通、资金融通、民心相通为主要内容,重点在以下方面加强合作。

政策沟通。加强政策沟通是"一带一路"建设的重要保障。加强政府间合作,积极构建多层次政府间宏观政策沟通交流机制,深化利益融合,促进政治互信,达成合作新共识。沿线各国可以就经济发展战略和对策进行充分交流对接,共同制定推进区域合作的规划和措施,协商解决合作中的问题,共同为务实合作及大型项目实施提供政策支持。

设施连通。基础设施互连互通是"一带一路"建设的优先领域。在尊重相关国家主权和安全关切的基础上,沿线国家宜加强基础设施建设规划、技术标准体系的对接,共同推进国际骨干通道建设,逐步形成连接亚洲各次区域以及亚欧非之间的基础设施网络。强化基础设施绿色低碳化建设和运营管理,在建设中充分考虑气候变化影响。

抓住交通基础设施的关键通道、关键节点和重点工程,优先打通缺失路段,畅通"瓶颈"路段,配套完善道路安全防护设施和交通管理设施设备,提升道路通达水平。推进建立统一的全程运输协调机制,促进国际通关、换装、多式联运有机衔接,逐步形成兼容规范的运输规则,实现国际运输便利化。推动口岸基础设施建设,畅通陆水联运通道,推进港口合作建设,增加海上航线和班次,加强海上物流信息化合作。拓展建立民航全面合作的平台和机制,加快提升航空基础设施水平。

加强能源基础设施互联互通合作,共同维护输油、输气管道等运输通道安全，推进跨境电力与输电通道建设，积极开展区域电网升级改造合作。

共同推进跨境光缆等通信干线网络建设，提高国际通信互联互通水平，畅通信息丝绸之路。加快推进双边跨境光缆等建设，规划建设洲际海底光缆项目，完善空中（卫星）信息通道，扩大信息交流与合作。

贸易畅通。投资贸易合作是"一带一路"建设的重点内容。宜着力研究解决投资贸易便利化问题，消除投资和贸易壁垒，构建区域内和各国良好的营商环境，积极同沿线国家和地区共同商建自由贸易区，激发释放合作潜力，做大做好合作"蛋糕"。

沿线国家宜加强信息互换、监管互认、执法互助的海关合作，以及检验检疫、认证认可、标准计量、统计信息等方面的双多边合作，推动世界贸易组织《贸易便利化协定》生效和实施。改善边境口岸通关设施条件，加快边境口岸"单一窗口"建设，降低通关成本，提升通关能力。加强供应链安全与便利化合作，推进跨境监管程序协调，推动检验检疫证书国际互联网核查，开展"经认证的经营者"（AEO）互认。降低非关税壁垒，共同提高技术性贸易措施透明度，提高贸易自由化便利化水平。

拓宽贸易领域，优化贸易结构，挖掘贸易新增长点，促进贸易平衡。创新贸易方式，发展跨境电子商务等新的商业业态。建立健全服务贸易促进体系，巩固和扩大传统贸易，大力发展现代服务贸易。把投资和贸易有机结合起来，以投资带动贸易发展。

加快投资便利化进程，消除投资壁垒。加强双边投资保护协定、避免双重征税协定磋商，保护投资者的合法权益。

拓展相互投资领域，开展农林牧渔业、农机及农产品（15.95%、0.00%、0.00%）生产加工等领域深度合作，积极推进海水养殖、远洋渔业、水产品加工、海水淡化、海洋生物制药、海洋工程技术、环保产业和海上旅游等领域合作。加大煤炭、油气、金属矿产等传统能源资源勘探开发合作，积极推动水电、核电、风电、太阳能等清洁、可再生能源合作，推进能源资源就地就近加工转化合作，形成能源资源合作上下游一体化产业链。加强能源资源深加工技术、装备与工程服务合作。

推动新兴产业合作，按照优势互补、互利共赢的原则，促进沿线国家加强在新一代信息技术、生物、新能源、新材料等新兴产业领域的深入合作，推动建立创业投资合作机制。

优化产业链分工布局,推动上下游产业链和关联产业协同发展,鼓励建立研发、生产和营销体系,提升区域产业配套能力和综合竞争力。扩大服务业相互开放,推动区域服务业加快发展。探索投资合作新模式,鼓励合作建设境外经贸合作区、跨境经济合作区等各类产业园区,促进产业集群发展。在投资贸易中突出生态文明理念,加强生态环境、生物多样性和应对气候变化合作,共建绿色丝绸之路。

中国欢迎各国企业来华投资。鼓励本国企业参与沿线国家基础设施建设和产业投资。促进企业按属地化原则经营管理,积极帮助当地发展经济、增加就业、改善民生,主动承担社会责任,严格保护生物多样性和生态环境。

资金融通。资金融通是"一带一路"建设的重要支撑。深化金融合作,推进亚洲货币稳定体系、投融资体系和信用体系建设。扩大沿线国家双边本币互换、结算的范围和规模。推动亚洲债券市场的开放和发展。共同推进亚洲基础设施投资银行、金砖国家开发银行筹建,有关各方就建立上海合作组织融资机构开展磋商。加快丝路基金组建运营。深化中国—东盟银行联合体、上合组织银行联合体务实合作,以银团贷款、银行授信等方式开展多边金融合作。支持沿线国家政府和信用等级较高的企业以及金融机构在中国境内发行人民币债券。符合条件的中国境内金融机构和企业可以在境外发行人民币债券和外币债券,鼓励在沿线国家使用所筹资金。

加强金融监管合作,推动签署双边监管合作谅解备忘录,逐步在区域内建立高效监管协调机制。完善风险应对和危机处置制度安排,构建区域性金融风险预警系统,形成应对跨境风险和危机处置的交流合作机制。加强征信管理部门、征信机构和评级机构之间的跨境交流与合作。充分发挥丝路基金以及各国主权基金作用,引导商业性股权投资基金和社会资金共同参与"一带一路"重点项目建设。

民心相通。民心相通是"一带一路"建设的社会根基。传承和弘扬丝绸之路友好合作精神,广泛开展文化交流、学术往来、人才交流合作、媒体合作、青年和妇女交往、志愿者服务等,为深化双多边合作奠定坚实的民意基础。

扩大相互间留学生规模,开展合作办学,中国每年向沿线国家提供1万个政府奖学金名额。沿线国家间互办文化年、艺术节、电影节、电视周和图书展等活动,合作开展广播影视剧精品创作及翻译,联合申请世界文化遗产，共同开展世界遗产的联合保护工作。深化沿线国家间人才交流合作。

加强旅游合作，扩大旅游规模，互办旅游推广周、宣传月等活动，联合打造具有丝绸之路特色的国际精品旅游线路和旅游产品，提高沿线各国游客签证便利化水平。推动 21 世纪海上丝绸之路邮轮旅游合作。积极开展体育交流活动，支持沿线国家申办重大国际体育赛事。

强化与周边国家在传染病疫情信息沟通、防治技术交流、专业人才培养等方面的合作，提高合作处理突发公共卫生事件的能力。为有关国家提供医疗援助和应急医疗救助，在妇幼健康、残疾人康复以及艾滋病、结核、疟疾等主要传染病领域开展务实合作，扩大在传统医药领域的合作。

加强科技合作，共建联合实验室（研究中心）、国际技术转移中心、海上合作中心，促进科技人员交流，合作开展重大科技攻关，共同提升科技创新能力。

整合现有资源，积极开拓和推进与沿线国家在青年就业、创业培训、职业技能开发、社会保障管理服务、公共行政管理等共同关心领域的务实合作。

充分发挥政党、议会交往的桥梁作用，加强沿线国家之间立法机构、主要党派和政治组织的友好往来。开展城市交流合作，欢迎沿线国家重要城市之间互结友好城市，以人文交流为重点，突出务实合作，形成更多鲜活的合作范例。欢迎沿线国家智库之间开展联合研究、合作举办论坛等。

加强沿线国家民间组织的交流合作，重点面向基层民众，广泛开展教育医疗、减贫开发、生物多样性和生态环保等各类公益慈善活动，促进沿线贫困地区生产生活条件改善。加强文化传媒的国际交流合作，积极利用网络平台，运用新媒体工具，塑造和谐友好的文化生态和舆论环境。

五　合作机制

当前，世界经济融合加速发展，区域合作方兴未艾。积极利用现有双多边合作机制，推动"一带一路"建设，促进区域合作蓬勃发展。

加强双边合作，开展多层次、多渠道沟通磋商，推动双边关系全面发展。推动签署合作备忘录或合作规划，建设一批双边合作示范。建立完善双边联合工作机制，研究推进"一带一路"建设的实施方案、行动路线图。充分发挥现有联委会、混委会、协委会、指导委员会、管理委员会等双边机制作用，协调推动合作项目实施。

强化多边合作机制作用，发挥上海合作组织（SCO）、中国—东盟 "10 + 1"、亚太经合组织（APEC）、亚欧会议（ASEM）、亚洲合作对话（ACD）、亚信会议（CICA）、中阿合作论坛、中国—海合会战略对话、大湄公河次区域（GMS）经济合作、中亚区域经济合作（CAREC）等现有多边合作机制作用，相关国家加强沟通，让更多国家和地区参与"一带一路"建设。

继续发挥沿线各国区域、次区域相关国际论坛、展会以及博鳌亚洲论坛、中国—东盟博览会、中国—亚欧博览会、欧亚经济论坛、中国国际投资贸易洽谈会，以及中国—南亚博览会、中国—阿拉伯博览会、中国西部国际博览会、中国—俄罗斯博览会、前海合作论坛等平台的建设性作用。支持沿线国家地方、民间挖掘"一带一路"历史文化遗产，联合举办专项投资、贸易、文化交流活动，办好丝绸之路（敦煌）国际文化博览会、丝绸之路国际电影节和图书展。倡议建立"一带一路"国际高峰论坛。

六 中国各地方开放态势

推进"一带一路"建设，中国将充分发挥国内各地区比较优势，实行更加积极主动的开放战略，加强东中西互动合作，全面提升开放型经济水平。

西北、东北地区。发挥新疆独特的区位优势和向西开放重要窗口作用，深化与中亚、南亚、西亚等国家交流合作，形成丝绸之路经济带上重要的交通枢纽、商贸物流和文化科教中心，打造丝绸之路经济带核心区。发挥陕西、甘肃综合经济文化和宁夏、青海民族人文优势，打造西安内陆型改革开放新高地，加快兰州、西宁开发开放，推进宁夏内陆开放型经济试验区建设，形成面向中亚、南亚、西亚国家的通道、商贸物流枢纽、重要产业和人文交流基地。发挥内蒙古联通俄蒙的区位优势，完善黑龙江对俄铁路通道和区域铁路网，以及黑龙江、吉林、辽宁与俄远东地区陆海联运合作，推进构建北京—莫斯科欧亚高速运输走廊，建设向北开放的重要窗口。

西南地区。发挥广西与东盟国家陆海相邻的独特优势，加快北部湾经济区和珠江—西江经济带开放发展，构建面向东盟区域的国际通道，打造西南、中南地区开放发展新的战略支点，形成 21 世纪海上丝绸之路与丝绸之路经济带有机衔接的重要门户。发挥云南区位优势，推进与周边国家的国际运输通道建设，打造大湄公河次区域经济合作新高地，建设成为面向南亚、东南亚的辐射中心。推进西藏与尼泊尔等国家边境贸易和旅游文化合作。

沿海和港澳台地区。利用长三角、珠三角、海峡西岸、环渤海等经济区开放程度高、经济实力强、辐射带动作用大的优势，加快推进中国（上海）自由贸易试验区建设，支持福建建设 21 世纪海上丝绸之路核心区。充分发挥深圳前海、广州南沙、珠海横琴、福建平潭等开放合作区作用，深化与港澳台地区合作，打造粤港澳大湾区。推进浙江海洋经济发展示范区、福建海峡蓝色经济试验区和舟山群岛新区建设，加大海南国际旅游岛开发开放力度。加强上海、天津、宁波—舟山、广州、深圳、湛江、汕头、青岛、烟台、大连、福州、厦门、泉州、海口、三亚等沿海城市港口建设，强化上海、广州等国际枢纽机场功能。以扩大开放倒逼深层次改革，创新开放型经济体制机制，加大科技创新力度，形成参与和引领国际合作竞争新优势，成为"一带一路"特别是 21 世纪海上丝绸之路建设的"排头兵"和主力军。发挥海外侨胞以及香港、澳门特别行政区独特优势作用，积极参与和助力"一带一路"建设。为台湾地区参与"一带一路"建设作出妥善安排。

内陆地区。利用内陆纵深广阔、人力资源丰富、产业基础较好优势，依托长江中游城市群、成渝城市群、中原城市群、呼包鄂榆城市群、哈长城市群等重点区域，推动区域互动合作和产业集聚发展，打造重庆西部开发开放重要支撑和成都、郑州、武汉、长沙、南昌、合肥等内陆开放型经济高地。加快推动长江中上游地区和俄罗斯伏尔加河沿岸联邦区的合作。建立中欧通道铁路运输、口岸通关协调机制，打造"中欧班列"品牌，建设沟通境内外、连接东中西的运输通道。支持郑州、西安等内陆城市建设航空港、国际陆港，加强内陆口岸与沿海、沿边口岸通关合作，开展跨境贸易电子商务服务试点。优化海关特殊监管区域布局，创新加工贸易模式，深化与沿线国家的产业合作。

七 中国积极行动

一年多来，中国政府积极推动"一带一路"建设，加强与沿线国家的沟通磋商，推动与沿线国家的务实合作，实施了一系列政策措施，努力收获早期成果。

高层引领推动。习近平主席、李克强总理等国家领导人先后出访 20 多个国家，出席加强互联互通伙伴关系对话会、中阿合作论坛第六届部长级会议，就双边关系和地区发展问题，多次与有关国家元首和政府首脑进行会晤，深入阐释"一带一路"的深刻内涵和积极意义，就共建"一带一路"达成广泛共识。

签署合作框架。与部分国家签署了共建"一带一路"合作备忘录，与一些毗邻国家签署了地区合作和边境合作的备忘录以及经贸合作中长期发展规划。研究编制与一些毗邻国家的地区合作规划纲要。

推动项目建设。加强与沿线有关国家的沟通磋商，在基础设施互联互通、产业投资、资源开发、经贸合作、金融合作、人文交流、生态保护、海上合作等领域，推进了一批条件成熟的重点合作项目。

完善政策措施。中国政府统筹国内各种资源，强化政策支持。推动亚洲基础设施投资银行筹建，发起设立丝路基金，强化中国—欧亚经济合作基金投资功能。推动银行卡清算机构开展跨境清算业务和支付机构开展跨境支付业务。积极推进投资贸易便利化，推进区域通关一体化改革。

发挥平台作用。各地成功举办了一系列以"一带一路"为主题的国际峰会、论坛、研讨会、博览会，对增进理解、凝聚共识、深化合作发挥了重要作用。

八　共创美好未来

共建"一带一路"是中国的倡议，也是中国与沿线国家的共同愿望。站在新的起点上，中国愿与沿线国家一道，以共建"一带一路"为契机，平等协商，兼顾各方利益，反映各方诉求，携手推动更大范围、更高水平、更深层次的大开放、大交流、大融合。"一带一路"建设是开放的、包容的，欢迎世界各国和国际、地区组织积极参与。

共建"一带一路"的途径是以目标协调、政策沟通为主，不刻意追求一致性，可高度灵活，富有弹性，是多元开放的合作进程。中国愿与沿线国家一道，不断充实完善"一带一路"的合作内容和方式，共同制定时间表、路线图，积极对接沿线国家发展和区域合作规划。

中国愿与沿线国家一道，在既有双多边和区域次区域合作机制框架下，通过合作研究、论坛展会、人员培训、交流访问等多种形式，促进沿线国家对共建"一带一路"内涵、目标、任务等方面的进一步理解和认同。

中国愿与沿线国家一道，稳步推进示范项目建设，共同确定一批能够照顾双多边利益的项目，对各方认可、条件成熟的项目抓紧启动实施，争取早日开花结果。

"一带一路"是一条互尊互信之路，一条合作共赢之路，一条文明互鉴之路。只要沿线各国和衷共济、相向而行，就一定能够谱写建设丝绸之路经济带和 21 世纪海上丝绸之路的新篇章，让沿线各国人民共享"一带一路"共建成果。

相关阅读三

造福世界的"一带一路"

随着时间推移和更多项目展露端倪，"一带一路"带来的机遇逐步凸显。这样的机遇，不仅是中国的，也是世界的。"一带一路"以其有利于促进沿线各国经济繁荣与区域经济合作、加强不同文明交流互鉴、促进和平发展等众多特质，成为一项造福世界的伟大事业。

一　为中国带来系统性机遇

对于中国来说，"一带一路"构建了对外开放新格局，给经济发展带来的机遇是多重的、是系统性的。从近期看，"一带一路"在基建互通、金融互通、产业对接、资源引入等多方面能发挥显著作用。为了说明这一点，中国人民大学国际关系学院教授王义桅对本报记者举了一个例子：新疆有很多很好的产品，原来搞西部大开发，主要还是想着把西部跟东部连在一起再运出去，现在有了"一带一路"，新疆彻底改变了思路，直接向西发展，选择余地就更大了。

交通只是一个缩影。"一带一路"对中国经济发展而言，在扩大国内产业的需求规模，推动国内产业的转型升级、应对出口下滑、拓宽资源获取渠道、加强西部开拓、开拓战略纵深和强化国家安全等方面，都将产生深远的影响。

如果把眼光放得更远一些，人们将看到，中国经济的发展，本身就是一个不断开拓创新和寻求突破的过程，从沿海地区向西部内陆不断推进。从这个意义上说，"一带一路"所带来的商贸文化互通、区域经济一体化和共同繁荣，将在更大程度上推动中国经济的全面提升。

二　将有效提振多国经济

"一带一路"究竟能给世界带来什么样的新机遇？

"一带一路"有利于促进各国经济优势互补、合作共赢。"一带一路"沿线是世界经济最具活力的地区，多为新兴市场与发展中国家。多数国家后发优势强劲，发展空间大，处于上升期。另外，包括中国在内的沿线各国都面临着转变经济发展方式的紧迫任务，前途命运紧密相连，"一带一路"一旦变成现实，将构建起世界跨度最长、最具发展潜力的经济走廊，这一点与沿线国家的发展利益高度契合。

"一带一路"有助于打破"以邻为壑"的思维定式，为全球经济合作提供一个新的战略平台，为世界提供一种新的发展构架和合作模式。通过"一带一路"，不仅亚欧经济可以实现有效整合和优势互补，而且其他地理上较远的国家可以融入整个倡议轨道之中，发挥比较优势，实现发展繁荣和互利共赢。

经济学家林毅夫认为，"一带一路"不仅能够让中国形成一个更完善的市场经济体系，也可以帮助其他发展中国家实现现代化梦想。"正因为中国提供了一个合作共赢的机会，才获得这么多国家的响应。"

三　需要沿线国家共同应对挑战

随着"一带一路"进入实际操作阶段，一些分析人士认为，尽管"一带一路"提供了巨大的发展机遇，但前行之路并非一片坦途，在抓住机遇的同时，有关各方还应该"胆大心细"地面对挑战。作为一个整体，"一带一路"已经涵盖了亚欧非60多个国家和地区，但沿线各国国情千差万别、利益诉求各异，真正实现"一带一路"倡议的远景目标并非易事。

中国可能将面对地缘、安全、经济、法律和道德等多重风险，需要对这些可能遇到的风险提前做出分析，提前制定好风险应对策略，以把挑战转换成机遇。

美好的愿景，理想的蓝图，需要以真诚互信为基础。"一带一路"不仅是实现中华民族振兴的战略构想，更是沿线各国的共同事业。这样的机遇需要大家一起来抓住，当中的挑战也需要大家一起来应对。

参考文献

1. 申现杰、肖金成：《国际区域经济合作新形势与我国"一带一路"合作战略》，《宏观经济研究》2014年第11期。
2. 冯宗宪：《"一带一路"构想的战略意义》，《光明日报》2014年10月20日。
3. 《大国韬略：一带一路》，http：//news. hexun. com/2014/yidaiyilu。
4. 肖琳：《海陆统筹共进，构建"一带一路"》，《太平洋学报》2014年第2期。
5. 《"一带一路"——中国版"马歇尔计划"》，http：//wenku. baidu. com/。

第三章 中国经济进入"新常态"

"新常态"一词，在很短时间内由经济思想界步入世界和中国的决策语汇，成为当前分析经济形势与发展未来的热词。"新常态"作为中国高层对经济形势的清醒判断和重要定义，对未来宏观经济政策导向有着决定性意义。在"新常态"视角下，世界与中国，正面临一个新的时代。

习近平总书记提出的"新常态"的重大战略研判，深刻揭示了中国经济发展阶段的新变化，展示了中央高瞻远瞩的战略眼光和处事不惊的决策定力。全面认识中国经济新常态，把握经济发展的阶段性特征，创新宏观调控思路和方式，以改革创新重塑发展新动力，对在新常态下保持经济平稳健康发展，实现由高速增长向更高效率、更高效益的高效增长跃升具有重要意义。

一　中国经济新常态的提出

"新常态"出自经济词汇，最早由美国太平洋投资管理公司首席执行官埃尔－埃里安等投资家使用。2011 年以来，国际投资界常用它来描述金融危机之后经济增长低于平均水平的状态。在发达经济世界，"新常态"可概括为"一低两高"，即低增长、高失业和高债务。无论美国，还是欧洲和日本，概莫能外。经过 20 世纪 80 年代后期以来欧美经济持续20 多年相对稳定繁荣的"大稳定"，2008 年发端于美国的全球金融危机使西方思想界深刻反思。"新常态"正是反思结果之一。如今，危机爆发已经 6 年，世界经济发展呈现新的复杂情况。按照埃尔－埃里安的最新观点，虽然全球经济缓慢复苏，但是美国经济增速放缓、高失业率和政府债务高涨的"新常态"并未结束。更有悲观者，如美国前财政部长萨默斯认为，发达国家的经济增长停滞可能成为新常态。最近，地缘政治风险不断为世界经济增添新变数。摩根士丹利新兴市场负责人鲁奇尔·夏尔马曾在美国《外交》杂志撰文说，过去全球投资者常聚焦 GDP 增长、就业和贸易，并以此来预测投资。现如今，市场更关注政治变化，尤其是新领导人如何推动经济改革，这成为观测世界经济的一种常态。在宏观政策应对上，百年来，世界经济决策中，凯恩斯主义与新自由主义几经交替。近年来的金融危机让人们认识到，新自由主义的经济成绩单让人担忧。而在新常态下，传统的凯恩斯"逆周期"政策也可能无法适用新的经济现实。且不管林林总总的经济术语和五花八门的解释，各方普遍认同，当前世界经济不确定性增加，新的风险因素不断呈现，以往药方有可能不再是万灵药，世界经济处于理论的探索期与政策的实验期。

目前，世界经济形势复杂多变，中国经济公认已成为世界经济发动机与稳定器，同时呈现出独有的"新常态"。2014 年 5 月，"新常态"第一次出现在习近平总书记在河南考察时的表述中。习近平指出，我国发展仍处于重要战略机遇期，我们要增强信心，从当前我国经济发展阶段性特征出发，适应新常态，保持战略上的平常心态。在战术上要高度重视和防范各种风险，早作谋划，未雨绸缪，及时采取应对措施，尽可能减少其负面影响。7 月 29 日，习近平总书记在和党外人士的座谈会上又一次提出，要正确认识中国经济发展的阶段性特征，进一步增强信心，适应新常态。11 月 9 日，习近平在亚太经合组织工商领导人峰会上的演讲中首次系统阐述了新常态。他说，新常态有三个特征：中国经济从高速增长转为中高速增长；中国经济结构不断优化升级；中国经济从要素驱动、投资驱动转向创新驱动。12 月 5 日，习近平主持召开中央政治局会议，分析研究2015 年经济工作。会议强调，中国进入经济发展新常态，经济韧性好、潜力足、回旋空间大。同时，经济发展新常态下出现的一些趋势性变化使经济社会发展面临不少困难和挑战，要高度重视、妥善应对。12 月 9 日，中央经济工作会议对经济发展新常态做出系统性阐述，提出要认识新常态，适应新常态，引领新常态。

习近平同志提出这一重大理论概念源于以下两种极为重要的新情况。

第一种新情况是，随着客观世界不断发展、随着社会主义现代化建设出现的新情况新变化而导致的一种势必至此的新常态，这当然需要用平常心态去认真看待和对待。正如习近平所说，"我国发展仍处于重要战略机遇期，我们要增强信心，从当前我国经济发展的阶段性特征出发，适应新常态，保持战略上的平常心态。"

第二种新情况是，以习近平为总书记的党中央按照党的十八大报告提出的夺取中国特色社会主义新胜利的八条基本要求，在近两年时间里，励精图治、攻坚克难，给党领导的伟大事业、党的建设新的伟大工程以及改革发展稳定、内政外交国防、治党治国治军等方面带来一系列充满希望的新变化，展现出生机勃勃的新气象，由此开创出中国特色社会主义事业新局面。可以说，这样的新局面，是由锐意进取的新一届中央领导集体自觉营造的一种趋势性的新常态。对此，同样需要从共产党执政规律、社会主义建设规律、人类社会发展规律高度去认真看待和对待。

明确新常态总体上源于上述两种新情况，特别是第二种情况的一个重要的、权威的依据，就是《习近平总书记系列重要讲话读本》指出的："党的十八大以来，以习近平同志为总书记的党中央，深入贯彻党的十八大精神"，"统筹国内国际两个大局，统筹伟大事业伟大工程，以中国梦凝聚力量，以抓改革激发活力，以改作风振奋人心、励精图治、攻坚克难，带领全党全国各族人民取得新成就、形成新风气、开创新局面"；在这个过程中，习近平同志"提出许多富有创见的新思想新观点新论断新要求，深刻回答了新形势下党和国家发展的一系列重大理论和现实问题，深入阐释了党的十八大精神，进一步升华了我们党对中国特色社会主义规律和马克思主义执政党建设规律的认识"，"为我们在新的历史起点上实现新的奋斗目标提供了科学指南和基本遵循"。这里列举的新成就、新风气、新局面和新思想、新观点、新论断、新要求，既是党的十八大以后形成的各方面工作新常态的重要体现，也是形成这些新常态的背景和条件。

二　中国经济新常态的含义和特征

（一）中国经济新常态含义

自经济新常态提出至今，舆论对经济形势的分析解读逐渐升温。《人民日报》2014 年 8 月 5—7 日连续三天在头版位置刊登了"新常态下的中国经济"系列评论，以《经济形势闪耀新亮点》、《经济运行呈现新特征》和《经济发展迈入新阶段》为题，对中国经济形势进行了多角度的分析，具体阐释了"中国经济新常态"的内容和意义。那么，到底什么是经济新常态？

要弄清经济"新常态"，首先要对"常态"有一个清晰界定。所谓经济"常态"并不是指经济活动在一个长时期内稳定不变的状态，而是在经济发展的某个阶段，由经济规律主导的经济活动具有相对稳定的动态过程。就经济运行宏观面而论，经济常态应当最终取决于某一段时期由技术、制度、人口与劳动供给和资本所决定的"潜在增长率"。在经济发展过程中，同一个国家在不同发展时期、不同历史阶段的"常态"表现具有明显差异。这样，可以对经济"常态"进行不同的划分，如"新常态"与"旧常态"。虽说可以对经济作"新"、"旧"常态的划分，但"新常态"与"旧常态"并不是割裂的，新常态是对"旧常态"的承继和扬弃。对客观的经济"常态"的认定和判断，会直接影响政府主观的宏观经济决策。稳健的宏观经济政策取向应当使实现的经济增长常态维持在潜在增长率决定的自然常态。

中国经济"新常态"就是指由过去状态向一种新的相对稳定的常态的转变，是一个全面、持久、深刻变化的时期，是一个优化、调整、转型、升级并行的过程。党的十八大以来，我国经济、政治、文化和社会生活方面面呈现一系列新常态，主要有经济新常态、从严治党新常态、社会治理新常态、文化强国新常态、生态文明新常态等。经济新常态是党中央对我国经济发展阶段的重大战略判断。经济发展进入新常态，实质是我国经济发展已经进入高效率、低成本、可持续发展的中高速增长阶段。从速度层面看，经济增长速度从高速增长转为中高速增长，经济增长的质量和内涵发生质的变化；从结构层面看，经济结构发生全面深刻变化，不断优化升级；从动力层面看，经济发展从要素驱动、投资驱动转向创新驱动；从风险层面看，生态环境和一些不确定性风险将进一步显现。

中国经济"新常态"与西方国家有很大不同。中国经济发展"新常态"是中国经济发展进入新阶段的标志，而不是由国际金融危机所造成的；这种"新常态"的出现，始终处于国家宏观经济政策许可的正常运行区间，从根本上有利于全面深化改革，有利于中国经济发展转型升级。

（二）中国经济新常态特征

有人把中国经济新常态理解为中国经济的增长下降几个百分点，这显然太过简单了。2014 年 8 月 7 日,《人民日报》刊发《经济发展迈入新阶段》一文,把中国经济新常态概括为"中高速、优结构、新动力、多挑战"四大特征。2014 年 11 月 9 日,习近平在出席工商领导人峰会开幕式上发表演讲时指出,中国经济新常态主要呈现以下几个特点:一是从高速增长转为中高速增长。二是经济结构不断优化升级,第三产业消费需求逐步成为主体,城乡区域差距逐步缩小,居民收入占比上升,发展成果惠及更广大民众。三是从要素驱动、投资驱动转向创新驱动。

1. 中高速

国家发改委副秘书长王一鸣说:"从速度层面上看,我国经济增速换挡回落,从过去 10% 左右的高速增长转变为 7%—8% 左右的中高速增长,是新常态的基本特征。"环顾世界,当一个国家或地区经历一段时间高速增长后,都会出现增速"换挡"现象:1950—1972 年,日本 GDP 年均增速为 9.7%,1973—1990 年回落至 4.26%,1991—2012 年更是降至 0.86%;1961—1996 年,韩国 GDP 年均增速为 8.02%,1997—2012 年期间仅为 4.07%;1952—1994 年,我国台湾地区 GDP 年均增长 8.62%,1995—2013 年下调至 4.15%。"不少国家的经济增速都是从 8% 以上的'高速挡'直接切换到 4% 左右的'中速挡',而中国经济有望在 7%—8% 的'中高速挡'运行一段时间",国家信息中心首席经济师范剑平分析,这是因为中国是一个发展很不平衡的大国,各个经济单元能接续发力、绵延不绝,导致发展能量巨大而持久。比如,当服务业在东部地区崛起时,退出的制造业不会消失,而是转移到西部地区,推动西部经济快速增长。

2. 优结构

从结构层面看,新常态下,经济结构发生全面、深刻变化,不断优化升级。

产业结构方面,第三产业逐步成为产业主体。2013 年,我国第三产业(服务业)增加值占 GDP 的比重达 46.1%,首次超过第二产业;今年上半年,这一比例攀升至 46.6%。美国等发达国家服务业已占 GDP 的 80% 以上,新常态下,我国服务业比重上升将是长期趋势。

需求结构方面,消费需求逐步成为需求主体。2012 年,消费对经济增长贡献率自 2006 年以来首次超过投资。从 2014 年上半年经济数据看,最终消费对 GDP 增长贡献率达 54.4%,投资为 48.5%,出口则是 -2.9%。

城乡区域结构方面，城乡区域差距将逐步缩小。2011 年年末，我国城镇人口比重达 51.27%，数量首次超过农村人口。随着国家新型城镇化战略的实施，城镇化速度将不断加快，城乡二元结构逐渐打破。区域差距也将逐渐拉近。

收入分配结构方面，居民收入占比上升，更多分享改革发展成果。改革开放 30 多年来，我国 GDP 年均增长 9.8%，国家财政收入年均增长 14.6%，而城镇居民人均可支配收入和农村居民人均纯收入年均增长分别仅为 7.4% 和 7.5%。在新常态下，这种情况将发生改变。瑞士信贷 2011 年发布的报告预测，未来 5 年内，中国工资收入年均增速将达 19%，超过 GDP 增速。

在这些结构变迁中，先进生产力不断产生、扩张，落后生产力不断萎缩、退出，既涌现一系列新的增长点，也使一些行业付出产能过剩等沉重代价。

3. 新动力

从动力层面看，新常态下，中国经济将从要素驱动、投资驱动转向创新驱动。1998—2008 年，全国规模以上工业企业利润总额年均增速高达 35.6%，而到 2013 年降至 12.2%，2014 年 1—5 月仅为 5.8%。制造业的艰难持续表明，随着劳动力、资源、土地等价格上扬，过去依靠低要素成本驱动的经济发展方式难以为继，必须把发展动力转换到科技创新上来。

4. 多挑战

从风险层面看，新常态下面临新的挑战，一些不确定性风险显性化。楼市风险成为社会关注的焦点。2015 年，尽管政府调控楼市的宽松政策或陆续出台，2015 年的房地产市场有望呈现量增价稳格局，一二线热点城市成交逐步复苏对大型房企形成利好，但楼市风险依然存在。2014 年以来，我国经济运行继续保持在合理区间，但楼市风险、地方债风险、金融风险等潜在风险渐渐浮出水面。这些风险因素相互关联，有时一个点的爆发也可能引起连锁反应。

由此可见，我国当前的经济新常态，实质就是经济发展告别过去传统粗放的高速增长阶段，进入高效率、低成本、可持续的中高速增长阶段。

三 中国经济进入新常态的原因

新一代领导层以"新常态"定义当下的中国经济,并按照"新常态"在战略上审慎选择中国的宏观政策,绝非简单制造新的政策词汇,而是对改革开放30多年后中国经济进入新的阶段之后的战略性思考和抉择。

近年来,特别是2010年中国经济超越日本成为全球第二大经济体之后,中国经济增速持续下滑,过去30多年高速增长积累的矛盾和风险逐步凸显,中国经济明显出现了不同于以往的特征。但是,对中国经济的下滑、风险的凸显以及红利的转换究竟受外部因素影响,还是意味着中国经济进入到一个新的和过去不同的阶段,各界争论和分歧很大。这种分歧不仅仅是理论的分野,更重要的是,其蕴含的宏观政策的导向完全不同:如果认为中国经济的减速是外部因素所致,则意味着目前的经济增长是低于潜在增长率,刺激政策可以大有所为;如果认为中国经济的减速是内在因素所致,则意味着中国经济减速的原因是潜在增长率下降,宏观政策必须对经济减速保持克制和包容的同时,下决心通过改革解决中国经济持续增长面临的问题。在这种情况下,习近平同志以"新常态"描述中国经济的特征,并将之上升到中国宏观战略的高度,在解决纷争的同时,对中国经济"下一个十年"的政策大方向做出了战略性选择。

(一) 旧常态下中国经济取得了举世瞩目的成就

1. 中国成为推动世界经济的引擎

中国改革开放以前,美国的GDP占全球经济总量一直在1/3左右,日本占6%左右;1980年,改革开放初期,我国GDP总量才占全球GDP总量的1.8%。到2013年,我们国家的GDP总量已经占到世界总量的12%左右,也就是56万多亿美元。5年前我们的GDP总量是美国的1/3,2012年GDP总量是美国的1/3多一点,现在我们是美国的60%。中国经济10%的增长率,令全世界羡慕。

2. 中国成为世界第一大贸易体

改革开放初期,中国的贸易总额是206亿美元,在全球的位次是第32位。2013年贸易总额超过美国,成为全球第一大贸易体。现在的贸易总额,进出口贸易总额4.16万亿美元,占世界的比重达到11.7%。作为发展中国家，我国跃居世界第一货物贸易大国，是对外贸易发展道路上新的里程碑。改革开放 35 年来，特别是加入世贸组织以来，中国进出口贸易实现跨越式发展，有力推动了中国经济发展，也为世界经济作出了重要贡献。中国已经是 120 多个国家和地区最大的贸易伙伴，每年进口近 2 万亿美元商品，为全球贸易伙伴创造了大量就业岗位和投资机会。

3. 中国成为第一大外汇储备国

2006 年中国外汇储备超过日本成为第一大外汇储备国。2013 年年底我们是 3. 8 万亿美元，在改革开放初期，我们的外汇只有 8 亿美元。

（二）旧常态的增长模式难以为继

我国经济增长进入新常态，是 30 多年经济高速发展的结果，是客观经济规律的充分体现。旧常态下的中国经济，虽然经济总量取得了举世瞩目的成就，但其特征鲜明：经济增长率持续上升；高储蓄—高投资；人口红利贡献巨大；对房地产业的依赖度上升，经济、金融和地方财政均有房地产化的倾向；扭曲的国民收入分配结构；在货币层面表现为货币供给机制的高度美元本位化的同时，走的是高信贷、高货币投放的通胀之路……旧常态的高增长，是不平衡式增长，是以 GDP 为中心、以投资为主导、对技术进步重视不足的粗放式增长。

1. 高投资难以为继

所谓以投资为主导，实则是通过人为政策刺激实现的增长。因而，在旧常态中，由于过度倚重投资和出口，中国经济在高速增长的同时也埋下巨大隐忧：一方面，经济增长必须靠高投入、高消耗、高污染，而产出却低；另一方面，经济增长形成对外依赖，一旦外需变化，整体中国经济也跟着波动。我国以往经济发展的一个显著特点，就是经济发展主要依赖资源、土地、劳动力等要素投入。过去十多年的快速发展已经导致资源和环境承载力不断下降，资源成本以及对环境破坏的外部成本不断提高，劳动力成本也不断上升，这种依靠要素投入的粗放型发展模式难以为继。

2. 中国的潜在增长率开始出现下降

潜在增长率是指一国（或地区）经济所生产的最大产品和劳务总量的增长率，或者说一国（或地区）在各种资源得到最优和充分配置条件下，所能达到的最大经济增长率。这里讲的资源包括自然资源，也包括人力资源、技术和管理，还包括制度安排和经济政策。一般而言，决定潜在增长率的因素主要有技术与生产率、资本增长率和人口结构与劳动供给。

中国潜在增长率下降，是因为中国人口结构发生明显变化，劳动年龄人口的增长速度逐年减慢，并于2010年达到峰值，此后开始绝对减少；相反，人口抚养比例则由下降转为提高。

3. 资源环境压力加大，难以承受过高的速度

过去我们的高速增长，已经对资源、环境造成巨大的破坏，这个代价难以估量。我们的空气污染、水污染、土地污染、重金属污染、食品药品质量等，都达到了让人难以忍受的程度。中国已经成为世界上最缺水的国家之一，许多环境污染是不可逆转的，需要经过数十年乃至数百年才能复原，甚至有的可能永远都不可能复原了。我们治理污染、保护水资源、保护土地资源的措施仍然力度不够，惩罚措施不够严厉。这些问题的解决必然要求放慢经济增长速度。

4. "三期叠加"的阶段性经济特征

"三期"叠加是当前我国经济的阶段性特征。增长速度进入换挡期，是由经济发展的客观规律决定的；结构调整面临阵痛期，是加快经济发展方式转变的主动选择；前期刺激政策消化期，是化解多年来积累的深层次矛盾的必经阶段。新常态不仅仅是经济回落的常态，更表明过去的经济增长主要依赖于经济增长速度转经济增长的利益和效益，过去主要靠物资资源大力的投入，转向到依赖创新和技术进步，过去对资源和环境的过度开发利用和破坏转到环境友好型和资源节约型。中国经济正从中等人均收入水平国家向中高收入水平国家迈进，同时实现全面小康社会的历史转折时期，旧常态增长模式难以为继，必然促使经济转向新的增长模式并且实现与之对应的新常态。

四　正确认识和主动适应经济新常态

（一）辩证看待经济新常态

新常态时代的开启，意味着我国经济发展已告别过去30多年的高速增长期，迈向形态更高级、分工更复杂、结构更合理的历史新阶段。中央经济工作会议明确提出，认识新常态、适应新常态、引领新常态，是当前和今后一个时期我国经济发展的大逻辑。新常态是我们思考和谋划经济工作的出发点和总依据，对新常态的认知和理解，直接影响经济工作重点和

基调，事关我国经济的当下发展和未来走向。因此，必须全面辩证看待经济发展新常态，切实做到认识上到位、观念上适应、方法上对路，以实际行动主动适应、积极引领新常态，推动经济发展稳中求进、行稳致远。

1. 经济增速虽然放缓，实际增量依然可观

经过 30 多年高速增长，中国经济总量今非昔比。2013 年第一季度中国经济的增量就相当于 1994 年全年经济总量，可以在全世界排到第 17 位。习近平说，即使是 7% 左右的增长，无论是速度还是总量，在全球也是名列前茅的。更可喜的是，当前我国物价水平保持平稳，就业形势较好，民生继续改善，结构调整有新的进展。从高速增长转为中高速增长，是新常态的最基本特征。在速度换挡期，我们既要走出高速纠结，又要保持合理的增长速度，让经济运行长期处于合理空间。这样的经济增长，必须是就业和收入增加的增长，是实实在在没有水分的增长，是质量和效益提高的增长，是节能环保的增长。

2. 经济增长更趋平稳，增长动力更为多元

有人担心，中国经济增速会不会进一步回落、能不能爬坡过坎。风险确实有，但没那么可怕。中国经济的强韧性是防范风险的最有力支撑。我们创新宏观调控思路和方式，以目前确定的战略和所拥有的政策储备，有信心、有能力应对各种可能出现的风险。我们正在协同推进新型工业化、信息化、城镇化、农业现代化，这有利于化解各种"成长的烦恼"。中国经济更多依赖国内消费需求拉动，避免单纯依赖出口的外部风险。

3. 经济结构优化升级，发展前景更加稳定

习近平同志以 2014 年前三季度消费对经济增长的贡献率超过投资、服务业增加值占比超过第二产业、高新技术产业和装备制造业增速高于工业平均增速、单位 GDP 能耗下降等数据指出，中国经济结构"质量更好，结构更优"。增长的主要力量转向主要依靠转型升级、生产率提升的创新驱动型增长，即增长主要源于供给面的积极变化，而非人为需求拉动的增长。这意味着，宏观经济政策将从过去侧重于需求面的管理转向侧重于供给面的管理；增长与资源配置的机制更加市场化，市场起决定性的作用，减少政府对经济资源的直接配置或行政干预，这不仅可以提高资源的配置效率，也会极大地降低腐败机会。因此，中国经济的新常态，不仅仅表现为"量"的新常态，更应当指资源配置机制的新常态，即让市场在资源配置中起决定性的作用，让资源在市场信号的引导得到相对更有效的配

置。这意味着，新常态中的经济灵活性将会有所提高。

4. 政府大力简政放权，市场活力进一步释放

宏观经济政策的新常态，将宏观政策的"稳"与微观政策的"活"有机地结合起来。所谓"保持战略上的平常心"即是要保持政策定力，"少折腾"甚至"不折腾"，从总量宽松、粗放刺激转向总量稳定、结构优化的宏观审慎政策，这决定了货币政策在未来一段时期均可能具有"点、面"结合且"以点带面"特点。在政策空间上，全球经济在平衡过程中将使中国美元本位的货币供给机制得到弱化，提高中国货币政策的自主性和中国人民银行的信用独立性，这将决定货币政策操作将不会像"旧常态"那样以紧缩和冻结流动性为主。这表明，在未来一段时期内，新常态将为中国货币政策打开新的空间，也为存款准备金比率缓慢有序降到正常水平创造了积极条件。

(二) 积极适应经济新常态

习近平总书记指出："我国发展仍处于重要战略机遇期，我们要增强信心，从当前我国经济发展的阶段性特征出发，适应新常态，保持战略上的平常心态。"

1. 沉着冷静，不急不躁

适应"新常态"，关键是在战略上要有定力，客观分析我国经济发展中出现的新情况、新问题，以平常心态对待一个并不算快，但却自然而然、真实有效的增长速度；运用底线思维，从最坏处准备，争取最好的结果。经济发展有其自身的逻辑和内在的规律，我们只能遵守，不能违背。我国已经保持了30多年的高速增长，其间，也从低收入水平国家进入到中等收入水平国家，客观上讲，经济发展也确实到了阶段性调整时期。理论和经验都表明，一个国家或地区由低收入阶段进入到中等收入阶段，相对来讲比较容易，经济发展也较快；而由中等收入阶段再进一步，跃升到高收入水平国家或地区，则要困难得多，经济增速也会随之而下降，其间所遇到的挑战，在经济学上称为"中等收入陷阱"。如果政策对路，措施得当，就会顺利跨越"中等收入陷阱"，从而进入高收入发达经济体行列，比如日本和韩国；否则，就可能掉入"中等收入陷阱"，长期停滞不前，比如拉美一些国家。我国目前正处于跨越"中等收入陷阱"的关键时期，一定要冷静思考，沉着应对，千万急不得。尤其是要摆脱"速度情结"和"换挡焦虑"，以平常心对待经济增速放缓，不必为此而过分纠

结。对于这个问题，习近平总书记早有精辟论述。2013 年 4 月 8 日，在参加博鳌亚洲论坛 2013 年年会的中外企业家代表座谈时，他就明确指出，我国经济不可能也不必要保持超高速。说不可能，主要是一味维持超高速带来的资源、能源、环境压力太大，事实上是不可持续的；说不必要，主要是我们在提出中长期发展目标时就充分进行了测算，实现我们确定的到 2020 年国内生产总值和城乡居民人均收入比 2010 年翻一番的目标，只要年均 7% 的增速就够了。因此不必要追求超高经济增速。

2. 增强信心，发挥优势

虽然我国正在经历"三期叠加"的严峻考验，经济增速有所下降，但总体来说，仍然处于重要的战略机遇期，发展空间、增长潜力依然巨大。我们有 13 亿多人口，内需充分迸发所形成的消费潜能无可限量；我们的城市化率刚刚超过 50%，新型城镇化的动力依然强劲、空间依然广阔；我们的创新能力不断提升，技术进步对未来发展的支撑作用日益增强。这些都是我们的优势，也是我们的信心所在，我们没有理由妄自菲薄，只会对未来更有信心。信心来自中国经济增速处在合理区间和预期目标内；信心来自中国经济发展质量和效益稳步提升；信心来自中国经济的强劲内生动力；信心来自亚太发展的良好前景。

3. 积极进取，主动作为

"新常态"下，经济只是放缓，并不意味着低迷；平常心也不等于平庸心，更不等于被动适应，无所作为。恰恰相反，"新常态"是新尝试、新探索，转方式、调结构任务更加紧迫，要求更加严格，政府职能转换不到位、市场体系不完善、企业改革不彻底、宏观调控思路要创新、经济发展的内生动力要增强等一系列的难题，都需要我们以饱满的热情，主动谋划，主动作为。珍贵的战略机遇能否变成现实的发展成果，也主要取决于我们能否深刻认识和准确把握中国经济的"新常态"，对结构调整中的风险不再回避和拖延，以时不我待的责任感，以壮士断腕的勇气，以背水一战的气概，把改革进行到底。

五　迎接经济新常态下的新机遇和新挑战

新常态下的中国经济正面临一系列不容忽视的新挑战。比如经济减速，如果经济增速滑出合理区间，市场预期就会受到影响，民生支出就难以保障，全面深化改革的回旋空间也会被压缩，保持社会稳定的经济基础也就会动摇；转向新常态，意味着粗放式发展方式走到了尽头，原有动力加速弱化，新的动力加快形成，增长动力的转换也是一个挑战；挑战还来自传统产业的收缩，进入产业加快升级新阶段，是新常态的重要表现。在新旧产业交替过程中，容易出现"青黄不接"的现象。习近平同志在演讲中阐述新常态时也提醒，新常态也伴随着新矛盾新问题，一些潜在风险渐渐浮出水面。他强调，能不能适应新常态，关键在于全面深化改革的力度。虽然习近平没有具体解释什么是"新矛盾""新问题"和"潜在风险"，但专家们对他的判断普遍有共鸣。

（一）新常态与新挑战

新常态下也伴随着新的矛盾和问题，一些潜在的风险和矛盾慢慢浮出水面，新常态化过程中可能伴生的新矛盾和新风险，比如房地产的"去泡沫"、影子银行与地方债务的"去杠杆"、产能过剩"挤水分"等，都是对早先累积的失衡因素和矛盾的调整和化解。

1. 五大风险威胁中国经济的平稳发展

第一，产能过剩风险。当前，我国结构性产能过剩矛盾突出，低端产品产能过剩严重，而一些高端产品如高精度钢材、大型发动机主要依靠进口。产能过剩导致企业效益下降、债务风险增加，使金融系统面临信用违约风险，如果不及时化解可能会引发系统性风险。因此，防范产能过剩引发经济风险特别是金融风险，是宏观经济平稳运行的重要保障。应建立化解产能过剩的长效机制，使"兼并、淘汰、转移"的思路具备科学性和可操作性，同时加强银行系统防范风险的制度建设，多管齐下，使风险最低、可控。

第二，影子银行风险。影子银行是指游离于银行监管体系之外、可能引发系统性风险和监管套利等问题的信用中介体系（包括各类相关机构和业务活动）。影子银行引发系统性风险的因素主要包括四个方面：期限错配、流动性转换、信用转换和高杠杆。在中国，影子银行主要包括信托公司、担保公司、典当行、地下钱庄、货币市场基金、各类私募基金、小额贷款公司以及各类金融机构理财等表外业务，民间融资等，总体呈现出机构众多、规模较小、杠杆化水平较低但发展较快的特征。影子银行的产生实质上是中国商业银行在金融抑制环境下自发实施的一种金融创新行为，这扩展了传统金融服务边界，在一定程度上缓解了金融抑制的不利影响，有助于提高金融体系的储蓄投资转化能力与资源配置效率。当然，中国影子银行存在的潜在风险值得警惕，比如，期限错配造成的流动性风险；信用违约风险；对中国人民银行货币政策制定及实施有效性构成挑战等。对中国影子银行发展形成的风险宜疏不宜堵，应加强对中国式影子银行体系的监管，建立影子银行违约的市场出清机。

第三，房地产泡沫风险。在近10年房地产政策引导下，中国房地产市场完全成了一个以投机投资为主导的市场。在这种情况下，不仅房价快速飙升、房地产泡沫被吹大，最重要的是，整个社会财富短期内向少数人聚集。无论从房价收入比，还是从住房租售比、房地产投资比重及住房空置率等不同的指标看，中国房地产泡沫已经很大。既然中国的房地产泡沫已经吹得巨大，那么它一定会破灭。更重要的是，整个中国经济的"房地产化"使得企业、政府以及个人都涌向房地产业，从而让国内经济结构越来越向低端发展。如果不改变当前中国经济"房地产化"的格局，要想让中国产业结构得以调整根本就不可能。

第四，地方债务风险。曾是高增长重要推手的地方政府，如今恐怕再难"吃计划经济的老本，借改革开放的新债"了。公开的统计资料显示，截至2013年6月末，全国政府性债务为30.27万亿元，其中全口径中央政府性债务合计12.38万亿，全口径地方政府性债务口径合计17.89万亿，其中地方政府负有偿还责任的债务为10.8万亿。即便沪、京、苏、浙等富裕省市，也不同程度陷入债务泥淖。我国目前的债务水平确实较日、美为低，债务水平的确在国际惯例的临界点之下。但是，考虑到未在统计之列的灰色地带无法估计债务，且由于统计口径、数据来源和不同领域债务规模估计不同，对债务规模的估计也有很大差异。因此，我国广义政府债务占GDP比重估计已达75%甚至更高。尽管从显性指标来看，我国地方债规模并未高到足以触发系统性金融风险的程度，但膨胀趋势一点不容忽视。假如不能有效遏制地方政府的发债冲动，假如地方政府财政收入增长无法赶上地方债的增速，则显性风险将急剧上升。中国将在未来很长一段时期内处于债务扩张与债务消化赛跑的境地：假如债务扩张能被逐渐消化，则发生债务危机的可能性不大；反之，若债务消化的速度赶不上债务扩张的速度，则发生债务危机的可能性就很大。至于消化中国式债务的路径，一般认为应在经济发展基础上实现存量消化、增量吸收。但考虑未来财政收入不大可能呈现大幅度持续增长，因此关键之举还在于各级各地政府切实转变经济增长方式，在技术创新、产业升级与提振内需等方面有真正突破。另外，鼓励资本市场发展，为企业融资提供新的市场化平台。大力培育新的市场投资主体，有序增设民营银行，降低融资成本，进而推进金融改革。

2. 跨越"中等收入陷阱"的关键期

所谓"中等收入陷阱"，是指当一个国家的人均收入达到中等水平后，由于不能顺利实现经济发展方式转变，导致新的经济增长动力不足，最终出现经济停滞的一种状态。2010 年，中国经济总量跃居世界第 2 位，人均 GDP 达到 4382 美元，刚刚进入世界银行定义的中等偏上收入国家的行列。分析人士指出，未来十年是决定中国能否成功跨越"中等收入陷阱"的关键期。当前我国正处在跨越"中等收入陷阱"的关键期。以经济增长速度作为标志性指标，"新常态"应该是一个即将进入的目标，即增长速度"换挡探底"后相对稳定的状态。目前正在"换挡期"，正在调整和"寻找"，正在进入"新常态"路上。这个过程，也就是跨越"中等收入陷阱"的过程，跨过去了就进入了"新常态"。

3. 解决民生的关键期

这个跨越"中等收入陷阱"的时期是解决民生问题的关键期。老百姓对分享发展成果的期盼越来越高，对社会公平正义、收入合理分配的呼声越来越高，解决民生难点、热点问题迫在眉睫。新常态带来新挑战，还有一个就是受经济减速、增长动力转换和传统产业收缩等影响，一些隐性矛盾暴露出来。比如，就业。传统产业往往都是劳动密集型产业，"机器换人"热潮兴起，如何依靠扩大服务业加以吸收，值得研究。如果将新常态放在更长的时间轴里观察，就可以发现，我国经济还面临着让老百姓共享改革发展成果、跨越中等收入陷阱等重大挑战。

（二）新常态与新机遇

中国经济发展进入新常态，正从高速增长转为中高速增长，从规模速度型粗放增长转向质量效率型集约增长，从要素投资驱动转向创新驱动。面对大势，可顺不可逆；面对机遇，可用不可废。中国经济发展进入新常态，正是这样的大势和机遇。

1. 新型城镇化释放持久动力

据测算，中国在新一轮城镇化基本完成时，将形成"2 亿农民市民化、3 亿农民城镇化和 4 亿农民现代化"的"234"模式。其中，涉及 5 亿人口的身份转变及其生产生活方式的改变，因而也被称作"5 亿人的城镇化"。作为改革大局中的重要战略，城镇化对促进经济增长贡献意义巨大。新型城镇化的直接结果是经济增长，估计未来 10 年中国经济增长率每年可提升 2.7 个百分点，今后 10 年 GDP 增幅还可以提升 1.8 个百分点。如果再加上城镇化对经济增长的间接影响，则总体效应更大。这一经济发展的新引擎足以弥补因国际经济不景气而失去的外部需求动力，确保未来 20 年中国继续在经济持续快速增长轨道上运行。由于新型城镇化使经济增长转向依靠内需带动，中国的内外源经济结构也将趋于合理化。

2. 大国优势提供发展支撑

作为一个拥有 13 亿人口的大国，内需支撑力不可小觑。目前，老百姓的消费水平正在由"千元级"向"万元级乃至十几万元级"转变，汽车、信息产品和文化产品已成为消费重点，不仅会极大地推动传统产业发展，也将形成汽车制造、信息产业、文化产业等新型支柱产业，使产业体系更为协调。另外，我国人才资源丰富，又具备技术后发优势，有条件通过自主技术创新或技术引进不断缩小与发达国家的技术差距，提高技术进步对经济增长的贡献率。

3. 结构调整带来巨大空间

产业结构方面，目前过剩是相对的，主要是一般加工业过剩，如重化工、钢铁、装备制造、煤炭、初级产品等，这些市场已经趋于饱和。但是高端制造业、新能源、环保产品，以及金融、物流、信息、教育、健康养老等现代服务业仍然短缺，潜力很大。空间结构方面，东部沿海地区特别是大城市跨入高收入行列，同时也遇到土地和环境"瓶颈"，而中西部地区特别是农村地区经济发展水平仍相对落后，产业梯度转移有宽阔余地。

4. 全面改革形成最大利好

十八大以来，尤其是 2015 年以来，经济改革的动作频频，简政放权改革大刀阔斧，财税改革、价格改革、国企改革等重点领域改革好戏连连，改革红利持续释放，经济发展后劲增强，成为中国经济行稳致远的最大利好。"开弓没有回头箭，我们将坚定不移把改革事业推向深入。"习近平在演讲时坚定地表态。他强调，中国全面深化改革，就是激发市场蕴藏的活力，就要为创新拓宽道路，就要推进高水平对外开放，就要增进人民福祉、促进社会公平正义。

5. 对外开放促进中国经济全面发展

我国经济发展成就举世瞩目，对外开放功不可没。1978—2014 年，我国对外贸易额从 206 亿美元提高到 4.3 万亿美元，由世界第 32 位上升至第 1 位，成为 120 多个国家和地区的最大贸易伙伴；利用外资从不到 2 亿美元扩大到近 1200 亿美元，对外投资从基本为零扩大到 1000 多亿美元；外汇储备高居世界第一，世界经贸大国地位不断巩固。我国外贸对经济增长的贡献率为 1/5 左右，外资企业产值占全国工业增加值的 1/4 左右，涉外税收占总税收的 1/3 左右，带动 1 亿多人就业。对外开放加速我国"新四化"进程，增进国民福利，缓解能源"瓶颈"，缩小国内外技术差距，促进国内思想解放和体制变革，使我们开阔眼界、增强规则意识，显著提高我国国际地位和影响力。30 多年来，我们坚持对外开放基本国策，统筹国际国内两个大局，紧紧抓住经济全球化机遇，以开放促改革促发展促创新，走出了一条有中国特色的开放式发展道路。开放包容是中华文明的底色和亮色，汉唐盛世和丝绸之路展现了这种博大的开放胸怀。20 世纪 70 年代末，我们打开国门，看到与发达国家的差距，也看到经济发展有不同模式。实行什么样的经济体制，必须从自己的国情和发展阶段出发。我们立足国情，坚定不移推进对外开放，大力发展社会主义市场经济。从不以意识形态划界、做出改革开放战略抉择，到建设经济特区、浦东开发区；从历经 15 年艰苦谈判加入世界贸易组织，到实施"一带一路"战略，建设自由贸易试验区，新一轮高水平开放图景徐徐展开，开放的气度和自信不断增强。

中国的发展离不开世界，世界的发展也离不开中国。中国的大量进口为很多国家创造了"中国特需"，中国出口的价廉物美商品增加了国外消费者福利，吸引过万亿美元外国投资，让更多国家分享中国发展红利，每年千余亿美元的对外投资带动东道国的发展和就业。目前推进的"一带一路"建设，倡导共商共建共享，努力打造命运共同体。事实证明，中国对外开放走的是共同发展、和平发展之路，中国的对外经贸交流是真正的合作共赢之举。

（三）新常态与新变化

新常态下，我国整个经济已向增长更适度、形态更高级、分工更复杂、结构更合理的阶段演化。新常态下，政府对经济工作的部署有了新的变化。

1. 消费要瞄准新需求

从消费需求看，过去我国消费具有明显的模仿型排浪式特征，现在模仿型排浪式消费阶段基本结束，个性化、多样化消费渐成主流，保证产品质量安全、通过创新供给激活需求的重要性显著上升，必须采取正确的消费政策，释放消费潜力，使消费继续在推动经济发展中发挥基础作用。目前，中国人消费已进入发展新阶段，居民人均收入水平提高后，消费能力和特点与消费结构升级前已不同。在消费能力偏低时，大家从众心理强，看到别人买什么，自己就买什么，模仿的人多后，一种商品的消费大幅增长，形成了模仿型排浪式消费。当大家转而消费另一样商品时，前一种商品销量则大跌。模仿型消费的弊端就是消费不稳定、持续性差。现在，人们生活水平提高了，消费时不再从众，来自不同社会阶层、文化背景、民族的不同男女，会根据自己内心的感受和需求进行个性、理性消费，在市场上形成多个消费热点，消费的成长性稳定，市场上消费品和商家的服务也因此呈现出百花齐放的局面，有利于经济发展的长久性和稳定性。企业认识这种消费的新常态后，就不会再盲目跟风，而是更关注发掘企业的内生动力，培育自己的核心竞争力，根据市场新需求来确定发展战略。

2. 出口要营造新优势

现在全球总需求不振，我国低成本比较优势也发生了转化，但我国出口竞争优势依然存在，高水平引进来、大规模走出去正在同步发生，必须加紧培育新的比较优势，使出口继续对经济发展发挥支撑作用。我国出口低成本的传统优势已经发生了变化，一方面是国际市场世界经济发展不稳定，正在缓慢的复苏中；另一方面，我国自身比较优势也发生了变化。所以我国要转变对外贸易的发展方式。如何转变呢？要找新优势，原来拼价格这种传统的办法，将来的路会越来越窄，更多的是要提高产品质量、提高技术含量、进行品牌战略、搭建服务网络等。从宏观角度看，十八届三中全会后基本确定了4个区域发展战略，即京津冀一体化、丝绸之路经济带和21世纪海上丝绸之路、长江经济带以及上海自贸区的建立等多方位打造我国对外贸易新型优势。在引进外资上，也不能靠拼规模了，要高水平引进外资，这样才能为我国的对外贸易在国际市场上赢得更高的起点。今后要引进高端制造业以及服务业，尤其是与高端制造业相关的服务业。此外，要扩大走出去的范围，中国要做到不仅是商品输出，资本输出为商品输出打好前战，要做到商品输出和资本输出两个轮子一起转。

3. 创新要成为新引擎

从生产要素相对优势看，经济增长将更多依靠人力资本质量和技术进步，必须让创新成为驱动发展新引擎。我国改革开放30多年来，保持了经济的高速增长，主要是依靠数量规模扩张，依靠劳动力成本、土地成本等低廉要素的外延投入。但是，目前的经济发生了很大变化，其中一个变化就是从过去的高速增长变成了现在的两位数以内的经济增长。这种新常态的经济增长可能会持续很长一段时间，也就是进入到我们所说的内涵型经济。这种依靠技术进步和创新驱动的经济发展方式代表着更高层次发展模式和发展水平，也是中央对未来提出的一个高瞻远瞩的新思路。我们现在找到了转变经济发展方式的落脚点，就是一要提高经济发展的质量；二要大力强调创新。这里面既包括企业的产品创新、技术创新，也包括模式创新和制度创新。甚至可以说，制度创新在某种方面也是能给经济起到决定性作用的。未来一方面从企业角度讲，需要企业自身在技术创新上加大步伐；另一方面从国家角度来讲，政府也要从制度创新上下大力气，使自己工作更加科学化、合理化，同时也给予企业创新更大的空间。

4. 环境要营造低碳型

从资源环境约束看，过去能源资源和生态环境空间相对较大，现在环境承载能力已经达到或接近上限，必须顺应人民群众对良好生态环境的期待，推动形成绿色低碳循环发展新方式。从环境承载能力角度来看，一是中国经济发展到现阶段，资源、环境承载力已经到了一个限度，不得不迫使我们放弃原先经济中高污染、高能耗、高排放的"不健康基因"；二是按照经济发展的自身规律，目前中国经济自身也有转型升级以及向低污染、低能耗、高附加值的产业链高端迈进的需要。可以说，在经济规律与自然规律的共同作用下，我们正处在一个主动改革和被动调整相统一的历史时刻。"绿色低碳循环发展新方式"的提法，体现了一种尊重自然、顺应自然、回归自然的发展态度。新常态下的发展，将不再只有枯燥的GDP数字，而是更加注重百姓的生命健康、生活品质与生存环境。随着绿色低碳型新常态的确立，人们也会逐渐转变对经济增速的敏感。可以预见，未来经济发展的"新常态"将与人们自身的"心常态"相互融合，形成可持续发展的良性互动。

5. 风险要建立防控网

从经济风险积累和化解看，伴随经济增速下调，各类隐性风险逐步显性化，风险总体可控，但化解以高杠杆和泡沫化为主要特征的各类风险将持续一段时间，必须标本兼治、对症下药，建立健全化解各类风险的体制机制。任何经济体在发展过程中都不可避免地产生一定风险，特别是金融领域。中国经济现有的风险主要集中在地方债和银行不良资产上，短期经济下行压力的增大，特别是房地产业的下滑会使风险暴露出来。因此，应把"化解以高杠杆和泡沫化为主要特征的各类风险"作为准确把握经济发展新常态的重要发力点，同时建立一个风险防控网，来应对新常态下的风险特征，保证经济平稳过渡。

6. 投资要转向新产业

从投资需求看，经历30多年高强度大规模开发建设后，传统产业相对饱和，但基础设施互连互通和一些新技术、新产品、新业态、新商业模式的投资机会大量涌现，对创新投融资方式提出了新要求，必须善于把握投资方向，消除投资障碍，使投资继续对经济发展发挥关键作用。当前经济下行压力大，产能过剩严重，通货紧缩风险显现，所以稳增长仍放在首要位置。实现稳增长需要稳投资，其中互连互通，指各地之间通过公路网、铁路网连接而派生出的基础设施建设，以及互联网、电商、信息消费、创意文化产业等，都派生出新投资机会。互连互通能使区域经济发展一体化，企业物流成本和商品成本会下降，还会派生出道路、码头、港口、物流、产业园区建设等投资建设机会，对经济增长产生"乘数效应"。投资稳下来，经济也就稳下来了。与过去不同，新常态下的投资不在盲目乱投资，而是重在促进经济调结构，优化产业结构，正确引导社会资金有序流动，把钱用在"刀刃上"，提高资源配置效率，调整经济结构，补上经济发展的"短板"，惠民生，引导经济实现稳增长。

7. 产业要走上新路径

产业结构必须优化升级，企业兼并重组、生产相对集中不可避免，新兴产业、服务业、小微企业作用更加凸显，生产小型化、智能化、专业化将成为产业组织新特征。政府围绕产业升级走上新的路径做了大量的准备工作。在创业就业方面，政府主动降低门槛，扶持小微企业发展，放开一些垄断领域投资限制，建立负面清单制度等；在产业创新方面，大力发展现代服务业。同时政府鼓励创新，包括全民创新、大众创新、万众创新，激发全体老百姓创新潜力，这既是实现稳增长的需要，更是产业升级增效以及新常态必经的步骤。从过去经济高增长的常态发展到现在7%左右经济增长的新常态，产业也需要大胆演进到新常态，中央就要采取一切措施促进小微企业的发展、鼓励创业，大力发展新兴服务型产业、鼓励科技创新等。此外，金融支持"三农"、小微企业、创新型企业、服务型企业等一系列措施也配合经济新常态的发展。

8. 竞争要扣住差异化

从市场竞争特点看，过去主要是数量扩张和价格竞争，现在正逐步转向质量型、差异化为主的竞争，统一全国市场、提高资源配置效率是经济发展的内生性要求，必须深化改革开放，加快形成统一透明、有序规范的市场环境。竞争要扣住差异化，背后的根本性是经济模式的转变，尤其是要调整央地之间的利益关系。中国改革开放30年，最根本的一个经济增长的驱动是来自于地方政府所谓的GDP竞争，地方政府由于具有很强的资源配置的权力，就必然会形成一个市场的分割，产业的同构化，以及整个国家的产能过剩、资源错配，妨碍了全国统一的要素市场的形成。现在要转向质量型、差异化的竞争，从根本上就要打破地方政府驱动经济的模式，重新调整央地之间权力分配的关系，让地方政府职能从一个经济建设型的政府向服务型的政府转型。所以也意味着地方政府的事权有一个重新界定的过程。在经济建设上的职能要逐步削弱，社会保障、提供民生、公共服务的供给要大幅度地提升。当事权能够清晰界定以后，必然会带来地方政府的收入结构的调整，包括土地流转、户籍，重点是财税制度的改革。

9. 调控要着眼总供求

从资源配置模式和宏观调控方式看，全面刺激政策的边际效果明显递减，既要全面化解产能过剩，也要通过发挥市场机制作用探索未来产业发展方向，必须全面把握总供求关系新变化，科学进行宏观调控。过去资源配置是听"市长"，而不是听"市场"。资源配置由市长决定的制度很难根治"问题官员"和"问题富豪"。"新常态"下谋划经济工作，就宏观调控方式而言，就是要做到科学调控，以"微刺激"而非"强刺激"，缓解经济下行压力。投资是"三驾马车"之一，要保持适量投资，并且要使投资能更好地服务当前的创业与创新过程。

相关阅读

2014年5月，"新常态"提法首次出现在习近平同志在河南考察时的表述中。习总书记指出，我国发展仍处于重要战略机遇期，我们要增强信心，从当前我国经济发展的阶段性特征出发，适应新常态，保持战略上的平常心态。在战术上要高度重视和防范各种风险，早作谋划，未雨绸缪，及时采取应对措施，尽可能减少其负面影响。7月29日，习近平总书记在和党外人士的座谈会上又一次提出，要正确认识中国经济发展的阶段性特征，进一步增强信心，适应新常态。7月29日，中央政治局会议提出，发展必须是遵循经济规律的科学发展，必须是遵循自然规律的可持续发展，必须是遵循社会规律的包容性发展。这一重大判断，是对新常态下中国经济发展新特征、新趋势的科学把握，是对化解"三期"叠加新问题、新矛盾的理性思维，是对推动经济持续健康发展新思路、新目标的高度概括，对当前以至于长期做好经济工作具有重要指导意义。

中国经济进入新常态。新常态之"新"，意味着不同以往；新常态之"常"，意味着相对稳定，主要表现为经济增长速度适宜、结构优化、社会和谐；转入新常态，意味着我国经济发展的条件和环境已经或即将发生诸多重大转变，经济增长将与过去30多年10%左右的高速度基本告别，与传统的不平衡、不协调、不可持续的粗放增长模式基本告别。新常态经济最大特点是速度"下台阶"、效益"上台阶"。具体讲，新常态下经济的显著特征是：中高速、优结构、新动力、多挑战。面对新常态，我们需要创新宏观调控思路和方式，培育经济发展的持久动力。从根本上说，就是向改革要动力，向结构调整要助力，向民生改善要潜力；就是要"激活力"，把该放的权放到位，让市场主体真正放开手脚；就是要"补短板"，把该做的事做好，增加公共产品有效供给；就是要"强实体"，把该给的政策给足，夯实发展的微观基础。

第一，新常态，要有新心态。只有充分尊重经济步入新常态这一客观现实，既理性面对增速换挡，坚持区间调控，保持"平常心"，又顺应新常态下提质增效的内在要求，坚持定向调控，统筹稳增长促改革调结构惠民生，保持"进取心"，才能使经济运行在合理区间，实现实实在在、没有水分的发展，民生改善、就业充分的发展，劳动生产率提高、经济活力增强、结构调整有成效的发展。另外，还要有一颗"忧患心"。

第二，新常态，要抓住新机遇。我们拥有城镇化的广阔空间、"四化"融合的巨大动力、消费升级的庞大市场、技术创新的突飞猛进，还有远未得到充分发挥的资本潜力、劳动力潜力、土地潜力，等等。让这些潜力源源不断焕发出来，关键在于全面深化改革，用"改革红利"赢得"人才红利"、"创新红利"的新机遇。

第三，新常态，要有新作为。要从经济增长供给边"三大发动机"（制度变革、结构优化和要素升级）上寻找新出路。比如加快推进产业转型升级，积极稳妥推动新型城镇化和区域经济一体化；实施创新驱动，培育可持续的竞争力等。

参考文献

1.《中共中央关于全面深化改革若干重大问题的决定》（2013 年 11 月 12 日中国共产党第十八届中央委员会第三次全体会议通过）。

2. 党的十八大报告：《坚定不移沿着中国特色社会主义道路前进，为全面建成小康社会而奋斗》，2012 年 11 月。

3.《习近平首次系统阐述"新常态"》，新华网，2014 年 11 月 9 日。

4.《习近平"新常态"表述中的"新"和"常"》，中国新闻网，2014 年 8 月 10 日。

第四章　社会主义核心价值观

　　社会主义核心价值观是社会主义核心价值体系的内核，体现社会主义核心价值体系的根本性质和基本特征，反映社会主义核心价值体系的丰富内涵和实践要求，是社会主义核心价值体系的高度凝练和集中表达。

　　党的十八大以来，中央高度重视培育和践行社会主义核心价值观。习近平总书记多次做出重要论述、提出明确要求。中央政治局围绕培育和弘扬社会主义核心价值观、弘扬中华传统美德进行集体学习。中办下发《关于培育和践行社会主义核心价值观的意见》。党中央的高度重视和有力部署，为加强社会主义核心价值观教育实践指明了努力方向，提供了重要遵循。

一　社会主义核心价值观概念与特征

（一）核心价值观

　　价值是体现主体与客体关系的一个范畴，反映的是客体满足主体需要的关系。马克思早就说过："'价值'这个普遍的概念是从人们对待满足他们需要的外界物的关系中产生的。"从哲学意义上讲，价值体现的是现实中人的需要与事物属性之间的关系。我们说某种事物或现象具有价值，就是因为该事物或现象能满足人们的某种需要，成为人们的兴趣或目的追求的对象。

　　价值观是人们关于什么是价值、怎样评判价值、如何创造价值等问题的根本观点。价值观的内容，一方面表现为价值取向、价值追求，凝结为一定的价值目标；另一方面表现为价值尺度和准则，成为人们判断事物有无价值及价值大小的评价标准。价值观作为一种社会意识，它集中反映一定社会的经济、政治和文化精神，体现人们对生活现实的总体认识、基本理念和理想追求。价值观对人们自身行为的定向和调节起着非常重要的作用，它决定人的自我认识，并由此影响和决定一个人的理想、信念、生活目标和追求方向的性质。

人们一般把价值观分为两大类：一类是一般价值观，另一类是核心价值观。在一个国家和社会的价值观体系中，各种价值观的地位并不是完全相同的，有些价值观在整个社会价值体系中居于从属地位，仅仅体现社会某个方面或领域的价值取向和追求，这种价值观称之为一般价值观；另一类是处于主导和支配地位的价值观，引领和统率着其他处于从属地位的价值观念，是一种社会制度和社会公民普遍遵循的基本原则，体现着这个国家或社会所特有的文化精神追求和基本价值理念。这种居于社会主导地位的价值观就叫核心价值观。

社会主义核心价值观是指那些在社会主义价值观体系中居统治地位、起决定性指导作用的价值理念，是反映社会主义基本的、稳定的社会关系及价值追求的价值观，它是社会主义价值观体系中最基础、最核心的部分，是我们民族长期秉承的反映社会主义本质和建设规律的根本原则和价值观念的结晶，是中国共产党人和全体中国人民在社会主义革命、建设和改革过程中逐步形成和发展起来的核心价值目标和价值观念，这种核心价值理念支撑着我们在建设社会主义伟大实践中的行为指向和行为准则，从更深层次影响着全体国民在建设中国特色社会主义伟大实践中的思想方法与行为方式。

社会主义核心价值观与社会主义核心价值体系是既有联系，又有区别的概念。从根本上来说，社会主义核心价值观与社会主义核心价值体系在本质上是一致的、统一的，它们都体现了社会主义的核心价值追求，是建设中国特色社会主义不可或缺的重要价值遵循。但从严格的意义上来说，它们又是相互区别的。社会主义核心价值体系指的是社会主义意识形态中那些反映社会主义经济、政治和文化制度要求、体现社会主义发展趋势的核心思想意识、价值观念的总和，而社会主义核心价值观则是对社会主义核心价值体系核心内容和精神实质的高度凝练及抽象概括。社会主义核心价值体系的内容比较系统全面，具有理论化、系统化特点，而社会主义核心价值观的内容则比较抽象概括，具有高度凝练性、简洁性特点。

（二）社会主义核心价值观的主要内容

党的十八大提出，倡导富强、民主、文明、和谐，倡导自由、平等、公正、法治，倡导爱国、敬业、诚信、友善，积极培育和践行社会主义核心价值观。这 24 个字是社会主义核心价值观的基本内容。

24 字核心价值观分成 3 个层面：

富强、民主、文明、和谐，是国家层面的价值目标；

自由、平等、公正、法治，是社会层面的价值取向；

爱国、敬业、诚信、友善，是公民个人层面的价值准则。

"富强、民主、文明、和谐"，是我国社会主义现代化国家的建设目标，也是从价值目标层面对社会主义核心价值观基本理念的凝练，在社会主义核心价值观中居于最高层次，对其他层次价值理念具有统领作用。富强即国富民强，是社会主义现代化国家经济建设的应然状态，是中华民族梦寐以求的美好夙愿，也是国家繁荣昌盛、人民幸福安康的物质基础。民主是人类社会的美好诉求。我们追求的民主是人民民主，其实质和核心是人民当家做主。它是社会主义的生命，也是创造人民美好幸福生活的政治保障。文明是社会进步的重要标志，也是社会主义现代化国家的重要特征。它是社会主义现代化国家文化建设的应有状态，是对面向现代化、面向世界、面向未来的，民族的科学的大众的社会主义文化的概括，是实现中华民族伟大复兴的重要支撑。和谐是中国传统文化的基本理念，集中体现了学有所教、劳有所得、病有所医、老有所养、住有所居的生动局面。它是社会主义现代化国家在社会建设领域的价值诉求，是经济社会和谐稳定、持续健康发展的重要保证。

"自由、平等、公正、法治"，是对美好社会的生动表述，也是从社会层面对社会主义核心价值观基本理念的凝练。它反映了中国特色社会主义的基本属性，是我们党矢志不渝、长期实践的核心价值理念。自由是指人的意志自由、存在和发展的自由，是人类社会的美好向往，也是马克思主义追求的社会价值目标。平等指的是公民在法律面前的一律平等，其价值取向是不断实现实质平等。它要求尊重和保障人权，人人依法享有平等参与、平等发展的权利。公正即社会公平和正义，它以人的解放、人的自由平等权利的获得为前提，是国家、社会应然的根本价值理念。法治是治国理政的基本方式，依法治国是社会主义民主政治的基本要求。它通过法制建设维护和保障公民的根本利益，是实现自由平等、公平正义的制度保证。

"爱国、敬业、诚信、友善"，是公民基本道德规范，是从个人行为层面对社会主义核心价值观基本理念的凝练。它覆盖社会道德生活的各个领域，是公民必须恪守的基本道德准则，也是评价公民道德行为选择的基本价值标准。爱国是基于个人对自己祖国依赖关系的深厚情感，也是调节个人与祖国关系的行为准则。它同社会主义紧密结合在一起，要求人们以振兴中华为己任，促进民族团结、维护祖国统一、自觉报效祖国。敬业是对公民职业行为准则的价值评价，要求公民忠于职守，克己奉公，服务人民，服务社会，充分体现了社会主义职业精神。诚信即诚实守信，是人类社会千百年传承下来的道德传统，也是社会主义道德建设的重点内容，它强调诚实劳动、信守承诺、诚恳待人。友善强调公民之间应互相尊重、互相关心、互相帮助、和睦友好，努力形成社会主义的新型人际关系。

（三）社会主义核心价值观的基本特征

第一，普遍性。核心价值观是一个国家和民族价值体系中最本质、最具决定作用的部分，它支撑和影响着所有价值判断，因而是对整个人类发展历史和未来走向的总概括。构建社会主义核心价值观应当揭示社会主义最本质的永恒的精神要素，避免为短期目标服务，同时应当关照时代和人民大众的现实需求。时代与人民大众的现实需求，是现实理性和走向未来的价值积淀，是形成核心价值观的现实基础。没有时代和人民大众的现实需求，核心价值观的建构就会缺乏现实的基础和动力，更难有效地推进和发展。核心价值观的产生和作用的发挥一定要与现实相衔接，才有意义。社会主义核心价值观是社会主义精神和价值体系中最根本、最重要和最集中的价值内核，它的成型和系统化，必将成为人们共同遵循和维护的行为准则，潜入人们的思想和心灵深处，进而作为人们的价值传统和文化精神长期稳定下来，发挥代代相传的价值传递效用。

第二，民族性。核心价值观必须建立于民族优秀文化传统之上。中国社会由封闭到开放，由农业文明走向工业文明，必须构建新的核心价值观；但同时应当认识到，任何一个民族，尤其是中华民族这样一个历史久远的伟大民族，其核心价值观只能在历史文化积淀基础上结合新的社会发展和时代要求予以创造性的发展。我们要建设社会主义的核心价值观不能切断中华民族历史文化的血脉和价值传统。当然，对于历史文化血脉和价值传统，我们须坚持马克思主义的科学方法和态度，注意防范价值观上的历史虚无主义和民粹主义两种风险和错误，努力建设与传统美德相承接的社会主义核心价值观。

第三，崇高性。崇高性是指核心价值观反映社会和人类的长远利益和未来发展方向，具有激励人心和鼓舞人们不断前进的作用，而且这种价值观包含非常高尚和值得人们前赴后继为之献身的内在合理性。核心价值观必须拥有崇高的精神因子。历史和实践证明，作为支撑一个民族的核心价值观理应具有很强的号召力和凝聚力，而号召力只能建立于崇高之上。构建社会主义核心价值观，是在建设社会主义先进文化和弘扬民族精神基础上提出来的，本质上既属于社会主义先进文化建设的有机环节，又是社会主义先进文化建设的伟大工程和目标指向。

二　社会主义核心价值观发展历程

（一）新民主主义革命时期核心价值观的发展

"社会主义"作为我国新民主主义革命的目标，其价值观念和理想追求，必然贯穿于新民主主义始终。在一定意义上，必然成为我国新民主主义革命时期培育和践行核心价值观的主体内容。

一是马克思主义及其中国化理论体系是新民主主义时期培育核心价值观的指导思想和理论基石。经过我们党对"什么是马克思主义、怎样坚持马克思主义"的艰辛探索，最终确立了马克思主义指导地位。

二是"为人民服务"是新民主主义革命时期核心价值观的根本内容和精神动力。毛泽东说："我们的共产党和共产党所领导的队伍，是为着解放人民的，是彻底地为人民的利益工作的。""为人民服务"的根本宗旨和价值取向，为整个新民主主义革命提供了强大精神动力。

三是推翻"三座大山"，最终建立社会主义是新民主主义革命的目标和核心价值观的实践主题。新民主主义革命的历史任务，是推翻帝国主义、官僚资本主义和封建主义"三座大山"，中国共产党领导中国人民进行新民主主义革命，明确中国革命的目的是最终走向社会主义，建立人民共和国。

四是集中体现为"建立一个独立、自由、民主、统一和富强的新中国"的新民主主义纲领。毛泽东提出"建立一个独立、自由、民主、统一和富强的新中国"的新民主主义纲领，深刻、集中、高度地体现了近代以来中华民族面临的两大历史任务，针对性强，价值指向明确。

五是广泛深入开展社会主义共产主义思想道德教育。抗日战争时期，毛泽东写下了《纪念白求恩》《为人民服务》等光辉著作，号召共产党员加强共产主义道德修养；党的七届二中全会提出了要继续保持谦虚谨慎、不骄不躁的优良传统和艰苦奋斗的优良作风。

（二）社会主义建设时期核心价值观的发展

新中国的成立，标志着我们党胜利地完成了国家独立、民族解放第一大历史任务。之后，我们党开始了从新民主主义革命向社会主义建设的伟大历史转变。社会主义基本政治制度、基本经济制度的确立和以马克思主义为指导思想的社会主义意识形态的确立，为社会主义核心价值体系建设奠定了政治前提、物质基础和文化条件。

一是马克思主义、毛泽东思想得到广泛深入传播。新民主主义革命的胜利，证明了马克思主义、毛泽东思想是指引中华民族走向国家独立和民族解放的科学理论武器。

二是提出了实现"四个现代化"的宏伟设想。面对旧中国的贫穷落后和一穷二白，我们党把走向繁荣富强作为国家建设的最主要目标，在社会主义工业化基础上，我们党于1964年12月提出了建设"四个现代化"的社会主义强国的宏伟战略目标，成为动员、凝聚、鼓舞全党全国各族人民团结奋斗的伟大精神旗帜。

三是广泛开展了以爱国主义社会主义集体主义和为人民服务为主要内容的社会主义思想道德建设。在全社会道德领域除旧布新，涌现出雷锋、王进喜、焦裕禄等一批社会主义道德的先进典型，在全国形成了爱祖国、爱人民、爱劳动、爱科学、爱社会主义和服从大局、艰苦奋斗、廉洁奉公等优良社会风气。

四是培育伟大的民族精神和时代精神。从新中国成立至改革开放前，我们党带领全国人民展开全面建设社会主义的伟大实践，建立了比较完整的工业体系和国民经济体系，"两弹一星"事业取得了举世瞩目的成就。培育了独立自主、自力更生、不怕困难、勇于攀登的精神品质，培育了雷锋精神、"两弹一星"精神、红旗渠精神等民族精神和时代精神的典范。

（三）改革开放新时期核心价值观的发展

改革开放以来，我国社会主义意识形态建设不断进行新的探索，提出了从建设社会主义核心价值体系到以"三个倡导"为内容，积极培育和践行社会主义核心价值观的重要论断和战略任务。

1978年12月，党的十一届三中全会重新恢复和确立了实事求是的思想路线，坚持把马克思主义与改革开放和我国社会主义建设伟大实践相结合，科学继承了毛泽东思想，创立了邓小平理论、"三个代表"重要思想、科学发展观等马克思主义中国化最新成果，不断巩固马克思主义在意识形态领域的指导地位。

2006年3月，我党提出了"八荣八耻"社会主义荣辱观，继承和发展了我们党关于社会主义思想道德建设褒荣贬耻、我国古代的"知耻"文化传统，同时赋予了新的时代内涵，深化了我们党对社会主义道德建设规律的认识。

2006年10月，党的十六届六中全会第一次明确提出了"建设社会主义核心价值体系"的重大命题和战略任务，明确提出了社会主义核心价值体系的内容，并指出社会主义核心价值观是社会主义核心价值体系的内核。学界对社会主义核心价值观的概括开始深入探讨。

2007年10月，党的十七大进一步指出了"社会主义核心价值体系是社会主义意识形态的本质体现"。

2011年10月，党的十七届六中全会强调，社会主义核心价值体系是"兴国之魂"，建设社会主义核心价值体系是推动文化大发展大繁荣的根本任务。提炼和概括出简明扼要、便于传播践行的社会主义核心价值观，对于建设社会主义核心价值体系具有重要意义。

2012年11月，中共十八大报告明确提出"三个倡导"，即"倡导富强、民主、文明、和谐，倡导自由、平等、公正、法治，倡导爱国、敬业、诚信、友善，积极培育社会主义核心价值观"，这是对社会主义核心价值观的最新概括。

2013年12月，中共中央办公厅印发《关于培育和践行社会主义核心价值观的意见》明确提出，以"三个倡导"为基本内容的社会主义核心价值观，与中国特色社会主义发展要求相契合，与中华优秀传统文化和人类文明优秀成果相承接，是我们党凝聚全党全社会价值共识作出的重要论断。

三 社会主义核心价值观提出的意义

面对世界范围思想文化交流交融交锋形势下价值观较量的新态势，面对改革开放和发展社会主义市场经济条件下思想意识多元多样多变新特点，积极培育和践行社会主义核心价值观，对于巩固马克思主义在意识形态领域的指导地位、巩固全党全国人民团结奋斗的共同思想基础，对于促进人的全面发展、引领社会全面进步，对于集聚全面建成小康社会、实现中华民族伟大复兴中国梦的强大正能量，具有重要现实意义和深远历史意义。

第一，从适应国内国际大局变化看，我国正处在大发展大变革大调整时期，在前所未有的改革、发展和开放进程中，各种价值观念和社会思潮纷繁复杂。国际敌对势力正在加紧对我实施西化分化战略图谋，思想文化领域是他们长期渗透的重点领域。面对世界范围思想文化交流交融交锋形势下价值观较量的新态势，面对改革开放和发展社会主义市场经济条件下思想意识多元多样多变的新特点，迫切需要积极培育和践行社会主义核心价值观，扩大主流价值观念的影响力，提高国家文化软实力。

第二，从推进国家治理体系和治理能力现代化要求看，培育和弘扬核心价值观，有效整合社会意识，是国家治理体系和治理能力的重要方面。全面深化改革，完善和发展中国特色社会主义制度，推进国家治理体系和治理能力现代化，必须解决好价值体系问题，加快构建充分反映中国特色、民族特性、时代特征的价值体系，在全社会大力培育和弘扬社会主义核心价值观，提高整合社会思想文化和价值观念的能力，掌握价值观念领域的主动权、主导权、话语权，引导人们坚定不移地走中国道路。

第三，从提升民族和人民的精神境界看，核心价值观是精神支柱，是行动向导，对丰富人们的精神世界、建设民族精神家园，具有基础性、决定性作用。一个人、一个民族能不能把握好自己，很大程度上取决于核心价值观的引领。发展起来的当代中国，更加向往美好的精神生活，更加需要强大的价值支撑。要振奋起人们的精气神、增强全民族的精神纽带，必须积极培育和践行社会主义核心价值观，铸就自立于世界民族之林的中国精神。

第四，从实现民族复兴中国梦的宏伟目标看，核心价值观是一个国家的重要稳定器，构建具有强大凝聚力感召力的核心价值观，关系社会和谐稳定，关系国家长治久安。实现"两个一百年"奋斗目标，实现中华民族伟大复兴的中国梦，必须有广泛的价值共识和共同的价值追求。这就要求我们持续加强社会主义核心价值体系和核心价值观建设，巩固全党全国各族人民团结奋斗的共同思想基础，凝聚起实现中华民族伟大复兴的中国力量。

四　践行社会主义核心价值观

高举中国特色社会主义伟大旗帜，以邓小平理论、"三个代表"重要思想、科学发展观为指导，深入学习贯彻党的十八大精神和习近平同志系列讲话精神，紧紧围绕坚持和发展中国特色社会主义这一主题，紧紧围绕实现中华民族伟大复兴中国梦这一目标，紧紧围绕"三个倡导"这一基本内容，注重宣传教育、示范引领、实践养成相统一，注重政策保障、制度规范、法律约束相衔接，使社会主义核心价值观融入人们生产生活和精神世界，激励全体人民为夺取中国特色社会主义新胜利而不懈奋斗。

（一）把培育和践行社会主义核心价值观融入国民教育全过程

第一，培育和践行社会主义核心价值观要从小抓起、从学校抓起。坚持育人为本、德育为先，围绕立德树人根本任务，把社会主义核心价值观纳入国民教育总体规划，贯穿于基础教育、高等教育、职业技术教育、成人教育各领域，落实到教育教学和管理服务各环节，覆盖到所有学校和受教育者，形成课堂教学、社会实践、校园文化多位一体的育人平台，不断完善中华优秀传统文化教育，形成爱学习、爱劳动、爱祖国活动的有效形式和长效机制，努力培养德智体美全面发展的社会主义建设者和接班人。适应青少年身心特点和成长规律，深化未成年人思想道德建设和大学生思想政治教育，构建大中小学有效衔接的德育课程体系和教材体系，创新中小学德育课和高校思想政治理论课教育教学，推动社会主义核心价值观进教材、进课堂、进学生头脑。完善学校、家庭、社会三结合的教育网络，引导广大家庭和社会各方面主动配合学校教育，以良好的家庭氛围和社会风气巩固学校教育成果，形成家庭、社会与学校携手育人的强大合力。

第二，拓展青少年培育和践行社会主义核心价值观的有效途径。注重发挥社会实践的养成作用，完善实践教育教学体系，开发实践课程和活动课程，加强实践育人基地建设，打造大学生校外实践教育基地、高职实训基地、青少年社会实践活动基地，组织青少年参加力所能及的生产劳动和爱心公益活动、益德益智的科研发明和创新创造活动、形式多样的志愿服务和勤工俭学活动。注重发挥校园文化的熏陶作用，加强学校报刊、广播电视、网络建设，完善校园文化活动设施，重视校园人文环境培育和周边环境整治，建设体现社会主义特点、时代特征、学校特色的校园文化。

第三，建设师德高尚、业务精湛的高素质教师队伍。实施师德师风建设工程，坚持师德为上，完善教师职业道德规范，健全教师任职资格准入制度，将师德表现作为教师考核、聘任和评价的首要内容，形成师德师风建设长效机制。着重抓好学校党政干部和共青团干部以及思想品德课、思想政治理论课和哲学社会科学课教师及辅导员和班主任队伍建设。引导广大教师自觉增强教书育人的荣誉感和责任感，学为人师、行为世范，做学生健康成长的指导者和引路人。

（二）把培育和践行社会主义核心价值观落实到经济发展实践和社会治理中

第一，确立经济发展目标和发展规划，出台经济社会政策和重大改革措施，开展各项生产经营活动，要遵循社会主义核心价值观要求，做到讲社会责任、讲社会效益、讲守法经营、讲公平竞争、讲诚信守约，形成有利于弘扬社会主义核心价值观的良好政策导向、利益机制和社会环境。与人们生产生活和现实利益密切相关的具体政策措施，注重经济行为和价值导向有机统一，经济效益和社会效益有机统一，实现市场经济和道德建设良性互动。建立完善相应的政策评估和纠偏机制，防止出现具体政策措施与社会主义核心价值观相背离的现象。

第二，法律法规是推广社会主流价值的重要保证。要把社会主义核心价值观贯彻到依法治国、依法执政、依法行政实践中，落实到立法、执法、司法、普法和依法治理各个方面，用法律的权威来增强人们培育和践行社会主义核心价值观的自觉性。厉行法治，严格执法，公正司法，捍卫宪法和法律尊严，维护社会公平正义。加强法制宣传教育，培育社会主义法治文化，弘扬社会主义法治精神，增强全社会学法遵法守法用法意识。注重把社会主义核心价值观相关要求上升为具体法律规定，充分发挥法律的规范、引导、保障、促进作用，形成有利于培育和践行社会主义核心价值观的良好法治环境。

第三，要把践行社会主义核心价值观作为社会治理的重要内容，融入制度建设和治理工作中，形成科学有效的诉求表达机制、利益协调机制、矛盾调处机制、权益保障机制，最大限度地增进社会和谐。创新社会治理，完善激励机制，褒奖善行义举，实现治理效能与道德提升相互促进，形成好人好报、恩将德报的正向效应。完善市民公约、村规民约、学生守则、行业规范，强化规章制度实施力度，在日常治理中鲜明彰显社会主流价值，使正确行为得到鼓励、错误行为受到谴责。

（三）加强社会主义核心价值观宣传教育

第一，用社会主义核心价值观引领社会思潮、凝聚社会共识。深入开展中国特色社会主义和中国梦宣传教育，不断增强人们的道路自信、理论自信、制度自信，坚定全社会全面深化改革的意志和决心。把社会主义核心价值观学习教育纳入各级党委（党组）中心组学习计划，纳入各级党委讲师团经常性宣讲内容。深入研究社会主义核心价值观的理论和实际问题，深刻解读社会主义核心价值观的丰富内涵和实践要求，为实践发展提供学理支撑。深入推进马克思主义理论研究和建设工程，发挥国家社科基金的导向带动作用，推出更多有分量有价值的研究成果。加强社会思潮动态分析，强化对社会热点难点问题的正面引导，在尊重差异中扩大社会认同，在包容多样中形成思想共识。严格社团、讲座、论坛、研讨会、报告会的管理。

第二，新闻媒体要发挥传播社会主流价值的主渠道作用。坚持团结稳定鼓劲、正面宣传为主，牢牢把握正确舆论导向，把社会主义核心价值观贯穿到日常形势宣传、成就宣传、主题宣传、典型宣传、热点引导和舆论监督中，弘扬主旋律，传播正能量，不断巩固壮大积极健康向上的主流思想舆论。党报党刊、通讯社、电台电视台要拿出重要版面时段、推出专栏专题，出版社要推出专项出版，运用新闻报道、言论评论、访谈节目、专题节目和各类出版物等形式传播社会主义核心价值观。都市类、行业类媒体要增强传播主流价值的社会责任，积极发挥自身优势，适应分众化特点，多联系群众身边事例，多运用大众化语言，在生动活泼的宣传报道中引导人们培育和践行社会主义核心价值观。强化传播媒介管理，不为错误观点提供传播渠道。新闻出版单位和从业人员要强化行业自律，切实增强传播社会主义核心价值观的责任意识和能力，将个人道德修养作为从业资格考评重要内容。

第三，建设社会主义核心价值观的网上传播阵地。适应互联网快速发展形势，善于运用网络传播规律，把社会主义核心价值观体现到网络宣传、网络文化、网络服务中，用正面声音和先进文化占领网络阵地。做大做强重点新闻网站，发挥主要商业网站建设性作用，形成良好的网上舆论环境，集聚网上舆论引导合力。做好重大信息的网上发布，回应网民关切，主动有效进行网上引导。推动中华优秀传统文化和当代文化精品网络化传播，创作适于新兴媒体传播、格调健康的网络文化作品。依法加强网络社会管理，加强对网络新技术新应用的管理，推进网络法制建设，规范网上信息传播秩序，整治网络淫秽色情和低俗信息，打击网络谣言和违法犯罪，使网络空间清洁起来。

第四，发挥精神文化产品育人化人的重要功能。一切文化产品、文化服务和文化活动，都要弘扬社会主义核心价值观，传递积极的人生追求、高尚思想境界和健康的生活情趣。提升文化产品的思想品格和艺术品位，用思想性艺术性观赏性相统一的优秀作品，弘扬真善美，贬斥假恶丑。加强对新型文化业态、文化样式的引导，让不同类型文化产品都成为弘扬社会主流价值的生动载体。加大对优秀文化产品的推广力度，开展优秀文化产品展演展映展播活动、经典作品阅读观看活动。完善文化产品评价体系，坚持文艺评论评奖的正确价值取向。完善公共文化服务体系，提供均等优质的文化产品，开展多姿多彩的文化活动，丰富群众精神文化生活。

（四）在实践中开展社会主义核心价值观活动

第一，广泛开展道德实践活动。以诚信建设为重点，加强社会公德、职业道德、家庭美德、个人品德教育，形成修身律己、崇德向善、礼让宽容的道德风尚。大力宣传先进典型，评选表彰道德模范，形成学习先进、争当先进的浓厚风气。在国家博物馆设立英模陈列馆。深化公民道德宣传日活动，组织道德论坛、道德讲堂、道德修身等活动。加强政务诚信、商务诚信、社会诚信和司法公信建设，开展道德领域突出问题专项教育和治理，完善企业和个人信用记录，健全覆盖全社会的征信系统，加大对失信行为的约束和惩戒力度，在全社会广泛形成守信光荣、失信可耻的氛围。把开展道德实践活动与培育廉洁价值理念相结合，营造崇尚廉洁、鄙弃贪腐的良好社会风尚。

第二，深化学雷锋志愿服务活动。大力弘扬雷锋精神，广泛开展形式多样的学雷锋实践活动，采取措施推动学雷锋活动常态化。以城乡社区为重点，以相互关爱、服务社会为主题，围绕扶贫济困、应急救援、大型活动、环境保护等方面，围绕空巢老人、留守妇女儿童、困难职工、残疾人等群体，组织开展各种形式的志愿服务活动，形成我为人人、人人为我的社会风气。把学雷锋和志愿服务结合起来，建立健全志愿服务制度，完善激励机制和政策法规保障机制，把学雷锋志愿服务活动做到基层、做到社区、做进家庭。

第三，深化群众性精神文明创建活动。各类精神文明创建活动要在突出社会主义核心价值观思想内涵上求实效。推进文明城市、文明村镇、文明单位、文明家庭等创建活动，开展全民阅读活动，不断提升公民文明素质和社会文明程度。广泛开展美丽中国建设宣传教育。开展礼节礼仪教育，重要场所和重要活动要升挂国旗、奏唱国歌，在学校开学、学生毕业时举行庄重简朴的典礼，完善重大灾难哀悼纪念活动，使礼节礼仪成为培育社会主流价值的重要方式。加强对公民文明旅游的宣传教育、规范约束和社会监督，增强公民旅游的文明意识。

第四，源远流长、博大精深的中华优秀传统文化，积淀着中华民族最深层的精神追求，包含着中华民族最根本的精神基因，是社会主义核心价值观的深厚源泉。培育和践行社会主义核心价值观，就要从中华优秀传统文化中充分汲取思想道德营养，结合时代要求加以延伸阐发，即使中华民族最基本的文化基因与当代文化相适应、与现代社会相协调，又让社会主义核心价值体系之树深深植根于中华优秀传统文化沃土。

第五，不忘本来才能开辟未来，善于继承才能更好地创新和发展。习近平总书记在山东考察调研时指出，对历史文化特别是先人传承下来的价值理念和道德规范，要坚持古为今用、推陈出新，有鉴别地加以对待，有扬弃地予以继承。培育和践行社会主义核心价值观，一定要以优秀传统文化为根基，增添文化内涵、实现文化关照，努力做到以文化人、以文育人。要结合"三个倡导"的基本内容，讲清楚中华文化的历史渊源、发展脉络、基本走向，讲清楚中华文化的独特创造、价值理念、鲜明特色，增强我们的文化自信、价值观自信。要认真汲取中华文化的思想精华、道德精髓，大力弘扬以爱国主义为核心的团结统一、爱好和平、勤劳勇敢、自强不息的思想和精神，深入挖掘和阐发中华传统文化讲仁爱、重民本、守诚信、崇正义、尚和合、求大同的时代价值，使中华传统美德实现创造性转化、创新性发展。当然，对待传统文化，也要辩证地对待，加强鉴别、合理扬弃，取其精华、去其糟粕，真正把中华传统文化这个宝库开掘好、利用好。

第六，通过文化传承来以文化人、以文育人，既要有内容还要有载体，要有文化活动还要有文化产品。要广泛开展中华优秀传统文化的宣传普及活动，在国民教育中增加优秀传统文化内容，更好地用中华优秀传统文化滋养人们心灵、陶冶道德情操。现在，一些地方举办的经典诵读、道德论坛、文化讲堂，利用传统节日举办民间民俗活动，都是弘扬传统文化的好形式、好载体，近年来开展的"我们的节日"活动已成为传承中华文化、建设精神文明的一个品牌，都要在总结经验基础上继续抓好。要深入实施中华文化传承工程，围绕反映中华民族历史特别是近现代史、党史、国史，围绕实现中华民族伟大复兴的中国梦，制定工程规划、加强重点扶持，推出一大批弘扬爱国主义、集体主义、社会主义思想和当代中国价值观念的精品力作。这里还要强调，所有精神文化产品都应当有一股精气神，有利于引导人们树立和坚持正确的历史观、民族观、国家观、文化观，增强做中国人的骨气和底气。

第七，重视民族传统节日的思想熏陶和文化教育功能，丰富民族传统节日的文化内涵，开展优秀传统文化教育普及活动，培育特色鲜明、气氛浓郁的节日文化。增加国民教育中优秀传统文化课程内容，分阶段有序推进学校优秀传统文化教育。开展移风易俗，创新民俗文化样式，形成与历史文化传统相承接、与时代发展相一致的新民俗。

第八，发挥重要节庆日传播社会主流价值的独特优势。开展革命传统教育，加强对革命传统文化时代价值的阐发，发扬党领导人民在革命、建设、改革中形成的优良传统，弘扬民族精神和时代精神。挖掘各种重要节庆日、纪念日蕴藏的丰富教育资源，利用五四、七一、八一、十一等政治性节日，三八、五一、六一等国际性节日，党史国史上重大事件、重要人物纪念日等，举办庄严庄重、内涵丰富的群众性庆祝和纪念活动。利用党和国家成功举办大事、妥善应对难事时机，因势利导地开展各类教育活动。加强爱国主义教育基地建设，形成实体展馆与网上展馆相结合、涵盖各个历史时期的爱国主义教育基地体系。推进公共博物馆、纪念馆、爱国主义教育基地和文化馆、图书馆、美术馆、科技馆等免费开放，积极发展红色旅游。

第九，运用公益广告传播社会主流价值、引领文明风尚。围绕社会主义核心价值观，加强公益广告的选题规划和内容创意，形成公益广告传播先进文化、传扬新风正气的强大声势。加大公益广告刊播力度，广播电视、报纸期刊要拿出黄金时段、重要版面和显著位置，持续刊播公益广告。互联网和手机媒体要发挥传输快捷、覆盖广泛的优势，运用多种方式扩大公益广告的影响力。社会公共场所、公共交通工具要在适当位置悬挂张贴公益广告。各类公益广告要导向鲜明、富有内涵、引人向上，注重形式多样、品位高雅、创意新颖，体现时代感厚重感，增强传播力感染力。

五　践行社会主义核心价值观，倡导青年好活法

青年兴则国家兴，青年强则国家强。习近平总书记高度重视共青团和青年工作，多次发表讲话，对当代中国青年寄予了殷切期望，为共青团和青年工作指明方向。

习总书记使用生动比喻讲道理："青年处在价值观形成和确立的时期，抓好这一时期的价值观养成十分重要。这就像穿衣服扣扣子一样。人生的扣子从一开始就要扣好，要努力把核心价值观的要求变成日常的行为准则，进而形成自觉奉行的信念理念。"

广大青年树立和培育社会主义核心价值观，要在以下几个方面下功夫：

一是要勤学，下得苦功夫，求得真学问。

二是要修德，加强道德修养，注重道德实践。

三是要明辨，善于明辨是非，善于决断选择。

四是要笃实，扎扎实实干事，踏踏实实做人。

核心价值观的养成绝非一日之功，要坚持由易到难、由近及远，努力把核心价值观的要求变成日常的行为准则，进而形成自觉奉行的信念理念。不要顺利的时候，看山是山，看水是水，一遇挫折，就怀疑动摇，看山不是山，看水不是水了。无论什么时候，我们都要坚守在中国大地上形成和发展起来的社会主义核心价值观，在时代大潮中建功立业，成就自己的宝贵人生。

拓展案例

一　筑梦清华　扎根社会
——清华大学共青团创新思想方法

这不是一场说走就走的旅行，而是一项跨国公益行动——"青年

志·中国梦·非洲情"清华大学中非志愿团赴肯尼亚志愿服务与青年交流项目。这个听起来"高大上"的项目，源于清华大学 2010 级本科生王展硕大三时只身前往非洲的考察，源于学生的自发组织。去非洲做公益是 7 名来自不同专业同学的梦想。做永久的中国空间站，做能帮助残疾人的钢铁侠，振兴大连足球，去法国学西点制作……很多学生的梦想天马行空。"在清华，每个人的梦想都被尊重和认可，并总能从学校寻求到支持。"外文系 2011 级学生陶曼丽这样告诉记者。

"从 2012 年开始，清华大学团组织以'我的中国梦'为主题引导学生深度观察和了解社会，有视野，有事业，有责任。"清华大学团委书记赵博说。

1. "新生梦想秀"直面"梦想迷茫"

清华大学机械系 2014 级新生入学后，经历了一场特殊的仪式：把自己的梦想封存在时间胶囊里，辅导员在第二现场——校园里某个保密的角落，通过视频向同学们直播他和几名同学将时间胶囊埋在校园的场景。"希望一年之后同学们看到自己的巨大进步。"辅导员杨硕在最后一个镜头里这样对同学们说。

这是机械系"新生梦想秀"活动的一部分。2013 年，清华大学团委发起这个活动，各院系团委分头组织。今年 9 月 16 日，29 场梦想秀集中开展，同学们通过演讲、话剧表演、相声等各种形式展现自己的梦想。

"同学们在高中时候的梦想是考上清华大学，一旦人生前 18 年的梦想实现了就会进入梦想茫然阶段，如果在这个时间梦想得到启蒙，有助于同学们规划自己未来一段时间的人生。"清华大学团委组织部辅导员徐咏雷说。

这个规律在清华大学水利系大一新生卫潇的身上得到印证。他的梦想是"做一名工程师，像外公一样。外公当年刚到宜昌时，那里没有电，他参与修建了几十个电站。"卫潇对水利工程感兴趣，特别是对桥梁方面，经历了梦想海选，他在梦想秀活动上展示了自己的梦想，"开始有一个大概的概念，在准备这个活动的过程中，当梦想变成白纸黑字的时候，信念更坚定了。"卫潇在梦想秀现场的演讲感动了好几位在场的老师。

2. 让梦想发芽

清华学生之所以如此关注时事，是他们认为这与就业、未来规划密切相关。王展硕一行选择非洲目的地肯尼亚，这一决定是基于一个时事信息：2013 年 8 月，国家主席习近平会见肯尼亚总统肯雅塔时强调，双方要鼓励文化、旅游、青年、人力资源培训等领域交流合作，共同办好两国建交 50 周年庆祝活动。

出发前，王展硕一行举办了一场"行健发布会"，邀请到肯尼亚祝华大使金阳久伊作为发布会嘉宾，王展硕一行 7 人赴肯尼亚开展志愿活动的经费是中非工业发展合作论坛帮他们从企业争取到的，志愿者此行相关活动还与东非著名的内罗毕大学开展了合作。

王展硕尤其感谢学校和团委提供的平台。"首先是老师们的信任，我们才能成行；其次，在对外联络，尤其是通过官方途径联络时，如果没有老师愿意对我们竖起大拇指的话，很多组织最初的态度是犹豫的。"

赴非洲志愿者事实上被纳入了清华大学"实践梦想计划"。根据该计划，清华大学团委面向全校征集实践梦想，学校团委对每个实践梦想团队支持经费 1 万元，为每个团队配备一名社会实践导师。同时，清华与 100 家京内外单位建立合作关系，为学生提供实践地。

校团委实践部辅导员江宇辉说："针对优秀项目鼓励长期化、项目化运营，可成立社团或社会 NGO，引领全国大学生实践活动的方向"，团委提出的口号是"行动，让改变发生"。

清华大学清源协会现在就已经做成了一个产品——生物慢滤池，这是一个饮用水过滤装置，清源协会的同学已经在宁夏麻黄山村与当地政府合作推广 1300 多个，并已在山西、河北、四川、青海等地开展调研，更大面积推广。

谈到共青团的力量，法学院大三学生张琦琦感触更深。今年暑假期间，她通过实践梦想计划申报了赴新疆克州阿合奇县艺术支教与主题调研实践。张琦琦一行在当地少年宫开设了钢琴、书法、手工、摄影等 8 门课，为期一个月，在一个人口数只有 4 万的边境县城，把点滴努力播撒到 181 个家庭。这个团队有两支队伍接力开展活动，每批 14 名队员，来自 5 所学校，"还有上海和南京的大学生"。

其实，2013 年暑假，张琦琦就计划组建这个团队，自己打广告招募，招到了 9 个人，但是，"今年，校团委实践梦想计划通过微信、人人网等集体'打广告'，很多外校的学生也来参与"。

这次实践"小有成就"后，张琦琦做了一个决定，要拿出 5 年的时间到新疆基层的公共服务部门工作，做一名援疆干部。

3. 给梦想插上高飞的翅膀

2014 年，清华大学 2010 级水利水电工程系的江白加措选择了回到家乡基层工作。择业时，江白加措签约西藏区委组织部参加选调。在地域选择时，他放弃了位于山南经济条件较好的贡嘎县，毅然奔赴条件更艰苦的日喀则。

"清华大学学习和生活对我思想影响很大。"江白加措一直在校团委工作。他回忆，从"到基层去，到祖国最需要的地方工作"的号召，到"入主流、上大舞台、做大事情"的激励，"我想既然上了这所有名的学校，接触全中国最有名的大师们，不应该仅仅满足于现在过幸福的生活。"

江白加措现在在当地水利局工作，为老百姓修水渠、修水塘，他说："不仅要自己过得幸福愉快，还要让别人过上幸福美好的生活。"他已经下定决心，熟悉情况后，要下乡工作。

"一方面鼓励有自己的梦想，另一方面要了解普通人的梦想。"校团委书记赵博说，这是清华共青团以"我的中国梦"为引导设计的一系列活动的初衷所在，最终是要"给梦想插上高飞的翅膀"。

"未来兴趣团队"就是一个给梦想插上翅膀的探索。

清华大学共有 15 家未来兴趣团队，"未来通信"、"未来航空"、"未来城市与新能源"……在这些团队后面支持的企业是波音、东芝这些大型跨国企业或者重点研究机构，学校团委是红娘，这些企业每年向学生团队支持 10 万—30 万元的研究经费，向学生提供硬件、技术等支持。兴趣团队也有严格的机制，从跟着原有项目做到承担种子项目，从联合立项到团队核心项目，学生在这个过程中得到了锻炼。"未来航空"兴趣团队有一个作品，现在已经发展到第 11 代，这是一个通过舵机完成转向的飞行球，飞行球 3 年前诞生，现在由马来西亚留学生林家靖负责项目进展。

"大家在这样的团队中增强了学术上的自信，寻找到一批志同道合的同学，体验做企业 CEO。"刘宇说，有些想法近乎疯狂，但是也能申请到专项资助。未来汽车团队设计了一个没有方向性的充电桩，汽车不论在哪个角度都能充电，这个成果直接促成了汽车系和中兴公司的"清华无线充电汽车项目"。

"资金、导师、场地方面的全面匹配和投入，让同学在有学术志趣的情况下敢于和勇于参加挑战。"校团委科创中心主任刘宇说，各院系也在做院系层面的科创俱乐部，成为新风尚。

清华大学原创话剧《马兰花开》主演、2010 级博士生梁植说："邓稼先等中国老一辈科技工作者的'中国梦'是希望中国能够强大起来，而我们的梦想是继续演绎他们的故事，让祖国更加强大。"

二 与世界对话，体会"中国故事"的力量

2013 年 1 月，美国常春藤 8 所名校 18 名学生领袖来到中国，开展为期 8 天的第二届"中美青年联合社会实践项目"。短短数天的行程中，来自耶鲁大学的马修·威廉姆斯和来自外交学院的李书豪结成了"小伙伴"。

旅途中，学生们经过山东省济南市历下区曲水亭社区，发现这里的老百姓还保留着非常传统的生活方式，人们住在平房里，在泉水里洗菜洗衣，甚至冬泳。马修起初有些疑惑："这多不方便啊，政府怎么不帮助他们改善生活呢？"李书豪则觉得，老百姓的脸上，更多的是怡然自得。李书豪便拉着马修随机和社区的大爷大妈聊了起来，得知这个社区历史悠久，几百年来老百姓都这样依泉而生，"幸福指数挺高"；而政府也在社区周边，建设了非常齐全的现代化配套设置。

"政府既保留了老百姓的传统生活方式，又让老百姓享受到了发展带来的现代化便利，很棒！"马修对李书豪由衷地说。

一路上，李书豪经常带着马修等人和老百姓"拉家常"，让美国的学生精英了解普通中国人对生活的"盼头"。

"我接触到的中国人都怀揣希望，这非常重要。用你们的话说，这叫'中国梦'。"在马修看来，中国的政治制度和西方的确有很多不同，但无论在哪种政治制度下，老百姓的诉求都是一样的——让日子越过越好；而那些社会动荡的国家，其失败的根本原因在于，人民没有尝到发展的甜头。

习总书记 2014 年在欧洲学院发表的演讲，可以帮助中国青年更好地理解中国特色、更好地向外国青年介绍中国。他在演讲当中概括了"中国故事"的五个要点：具有悠久文明、倡导世界和平、实行社会主义、发展市场经济、改革带来机遇。

第一，中国是有着悠久文明的国家。在世界几大古代文明中，中华文

明是没有中断、延续发展至今的文明，已经有五千多年历史了。我们的祖先在几千年前创造的文字至今仍在使用。两千多年前，中国就出现了诸子百家的盛况，老子、孔子、墨子等思想家上究天文、下穷地理，广泛探讨人与人、人与社会、人与自然关系的真谛，提出了博大精深的思想体系。他们提出的很多理念，如孝悌忠信、礼义廉耻、仁者爱人、与人为善、天人合一、道法自然、自强不息等，至今仍然深深影响着中国人的生活。中国人看待世界、看待社会、看待人生，有自己独特的价值体系。中国人独特而悠久的精神世界，让中国人具有很强的民族自信心，也培育了以爱国主义为核心的民族精神。

第二，中国是经历了深重苦难的国家。在工业革命发生前的几千年时间里，中国经济、科技、文化一直走在世界的第一方阵之中。近代以后，中国的封建统治者夜郎自大、闭关锁国，导致中国落后于时代发展步伐，中国逐步成为半殖民地半封建社会。外国列强入侵不断，中国社会动荡不已，人民生活极度贫困。穷则思变，乱则思定。中国人民经过逾百年前赴后继的不屈抗争，付出几千万人伤亡的巨大牺牲，终于掌握了自己的命运。中国人民对被侵略、被奴役的历史记忆犹新，尤其珍惜今天的生活。中国人民希望和平、反对战争，所以始终奉行独立自主的和平外交政策，坚持不干涉别国内政，也不允许别人干涉中国内政。我们过去一直是这样做的，今后也会这样做下去。

第三，中国是实行中国特色社会主义的国家。1911年，孙中山先生领导的辛亥革命，推翻了统治中国几千年的君主专制制度。旧的制度推翻了，中国向何处去？中国人苦苦寻找适合中国国情的道路。君主立宪制、复辟帝制、议会制、多党制、总统制都想过了、试过了，结果都行不通。最后，中国选择了社会主义道路。在建设社会主义实践中，我们有成功也有失误，甚至发生过严重曲折。改革开放以后，在邓小平先生领导下，我们从中国国情和时代要求出发，探索和开拓国家发展道路，形成了中国特色社会主义，提出要建设社会主义市场经济、民主政治、先进文化、和谐社会、生态文明，维护社会公平正义，促进人的全面发展，坚持和平发展，全面建成小康社会，进而实现现代化，逐步实现全体人民共同富裕。独特的文化传统，独特的历史命运，独特的国情，注定了中国必然走适合自己特点的发展道路。我们走出了这样一条道路，并且取得了成功。

第四，中国是世界上最大的发展中国家。中国发展取得了历史性进步，经济总量已经跃升到世界第二位。作为有着 13 亿多人口的国家，中国用几十年的时间走完了发达国家几百年走过的发展历程，无疑是值得骄傲和自豪的。同时，我们也清醒地认识到，中国经济总量虽大，但除以 13 亿多人口，人均国内生产总值还排在世界第八十位左右。中国城乡低保人口有 7400 多万人，每年城镇新增劳动力有 1000 多万人，几亿农村劳动力需要转移就业和落户城镇，还有 8500 多万残疾人。根据世界银行的标准，中国还有 2 亿多人口生活在贫困线以下，这差不多相当于法国、德国、英国人口的总和。今年春节前后的 40 天里，中国航空、铁路、公路承载了大约 36 亿人次的流动，相当于每天都有 9000 万人在流动之中。所以，让 13 亿多人都过上好日子，还需要付出长期的艰苦努力。中国目前的中心任务依然是经济建设，并在经济发展的基础上推动社会全面进步。

　　第五，中国是正在发生深刻变革的国家。我们的先人早就提出了"天行健，君子以自强不息"的思想，强调要"苟日新，日日新，又日新"。在激烈的国际竞争中前行，就如同逆水行舟，不进则退。改革是由问题倒逼而产生，又在不断解决问题中而深化。我们强调，改革开放只有进行时没有完成时。中国已经进入改革的深水区，需要解决的都是难啃的硬骨头，这个时候需要"明知山有虎，偏向虎山行"的勇气，不断把改革推向前进。我们推进改革的原则是胆子要大、步子要稳。"图难于其易，为大于其细。天下难事，必作于易；天下大事，必作于细。"随着中国改革不断推进，中国必将继续发生深刻变化。同时，我也相信，中国全面深化改革，不仅将为中国现代化建设提供强大推动力量，而且将为世界带来新的发展机遇。

参考文献

1.《光明日报》2015 年 4 月 16 日。

2. 2013 年 12 月 23 日新华社电，中央办公厅印发《关于培育和践行社会主义核心价值观的意见》。

3. 求是理论网，http：//www.qstheory.cn/wh/jsshzyhxjztx/201402/t20140220_ 322792. htm。

4. 刘云山：《着力培育和践行社会主义核心价值观》，2014 年 1 月 4 日。

第五章　新型城镇化建设

城镇化几乎成为举国上下极其关注的一个重要热点问题，自从1998年中国政府关于解决我国"三农"（农业、农村、农民）问题的决策和在国家"十五"经济社会发展规划中提出推进城镇化战略和对我国几十年不变的城市发展方针进行一定调整后，人们普遍认识到推进和加速城镇化，使农村富余劳动力和过量农业人口转化为城镇人口是解决我国"三农"问题的重要措施之一。自此，"城镇化"从学者论坛走上了各级政府的计划和议程，受到前所未有的重视和青睐。

城镇化是经济发展的必然结果，是产业结构升级、农村人口向城市转移、生产方式由乡村型向城镇型转化的综合过程。具体来说，城镇化是指人口向城镇集中的过程，这个过程表现为两个方面，一方面是城镇数目的增多，另一方面是城市人口规模不断扩大。

随着城镇化的发展与深入，新型城镇化的概念被提出。这一概念中的"新"就是要由过去片面注重追求城市规模扩大、空间扩张，改变为以提升城市的文化、公共服务等内涵为中心，真正使城镇成为具有较高品质的适宜人居之所。所以，新型城镇化与传统城镇化最大不同在于新型城镇化是以人为核心的城镇化，注重保护农民利益，与农业现代化相辅相成。新型城镇化不是简单的城市人口比例增加和规模扩张，而是强调在产业支撑、人居环境、社会保障、生活方式等方面实现由"乡"到"城"的转变，实现城乡统筹和可持续发展，最终实现"人的无差别发展"。通常新型城镇化进程中往往伴随着第一产业比重逐渐下降，第二、三产业比重逐步上升。因此，新型城镇化的核心在于不以牺牲农业和粮食、生态和环境为代价，着眼于农民，涵盖农村，实现城乡基础设施一体化和公共服务均等化，促进经济社会发展，实现共同富裕。

一　新型城镇化概述

（一）新型城镇化的作用与意义

1. 推进新型城镇化是扩大内需的战略选择

中央关于"十二五"规划《建议》中，将扩大内需由工作方针提升到发展战略的高度，凸显扩大内需在国民经济和社会发展中的地位。目前，我国最大的内需是城镇化、最雄厚的内需潜力在城镇化，因为城镇化既能增加投资，又能拉动消费，是扩大内需的必然选择。调整经济结构、转变经济发展方式、提高人民生活水平都需要扩大内需。满足人民群众不断增长的物质义化需求，应当成为我国经济和社会持续发展的最根本的动因。城镇化进程将不断提高居民收入，带动社会全方位需求，是保持经济平稳较快发展的持久动力。

2. 推进新型城镇化是加快工业化的重要载体

城镇化是现代化的重要标志，从某种意义上讲，城市建设就是经济建设，城市投入就是产业投入。城镇化和工业化是现代化的两个车轮，缺少工业化，城镇化就没有发展动力；缺少城镇化，工业化就失去发展载体。推进新型城镇化可以做大做强中心城市和县城，更好地发挥带动作用，培育和壮大优势产业和特色产业。特别是发展小城镇的农村社区加速各类生产要素向城镇聚集、促进土地节约集约利用，为工业化提供更多发展空间。因此，加快推进新型城镇化，充分发挥新型城镇化的引领作用，能够为工业化提供强有力的载体和支撑，为新型工业化注入新的动力和活力，推进工业化由低级阶段向高级阶段演进，实现工业经济的快速提升。同时，加快推进新型城镇化，可以加快以服务业为主的第三产业发展。我国第三产业增加值仍处于较低水平，农村人口向城镇和社区集中，需要服务业跟进，为第三产业发展创造了良好条件。

3. 推进新型城镇化建设是解决"三农"问题的重要途径

中国是农业大国，农村人口多，农业大而不强，"三农"问题是制约"三化"协调科学发展的最大症结，人多地少是制约"三化"的最现实问题。全面建成小康社会，必须从根本上解决"三农"问题。发展实践证明，只有加快推进新型城镇化进程，才能破解用地刚性需求与保护耕地硬性约束难题；只有拓宽工业发展与城镇建设空间，才能减少农村人口、推动农业规模化生产和组织化经营，才能提高农业劳动生产力和综合生产能力，尤其是把新型农村社区建设作为重要节点，这既能够促进农村扩大投资、增加消费，又能够促进农村公共服务水平提升，成为经济发展的一个新的重要增长点。

4. 推进新型城镇化是实现富民强市的必然选择

城镇化的推进、城市活力的增强、城市综合实力的提升，对一个地区和城市发展起着举足轻重作用。从一般意义上说，城镇化率每提高 1 个百分点，将带动消费提高、投资增加、GDP 增长 1 个百分点以上。当前，我国要实现科学发展、务实发展、赶超发展，提高综合经济实力，加快实现富民强市步伐，必须大力推进新型城镇化。同时，以农村社区建设为切入点的新型城镇化主要参与者是农民，最大受益者也是农民，这为农业大市解决农民的民生问题创造了条件，提供了保障。

综上所述，新型城镇化是我国经济发展的必然结果，是产业结构升级、农村人口向城市转移、生产方式由乡村型向城镇型转化的综合过程。具体来说，新型城镇化是以城乡统筹、城乡一体、产城互动、节约集约、生态宜居、和谐发展为基本特征的城镇化，是大中小城市、小城镇、新型农村社区协调发展、互促共进的城镇化。

（二）新型城镇化的内涵

1. 以人为本是新型城镇化的核心

新型城镇化可以有多种路径探索，但核心都应当是"人"的城镇化。以人为本推进新型城镇化，关键是要加快体制机制的变革与创新，破除城乡二元体制的障碍，提高"人"的生活质量。为此，必须按照城镇人口增长趋势，进一步在提高城镇综合承载能力上下功夫，努力使城镇基础设施承载能力、可持续发展能力和综合管理水平等得到全面提升，确保城镇化发展与城镇承载能力相适应。需要进一步强化城市政府公共服务和社会管理职能，加大对教育、医疗、文化投入力度，特别是要提高中小城市和小城镇的公共服务水平，逐步解决优质公共资源短缺问题，为人们提供安居乐业的环境。此外，还要通过人口管理制度改革，运用公共资源和市场机制，引导人口有序迁移和适度聚集，在城市群、特大城市和大城市、中小城市和小城镇之间形成合理的人口分布格局。

2. 用科学发展观统领城镇化建设是新型城镇化的本质

所谓新型城镇化，是指坚持以人为本，以新型工业化为动力，以统筹兼顾为原则，推动城市现代化、城市集群化、城市生态化、农村城镇化，全面提升城镇化质量和水平，走科学发展、集约高效、功能完善、环境友好、社会和谐、个性鲜明、城乡一体、大中小城市和小城镇协调发展的城镇化建设路子。新型城镇化的"新"就是要由过去片面注重追求城市规模扩大、空间扩张，改变为以提升城市的文化、公共服务等内涵为中心，真正使城镇成为具有较高品质的适宜人居之所。城镇化的核心是农村人口转移到城镇，而不是建高楼、建广场。农村人口转移不出来，不仅农业规模效益出不来，扩大内需也无法实现。

3. 不断提升城镇化建设的质量内涵是新型城镇化的要求

与传统提法比较，新型城镇化更强调内在质量的全面提升，也就是要推动城镇化由偏重数量规模增加向注重质量内涵提升转变。长期以来，我们习惯于粗放式用地、用能，现在必须从思想上明确走资源节约、环境友好之路的重要性；过去我们主要依靠中心城市带动，现在更应该强调城市群、大中小城市和小城镇协调配合发展的必然性。而解决区域间城镇化水平差距过大的问题是加速我国新型城镇化进程的重中之重。一方面，我国各地市由于地理位置、交通状况、经济基础等差异较大，城镇化发展极不平衡；另一方面，我国县域城镇化率普遍偏低，县乡小城镇发展滞后是影响城镇化进程的重要因素。所以，加速推进新型城镇化进程，就要认真落实新型城镇化工作会议的各项部署，加速形成以城市群为主体形态、以特大城市为依托、大中小城市和小城镇协调发展的新型城市体系。加强区域中心城市建设，发挥其带动作用；同时着力抓好县城和中心镇扩容提质，充分发挥小城镇在联结城乡、辐射农村、扩大就业中的重要作用。

4. 经济社会发展的和谐与协调是新型城镇化的体现

新型城镇化的推进有利于我省破解经济可持续发展的"瓶颈"，也就是要由偏重经济发展向注重经济社会协调发展转变，要由原来城镇化过分依赖工业化，改变为同时结合农业现代化、现代服务业等的多力支撑体系。加速新型城镇化，必须加强城市基础设施建设，从而增强城市综合承载能力。要把解决符合条件的农业转移人口逐步在城镇就业和落户作为推进城镇化的重要任务，放宽城镇户籍限制，使在城镇稳定就业和居住的农民有序转变为城镇居民，真正融入城镇。要研究进城农民原有耕地和宅基地补偿政策，使他们有相应的启动资金能在城镇立足和发展。对目前大多数进城务工农民来说，要切实改善他们的就业、居住、就医等基本生活条件，并解决好其子女就学问题，还应该积极探索建立公共租赁住房制度和进城务工人员住房保障制度。

5. 统筹和规划城乡一体化是新型城镇化的特征

新型城镇化的特色就是要由偏重城市发展向注重城乡一体化发展转变。也就是说，要由原来的"重城轻乡"、"城乡分治"，转变为城乡一体化发展；并且从改革角度讲，要由原来的重单项突破，改变为大力推进户籍、保障、就业等综合配套体制改革。要鼓励城市支持农村发展。积极推进城乡规划、产业布局、基础设施、生态环境、公共服务、组织建设"六个一体化"，促进城乡统筹发展。提升新农村建设的整体水平。我们必须清醒地认识到，城乡一体化不是降低城市的生活标准，也不是消灭乡村，而是通过新农村建设，让农村居民在生活方式、居住环境上享受与城市居民同等的待遇。

（三）我国城镇化进程的发展阶段

虽然我国城镇建设历史悠久，古代很长时期我国城市发展都居于当时世界的前列，并且出现过当时享有世界盛誉的大都市，但随着近代以来饱受外国入侵和殖民掠夺，我国社会发展严重滞后，近现代城镇建设和城镇化进程基本上被扼杀。因此，新中国的成立标志着我国近现代史上真正意义的城镇化的开始。综合有关研究，可以将新中国成立以来的城镇化进程简单划分为以下阶段。

1. 城镇化起步发展阶段（1949—1957年）

随着遭受战争严重破坏的国民经济逐渐得到恢复（1949—1952年）以及其后"一五"计划的顺利完成（1953—1957年），我国经济建设取得了较大进展，城镇化水平得到稳步提高。这一阶段我国城镇化发展较快，具体表现为：新建了一批工矿业城市并且扩建和改造了一批重点城市，城市数量从1949年的136座增加到1957年176座，年均增加5座，城镇人口也增长较快，从5765万人增加到9949万人，城镇化水平由10.64%提高到15.39%，相当于年均提高0.59个百分点。总体而言，这段时期的城镇发展及城镇人口增长与国民经济发展基本适应。

2. 城镇化剧烈波动阶段（1958—1965年）

由于对经济发展形势的估计过于乐观，我国经济发展在此后开始盲目追求高速度，受"大跃进"思想的影响，经济发展起伏波动大，城镇化发展也表现出大起大落。其中，在1958—1960年，由于受急于求成和主观随意性强的经济建设指导思想影响，我国工业化违背经济发展的基本规律，在脱离了农业发展的基础上高速推进，一大批工业项目盲目上马，致使农村人口大规模涌入城镇，3年内城镇人口净增2352万，年均约新增城市8座，城镇化水平迅速提高。但这种由"跃进"式国民经济建设所导致的超越经济社会发展的"虚假城镇化"难以持续。从1960年起我国国民经济进入困难时期，特别是国家在1961年对整个经济实行"调整、巩固、充实、提高"方针后，我国城镇化进入了1961—1963年的三年调整时期，其间停建和缓建了一大批工业项目，政府动员大量城镇人口回农村，一部分新设市恢复到县级建制而一部分地级市则降级为县级市，3年间城市总数合计减少25座，城镇化水平也骤降，出现了极不正常的"逆"城市化现象。而在随后的1964—1965年，由于经济形势有所好转，城镇化开始呈现回升态势，到1965年年底全国城镇人口缓慢增加到13045万，城镇化水平也得到一定的恢复。

3. 城镇化徘徊停滞阶段（1966—1978年）

20世纪60年代中期我国国民经济开始出现的全面好转并带动城镇化发展逐步恢复并未持续多久，更未能促使我国城镇化从此步入健康发展的轨道。随着"文革"的开始以及国家在其后政治经济领域的一系列重大失误，殃及刚刚有所起色的城镇化进程，我国城镇化发展进入了徘徊停滞阶段。整个"文革"十年以及受其影响的随后两年，全国有3000多万城镇青年学生、干部和知识分子到农村安家落户，而且以备战为目的的"三线"建设使得基建投资在很大程度上与原有城镇脱节，导致城镇建设大大滞后，许多小城镇日益衰败。1966—1978年虽然城镇总人口从13313万增加到17245万，但由于全国总人口也基本保持了同样的增速，总体城镇化水平变化不大，整个13年间全国城市总数增加21个。

4. 城镇化恢复发展阶段（1979—1992年）

随着1978年中国共产党第十一届三中全会的召开，全国工作重点开始转向以经济建设为中心的社会主义现代化建设。伴随国民经济恢复和快速发展，我国城镇化进程在经历了长达17年的倒退和停滞后，终于开始步入正常发展的轨道。1978—1992年，虽然全国总人口从97542万增加到117171万，但由于城镇人口增速更快，从32175万增加到18495万，城镇化水平总体上提高速度很快，是前 29 年城镇化速度的 2.72 倍和世界同期城镇化速度的 2 倍；城镇数量也呈现迅速增加态势，14 年间城市总数增加了 301 座，建制镇的数量从 1979 年的 2851 座增加到 1992 年的 11985 座，总计增加 9134 座。

5. 城镇化加速发展阶段（1993—2007 年）

1992 年邓小平南方谈话和实行社会主义市场经济体制以后，经济增长和体制改革全面展开，开放步伐不断加快，城乡、区域和国内、国际的互动不断增强，中国经济发展开始了新一轮的高速增长。与此相对应的是，我国城镇化进程也实现了持续和稳定增长，进入了加速发展阶段。城镇人口继续以超过全国总人口增速的态势在不断增加，由 1993 年的 33173 万增加到 2005 年的 56157 万，城镇化水平也一路攀升，城市数量在经历了 1993—1996 年的快速增加后，进入稳定数量、提高质量的发展阶段，建制镇的数量则一直增加到 2002 年，其后开始逐步稳定在 20000 座左右。

6. 新型城镇化发展时期（2007 年至今）

新型城镇化最早在 2007 年被提出，并指出新型城镇化是为了提高人民民生幸福水平而规划建设的生态文明城镇集群。2014 年 3 月，中共中央国务院印发《国家新型城镇化规划（2014—2020 年）》。自此，中国城镇化的建设趋势从城镇规模数量及城镇人口数目向城镇发展质量转移，民生、节能、环保等因素成为衡量城镇化发展程度的重要指标。并于 2014 年 12 月，正式公布了国家新型城镇化综合试点名单。

（四）新型城镇化与传统城镇化的区别

虽然新型城镇化与传统城镇化在概要的内容上基本相同，但两者的强调重点有着很大区别。新型城镇化注重的是经济、社会、环境、文化全面发展，而传统城镇化的则主要强调经济与城市的发展，在一定程度上忽略了社会和文化等其他方面的发展需要。而新型城镇化在优化传统发展格局的基础上，注重城镇化水平和质量稳步提升，通过科学合理的城市发展模式，保证城镇化健康有序发展。当前我国"两横三纵"为主体的城镇化战略格局基本形成，城市群集聚经济、人口能力明显增强，东部地区城市群一体化水平和国际竞争力明显提高，中西部地区城市群成为推动区域协调发展新的重要增长极。城市规模结构更加完善，中心城市辐射带动作用更加突出，中小城市数量增加，小城镇服务功能增强。另外，城镇化体制机制不断完善。户籍管理、土地管理、社会保障、财税金融、行政管理、生态环境等制度改革均取得重大进展，阻碍城镇化健康发展的体制机制障碍基本消除。从而使我国城镇化彻底告别传统粗放、低效的发展模式，向更为全面并注重质量的新型发展模式进化。

新型城镇化特别强调以人为本，或者以人为核心，传统城镇化强调土地的城镇化，这是一个重大的差别。新型城镇化政策提倡城市生活和谐宜人。稳步推进义务教育、就业服务、基本养老、基本医疗卫生、保障性住房等城镇基本公共服务覆盖全部常住人口，基础设施和公共服务设施更加完善，消费环境更加便利，生态环境明显改善，饮用水安全得到保障。自然景观和文化特色得到有效保护，城市发展个性化，城市管理人性化、智能化。并出台了保障随迁子女平等享有受教育权利、完善公共就业创业服务体系、扩大社会保障覆盖面、改善基本医疗卫生条件等一系列政策，与传统城镇化仅注重经济发展有很大的区别。

新型城镇化特别强调市场化，让市场在城镇化资源配置中发挥决定性作用。传统的城镇化是一个政府主导的城镇化，当前所出现的问题，如半城镇化、土地过度城市化、结构失衡等诸多问题，都与政府的过度干预以及急于求成分不开。政府主导最大的问题就是急功近利和粗制滥造，不注重质量和效率，没有充分地发挥市场配置资源和创新机制。新型城镇化则通过市场化的手段配置土地、资本和产业等要素资源，减少政府的干扰。但另一方面，完全的市场化，也不符合未来城镇化的路径，政府需要在大的层面进行引导，因此需要走"政府引导，市场主导，企业管理，一体推进"的道路。总而言之，我国走新型城镇化道路，应尊重城镇化发展的客观规律，让市场在城镇化资源配置中发挥决定性作用，而政府则起到一个协调、引导的作用。

新型城镇化最核心内容就是可持续发展，而传统城镇化往往忽视持续发展。在传统城镇化发展模式中，"经营城市"现象普遍流行。在相当多的地方，城市管理主要通过卖地生钱，使城镇发展与土地资源稀缺的矛盾日渐尖锐；很多城镇"摊大饼"式向周边扩张，对城区改善环境不利；在城市快速扩张的过程中，许多城市留下了"城中村"，这一系列问题往往都是由于传统城镇化忽略可持续发展而造成的。为了使我国城镇发展从粗放型发展向集约型与再生型发展转变，改变片面重视政绩、忽视社会和生态成本、不考虑社会公平、不能持续发展的城镇化模式，可持续发展成为新型城镇化政策的核心，新型城镇化要做到可持续，就需要强调环境的承载力，强调社会均衡和谐，强调经济的转型，并在此基础上提出适度积聚、节约土地、合理布局、规模效应、环保优先、普及保障等为特征的新发展模式。

二　新型城镇化内容

新型城镇化是伴随工业化发展，非农产业在城镇集聚、农村人口向城镇集中的自然历史过程，是人类社会发展的客观趋势，是国家现代化的重要标志。按照建设中国特色社会主义五位一体总体布局，顺应发展规律，因势利导，趋利避害，积极稳妥扎实有序推进城镇化，对于全面建成小康社会、加快社会主义现代化建设进程、实现中华民族伟大复兴，具有重大现实意义和深远历史意义。新型城镇化政策包含以下方面：

（一）有序推进农业转移人口市民化

首先，推进符合条件的农业转移人口落户城镇。逐步使符合条件的农业转移人口落户城镇，不仅要放开小城镇落户限制，也要放宽大中城市落户条件。因此，各类城镇要健全农业转移人口落户制度，根据综合承载能力和发展潜力，以就业年限、居住年限、城镇社会保险参保年限等为基准条件，因地制宜制定农业转移人口落户标准，并向全社会公布，引导农业转移人口在城镇落户的预期和选择。同时还应实施差别化落户政策，以合法稳定就业和合法稳定住所（含租赁）等为前置条件，全面放开建制镇和小城市落户限制，有序放开城区人口 50 万—100 万的城市落户限制，合理放开城区人口 100 万—300 万的大城市落户限制，合理确定城区人口 300 万—500 万的大城市落户条件，严格控制城区人口 500 万以上的特大城市人口规模。大中城市可设置参加城镇社会保险年限的要求，但最高年限不得超过 5 年。特大城市可采取积分制等方式设置阶梯式落户通道调控落户规模和节奏。

其次，推进农业转移人口享有城镇基本公共服务。农村劳动力在城乡间流动就业是长期现象，按照保障基本、循序渐进的原则，积极推进城镇基本公共服务由主要对本地户籍人口提供向对常住人口提供转变，逐步解决在城镇就业居住但未落户的农业转移人口享有城镇基本公共服务问题。

具体来说，要保障随迁子女平等享有受教育权利，建立健全全国中小学生学籍信息管理系统，为学生学籍转接提供便捷服务。将农民工随迁子女义务教育纳入各级政府教育发展规划和财政保障范畴，合理规划学校布局，科学核定教师编制，足额拨付教育经费，保障农民工随迁子女以公办学校为主接受义务教育。应完善公共就业创业服务体系，加强农民工职业技能培训，提高就业创业能力和职业素质。整合职业教育和培训资源，全面提供政府补贴职业技能培训服务。同时，扩大社会保障覆盖面，适时适当降低社会保险费率，完善职工基本养老保险制度，实现基础养老金全国统筹，鼓励农民工积极参保、连续参保。依法将农民工纳入城镇职工基本医疗保险，允许灵活就业农民工参加当地城镇居民基本医疗保险。另外，改善基本医疗卫生条件根据常住人口配置城镇基本医疗卫生服务资源，将农民工及其随迁家属纳入社区卫生服务体系，免费提供健康教育、妇幼保健、预防接种、传染病防控、计划生育等公共卫生服务。然后，拓宽住房保障渠道。采取廉租住房、公共租赁住房、租赁补贴等多种方式改善农民工居住条件。农民工集中的开发区和产业园区可以建设单元型或宿舍型公共租赁住房，农民工数量较多的企业可以在符合规定标准的用地范围内建设农民工集体宿舍。

最后，建立健全农业转移人口市民化推进机制。强化各级政府责任，合理分担公共成本，充分调动社会力量，构建政府主导、多方参与、成本共担、协同推进的农业转移人口市民化机制。

第一步，建立成本分担机制，建立健全由政府、企业、个人共同参与的农业转移人口市民化成本分担机制，根据农业转移人口市民化成本分类，明确成本承担主体和支出责任。

第二步，合理确定各级政府职责。中央政府负责统筹推进农业转移人口市民化的制度安排和政策制定，省级政府负责制定本行政区农业转移人口市民化总体安排和配套政策，市县政府负责制定本行政区城市和建制镇农业转移人口市民化具体方案和实施细则。

第三步，完善农业转移人口社会参与机制。推进农民工融入企业、子女融入学校、家庭融入社区、群体融入社会，建设包容性城市。提高各级党代会代表、人大代表、政协委员中农民工的比例，积极引导农民工参加党组织、工会和社团组织，引导农业转移人口有序参政议政和参加社会管理。加强科普宣传教育，提高农民工科学文化和文明素质，营造农业转移人口参与社区公共活动、建设和管理的氛围。城市政府和用工企业要加强对农业转移人口的人文关怀，丰富其精神文化生活。

（二）优化城镇化布局和形态并促进各类城市协调发展

根据土地、水资源、大气环流特征和生态环境承载能力，优化城镇化空间布局和城镇规模结构，在《全国主体功能区规划》确定的城镇化地区，按照统筹规划、合理布局、分工协作、以大带小的原则，发展集聚效率高、辐射作用大、城镇体系优、功能互补强的城市群，使之成为支撑全国经济增长、促进区域协调发展、参与国际竞争合作的重要平台。构建以陆桥通道、沿长江通道为两条横轴，以沿海、京哈京广、包昆通道为三条纵轴，以轴线上城市群和节点城市为依托、其他城镇化地区为重要组成部分，大中小城市和小城镇协调发展的"两横三纵"城镇化战略格局。具体来说就要是做到以下几个方面：首先，优化提升东部地区城市群。东部地区城市群主要分布在优化开发区域，面临水土资源和生态环境压力加大、要素成本快速上升、国际市场竞争加剧等制约，必须加快经济转型升级、空间结构优化、资源永续利用和环境质量提升。其次，培育发展中西部地区城市群。中西部城镇体系比较健全、城镇经济比较发达、中心城市辐射带动作用明显的重点开发区域，要在严格保护生态环境的基础上，引导有市场、有效益的劳动密集型产业优先向中西部转移，吸纳东部返乡和就近转移的农民工，加快产业集群发展和人口集聚，培育发展若干新的城市群，在优化全国城镇化战略格局中发挥更加重要作用。最后，建立城市群发展协调机制。统筹制定实施城市群规划，明确城市群发展目标、空间结构和开发方向，明确各城市的功能定位和分工，统筹交通基础设施和信息网络布局，加快推进城市群一体化进程。加强城市群规划与城镇体系规划、土地利用规划、生态环境规划等的衔接，依法开展规划环境影响评价。中央政府负责跨省级行政区的城市群规划编制和组织实施，省级政府负责本行政区内的城市群规划编制和组织实施。

在优化城镇化布局和形态的基础上，还需要进一步促进各类城市协调发展。也就是说，优化城镇规模结构，增强中心城市辐射带动功能，加快发展中小城市，有重点地发展小城镇，促进大中小城市和小城镇协调发展。第一，增强中心城市辐射带动功能。直辖市、省会城市、计划单列市和重要节点城市等中心城市，是我国城镇化发展的重要支撑。沿海中心城市要加快产业转型升级，提高参与全球产业分工的层次，延伸面向腹地的产业和服务链，加快提升国际化程度和国际竞争力。内陆中心城市要加大开发开放力度，健全以先进制造业、战略性新兴产业、现代服务业为主的产业体系，提升要素集聚、科技创新、高端服务能力，发挥规模效应和带动效应。区域重要节点城市要完善城市功能，壮大经济实力，加强协作对接，实现集约发展、联动发展、互补发展。特大城市要适当疏散经济功能和其他功能，推进劳动密集型加工业向外转移，加强与周边城镇基础设施连接和公共服务共享，推进中心城区功能向一小时交通圈地区扩散，培育形成通勤高效、一体发展的都市圈。第二，加快发展中小城市。把加快发展中小城市作为优化城镇规模结构主攻方向，加强产业和公共服务资源布局引导，提升质量，增加数量。鼓励引导产业项目在资源环境承载力强、发展潜力大的中小城市和县城布局，依托优势资源发展特色产业，夯实产业基础。加强市政基础设施和公共服务设施建设，教育医疗等公共资源配置要向中小城市和县城倾斜，引导高等学校和职业院校在中小城市布局、优质教育和医疗机构在中小城市设立分支机构，增强集聚要素的吸引力。第三，有重点发展小城镇。按照控制数量、提高质量，节约用地、体现特色的要求，推动小城镇发展与疏解大城市中心城区功能相结合、与特色产业发展相结合、与服务"三农"相结合。

（三）强化综合交通运输网络支撑

完善综合运输通道和区际交通骨干网络，强化城市群之间交通联系，加快城市群交通一体化规划建设，改善中小城市和小城镇对外交通，发挥综合交通运输网络对城镇化格局的支撑和引导作用。到 2020 年，普通铁路网覆盖 20 万以上人口城市，快速铁路网基本覆盖 50 万以上人口城市；普通国道基本覆盖县城，国家高速公路基本覆盖 20 万以上人口城市；民用航空网络不断扩展，航空服务覆盖全国 90% 左右的人口。首先，完善城市群之间综合交通运输网络。依托国家"五纵五横"综合运输大通道，加强东中部城市群对外交通骨干网络薄弱环节建设，加快西部城市群对外交通骨干网络建设，形成以铁路、高速公路为骨干，以普通国省道为基础，与民航、水路和管道共同组成的连接东西、纵贯南北的综合交通运输网络，支撑国家"两横三纵"城镇化战略格局。其次，构建城市群内部综合交通运输网络。按照优化结构要求，在城市群内部建设以轨道交通和高速公路为骨干，以普通公路为基础，有效衔接大中小城市和小城镇的多层次快速交通运输网络。提升东部地区城市群综合交通运输一体化水平，建成以城际铁路、高速公路为主体的快速客运和大能力货运网络。推进中西部地区城市群内主要城市之间的快速铁路、高速公路建设，逐步形成城市群内快速交通运输网络。再次，建设城市综合交通枢纽。建设以铁路、公路客运站和机场为主的综合客运枢纽，以铁路和公路货运场站、港口和机场为主的综合货运枢纽，优化布局，提升功能。依托综合交通枢纽，加强铁路、公路、民航、水运与城市轨道交通、地面公共交通等多种交通方式的衔接，完善集疏运系统与配送系统，实现客运"零距离"换乘和货运无缝衔接。最后，改善中小城市和小城镇交通条件。加强中小城市和小城镇与交通干线、交通枢纽城市的连接，加快国省干线公路升级改造，提高中小城市和小城镇公路技术等级、通行能力和铁路覆盖率，改善交通条件，提升服务水平。

（四）提高城市可持续发展能力

提高城市可持续发展能力，需要强化城市产业就业支撑。调整优化城市产业布局和结构，促进城市经济转型升级，改善营商环境，增强经济活力，扩大就业容量，把城市打造成创业乐园和创新摇篮。

第一步，优化城市产业结构。根据城市资源环境承载能力、要素禀赋和比较优势，培育发展各具特色的城市产业体系。改造提升传统产业，淘汰落后产能，壮大先进制造业和节能环保、新一代信息技术、生物、新能源、新材料、新能源汽车等战略性新兴产业。适应制造业转型升级要求，推动生产性服务业专业化、市场化、社会化发展，引导生产性服务业在中心城市、制造业密集区域集聚；适应居民消费需求多样化，提升生活性服务业水平，扩大服务供给，提高服务质量，推动特大城市和大城市形成以服务经济为主的产业结构。

第二步，增强城市创新能力。顺应科技进步和产业变革新趋势，发挥城市创新载体作用，依托科技、教育和人才资源优势，推动城市走创新驱动发展道路。营造创新的制度环境、政策环境、金融环境和文化氛围，激发全社会创新活力，推动技术创新、商业模式创新和管理创新。建立产学研协同创新机制，强化企业技术创新主体地位，发挥大型企业创新骨干作用，激发中小企业创新活力。建设创新基地，集聚创新人才，培育创新集群，完善创新服务体系，发展创新公共平台和风险投资机构，推进创新成果资本化、产业化。加强知识产权运用和保护，健全技术创新激励机制。

第三步，营造良好就业创业环境。发挥城市创业平台作用，充分利用城市规模经济产生的专业化分工效应，放宽政府管制，降低交易成本，激发创业活力。完善扶持创业的优惠政策，形成政府激励创业、社会支持创业、劳动者勇于创业新机制。运用财政支持、税费减免、创业投资引导、政策性金融服务、小额贷款担保等手段，为中小企业特别是创业型企业发展提供良好的经营环境，促进以创业带动就业。

提高城市可持续发展能力，还需要优化城市空间结构和管理格局。按照统一规划、协调推进、集约紧凑、疏密有致、环境优先原则，统筹中心城区改造和新城新区建设，提高城市空间利用效率，改善城市人居环境。

第一，改造提升中心城区功能。推动特大城市中心城区部分功能向卫星城疏散，强化大中城市中心城区高端服务、现代商贸、信息中介、创意创新等功能。完善中心城区功能组合，统筹规划地上地下空间开发，推动商业、办公、居住、生态空间与交通站点的合理布局与综合利用开发。制定城市市辖区设置标准，优化市辖区规模和结构。按照改造更新与保护修复并重的要求，健全旧城改造机制，优化提升旧城功能。加快城区老工业区搬迁改造，大力推进棚户区改造，稳步实施城中村改造，有序推进旧住宅小区综合整治、危旧住房和非成套住房改造，全面改善人居环境。

第二，严格规范新城新区建设。严格新城新区设立条件，防止城市边界无序蔓延。因中心城区功能过度叠加、人口密度过高或规避自然灾害等原因，确需规划建设新城新区，必须以人口密度、产出强度和资源环境承载力为基准，与行政区划相协调，科学合理编制规划，严格控制建设用地规模，控制建设标准过度超前。统筹生产区、办公区、生活区、商业区等功能区规划建设，推进功能混合和产城融合，集聚产业的同时集聚人口，防止新城新区空心化。加强现有开发区城市功能改造，推动单一生产功能向城市综合功能转型，为促进人口集聚、发展服务经济拓展空间。

第三，改善城乡接合部环境。提升城乡接合部规划建设和管理服务水平，促进社区化发展，增强服务城市、带动农村、承接转移人口功能。加快城区基础设施和公共服务设施向城乡接合部地区延伸覆盖，规范建设行为，加强环境整治和社会综合治理，改善生活居住条件。保护生态用地和农用地，形成有利于改善城市生态环境质量的生态缓冲地带。

提高城市可持续发展能力，就必须提升城市基本公共服务水平与提高城市规划建设水平。在提升城市基本公共服务水平方面，加强市政公用设施和公共服务设施建设，增加基本公共服务供给，增强对人口集聚和服务的支撑能力。首先，优先发展城市公共交通。将公共交通放在城市交通发展首要位置，加快构建以公共交通为主体的城市机动化出行系统，积极发展快速公共汽车、现代有轨电车等大容量地面公共交通系统，科学有序推进城市轨道交通建设。其次，加强市政公用设施建设。建设安全高效便利的生活服务和市政公用设施网络体系。优化社区生活设施布局，健全社区养老服务体系，完善便民利民服务网络，打造包括物流配送、便民超市、平价菜店、家庭服务中心等在内的便捷生活服务圈。最后，完善基本公共服务体系。根据城镇常住人口增长趋势和空间分布，统筹建设学校、医疗卫生机构、文化设施、体育场所等公共服务设施。在城市规划方面，需适应新型城镇化发展要求，提高城市规划科学性，加强空间开发管制，健全规划管理体制机制，严格建筑规范和质量管理，强化实施监督，提高城市规划管理水平和建筑质量。第一，创新规划理念。把以人为本、尊重自然、传承历史、绿色低碳理念融入城市规划全过程。第二，完善规划程序。完善城市规划前期研究、规划编制、衔接协调、专家论证、公众参与、审查审批、实施管理、评估修编等工作程序，探索设立城市总规划师制度，提高规划编制科学化、民主化水平。第三，强化规划管控。保持城市规划权威性、严肃性和连续性，坚持一本规划一张蓝图持之以恒，防止换一届领导改一次规划。第四，严格建筑质量管理。强化建筑设计、施工、监理和建筑材料、装修装饰等全流程质量管控。严格执行先勘察、后设计、再施工的基本建设程序，加强建筑市场各类主体的资质资格管理，推行质量体系认证制度，加大建筑工人职业技能培训力度。

提高城市可持续发展能力，还必须推动新型城市建设，加强和创新城市社会治理。要顺应现代城市发展新理念新趋势，推动城市绿色发展，提高智能化水平，增强历史文化魅力，全面提升城市内在品质。同时，树立以人为本、服务为先的理念，完善城市治理结构，创新城市治理方式，提升城市社会治理水平。因此，第一，要做到加快绿色城市建设。将生态文明理念全面融入城市发展，构建绿色生产方式、生活方式和消费模式。严格控制高耗能、高排放行业发展。节约集约利用土地、水和能源等资源，促进资源循环利用，控制总量，提高效率。第二，推进智慧城市建设。统筹城市发展的物质资源、信息资源和智力资源利用，推动物联网、云计算、大数据等新一代信息技术创新应用，实现与城市经济社会发展深度融合。第三，注重人文城市建设。发掘城市文化资源，强化文化传承创新，把城市建设成为历史底蕴厚重、时代特色鲜明的人文魅力空间。第四，完善城市治理结构。顺应城市社会结构变化趋势，创新社会治理体制，加强党委领导，发挥政府主导作用，鼓励和支持社会各方面参与，实现政府治理和社会自我调节、居民自治良性互动。坚持依法治理，加强法治保障，运用法治思维和法治方式化解社会矛盾。第五，强化社区自治和服务功能。健全社区党组织领导的基层群众自治制度，推进社区居民依法民主管理社区公共事务和公益事业。第六，创新社会治安综合治理。建立健全源头治理、动态协调、应急处置相互衔接、相互支撑的社会治安综合治理机制。创新立体化社会治安防控体系，改进治理方式，促进多部门城市管理职能整合，鼓励社会力量积极参与社会治安综合治理。第七，健全防灾减灾救灾体制。完善城市应急管理体系，加强防灾减灾能力建设，强化行政问责制和责任追究制。

（五）推动城乡发展一体化

1. 完善城乡发展一体化体制机制

加快消除城乡二元结构的体制机制障碍，推进城乡要素平等交换和公共资源均衡配置，让广大农民平等参与现代化进程、共同分享现代化成果。第一，推进城乡统一要素市场建设。加快建立城乡统一的人力资源市场，落实城乡劳动者平等就业、同工同酬制度。建立城乡统一的建设用地市场，保障农民公平分享土地增值收益。建立健全有利于农业科技人员下乡、农业科技成果转化、先进农业技术推广的激励和利益分享机制。创新面向"三农"的金融服务，统筹发挥政策性金融、商业性金融和合作性金融的作用，支持具备条件的民间资本依法发起设立中小型银行等金融机构，保障金融机构农村存款主要用于农业农村。加快农业保险产品创新和经营组织形式创新，完善农业保险制度。鼓励社会资本投向农村建设，引导更多人才、技术、资金等要素投向农业农村。第二，推进城乡规划、基础设施和公共服务一体化。统筹经济社会发展规划、土地利用规划和城乡规划，合理安排市县域城镇建设、农田保护、产业集聚、村落分布、生态涵养等空间布局。扩大农村公共财政覆盖范围，提高基础设施和公共服务保障水平。统筹城乡基础设施建设，加快基础设施向农村延伸，强化城乡基础设施连接，推动水电路气等基础设施城乡联网、共建共享。加快公共服务向农村覆盖，推进公共就业服务网络向县以下延伸，全面建成覆盖城乡居民的社会保障体系，推进城乡社会保障制度衔接，加快形成政府主导、覆盖城乡、可持续的基本公共服务体系，推进城乡基本公共服务均等化。率先在一些经济发达地区实现城乡一体化。

2. 推动城乡发展一体化，加快农业现代化进程

坚持走中国特色新型农业现代化道路，加快转变农业发展方式，提高农业综合生产能力、抗风险能力、市场竞争能力和可持续发展能力。第一，保障国家粮食安全和重要农产品有效供给。确保国家粮食安全是推进城镇化的重要保障。严守耕地保护"红线"，稳定粮食播种面积。加强农田水利设施建设和土地整理复垦，加快中低产田改造和高标准农田建设。继续加大中央财政对粮食主产区投入，完善粮食主产区利益补偿机制，健全农产品价格保护制度，提高粮食主产区和种粮农民积极性，将粮食生产核心区和非主产区产粮大县建设成为高产稳产商品粮生产基地。第二，提升现代农业发展水平。加快完善现代农业产业体系，发展高产、优质、高效、生态、安全农业。提高农业科技创新能力，做大做强现代种业，健全农技综合服务体系，完善科技特派员制度，推广现代化农业技术。鼓励农业机械企业研发制造先进实用的农业技术装备，促进农机农艺融合，改善农业设施装备条件，耕种收综合机械化水平达到70%左右。第三，完善农产品流通体系。统筹规划农产品市场流通网络布局，重点支持重要农产品集散地、优势农产品产地批发市场建设，加强农产品期货市场建设。加快推进以城市便民菜市场（菜店）、生鲜超市、城乡集贸市场为主体的农产品零售市场建设。实施粮食收储供应安全保障工程，加强粮油仓储物流设施建设，发展农产品低温仓储、分级包装、电子结算。健全覆盖农产品收集、存储、加工、运输、销售各环节冷链物流体系。加快培育现代流通方式和新型流通业态，大力发展快捷高效配送。积极推进"农批对接"、"农超对接"等多种形式的产销衔接，加快发展农产品电子商务，降低流通费用。强化农产品商标和地理标志保护。

3. 推动城乡发展一体化，还需要建设社会主义新农村

坚持遵循自然规律和城乡空间差异化发展原则，科学规划县域村镇体系，统筹安排农村基础设施建设和社会事业发展，建设农民幸福生活的美好家园。第一，提升乡镇村庄规划管理水平。适应农村人口转移和村庄变化的新形势，科学编制县域村镇体系规划和镇、乡、村庄规划，建设各具特色的美丽乡村。按照发展中心村、保护特色村、整治空心村的要求，在尊重农民意愿的基础上，科学引导农村住宅和居民点建设，方便农民生产

生活。第二，加强农村基础设施和服务网络建设。加快农村饮水安全建设，因地制宜采取集中供水、分散供水和城镇供水管网向农村延伸方式解决农村人口饮用水安全问题。继续实施农村电网改造升级工程，提高农村供电能力和可靠性，实现城乡用电同网同价。加强以太阳能、生物沼气为重点的清洁能源建设及相关技术服务。基本完成农村危房改造。完善农村公路网络，实现行政村通班车。加强乡村旅游服务网络、农村邮政设施和宽带网络建设，改善消防安全条件。第三，加快农村社会事业发展。合理配置教育资源，重点向农村地区倾斜。推进义务教育学校标准化建设，加强农村中小学寄宿制学校建设，提高农村义务教育质量和均衡发展水平。积极发展农村学前教育。加强农村教师队伍建设。建立健全新型职业化农民教育、培训体系。优先建设发展县级医院，完善以县级医院为龙头、乡镇卫生院和村卫生室为基础的农村三级医疗卫生服务网络，向农民提供安全价廉可及的基本医疗卫生服务。加强乡镇综合文化站等农村公共文化和体育设施建设，提高文化产品和服务的有效供给能力，丰富农民精神文化生活。完善农村最低生活保障制度。健全农村留守儿童、妇女、老人关爱服务体系。

（六）改革完善城镇化发展体制机制

加强制度顶层设计，尊重市场规律，统筹推进人口管理、土地管理、财税金融、城镇住房、行政管理、生态环境等重点领域和关键环节体制机制改革，形成有利于城镇化健康发展的制度环境。

首先，要对人口与土地管理制度进行深化与改革。在加快改革户籍制度的同时，创新和完善人口服务和管理制度，逐步消除城乡区域间户籍壁垒，还原户籍的人口登记管理功能，促进人口有序流动、合理分布和社会融合。建立居住证制度。全面推行流动人口居住证制度，以居住证为载体，建立健全与居住年限等条件挂钩的基本公共服务提供机制，并作为申请登记居住地常住户口的重要依据。在土地制度改革方面，实行最严格的耕地保护制度和集约节约用地制度，按照管住总量、严控增量、盘活存量的原则，创新土地管理制度，优化土地利用结构，提高土地利用效率，合理满足城镇化用地需求。建立城镇用地规模结构调控机制。严格控制新增城镇建设用地规模，严格执行城市用地分类与规划建设用地标准，实行增量供给与存量挖潜相结合的供地、用地政策，提高城镇建设使用存量用地比例。健全节约集约用地制度。完善各类建设用地标准体系，严格执行土地使用标准，适当提高工业项目容积率、土地产出率门槛，探索实行长期租赁、先租后让、租让结合的工业用地供应制度，加强工程建设项目用地标准控制。深化国有建设用地有偿使用制度改革。扩大国有土地有偿使用范围，逐步对经营性基础设施和社会事业用地实行有偿使用。推进农村土地管理制度改革。全面完成农村土地确权登记颁证工作，依法维护农民土地承包经营权。深化征地制度改革。缩小征地范围，规范征地程序，完善对被征地农民合理、规范、多元保障机制。强化耕地保护制度。严格土地用途管制，统筹耕地数量管控和质量、生态管护，完善耕地占补平衡制度，建立健全耕地保护激励约束机制。

其次，改革完善城镇化发展体制机制，还需要创新城镇化资金保障机制。加快财税体制和投融资机制改革，创新金融服务，放开市场准入，逐步建立多元化、可持续的城镇化资金保障机制。一方面，完善财政转移支付制度。按照事权与支出责任相适应的原则，合理确定各级政府在教育、基本医疗、社会保障等公共服务方面的事权，建立健全城镇基本公共服务支出分担机制。同时，完善地方税体系。培育地方主体税种，增强地方政府提供基本公共服务能力。另一方面，建立规范透明的城市建设投融资机制。在完善法律法规和健全地方政府债务管理制度基础上，建立健全地方债券发行管理制度和评级制度，允许地方政府发行市政债券，拓宽城市建设融资渠道。

在健全城镇住房制度方面，建立市场配置和政府保障相结合的住房制度，推动形成总量基本平衡、结构基本合理、房价与消费能力基本适应的住房供需格局，有效保障城镇常住人口的合理住房需求。第一，健全住房供应体系。加快构建以政府为主提供基本保障、以市场为主满足多层次需求的住房供应体系。第二，健全保障性住房制度。建立各级财政保障性住房稳定投入机制，扩大保障性住房有效供给。完善租赁补贴制度，推进廉租住房、公共租赁住房并轨运行。制定公平合理、公开透明的保障性住房配租政策和监管程序，严格准入和退出制度，提高保障性住房物业管理、服务水平和运营效率。第三，健全房地产市场调控长效机制。调整完善住房、土地、财税、金融等方面政策，共同构建房地产市场调控长效机制。各城市要编制城市住房发展规划，确定住房建设总量、结构和布局。确保住房用地稳定供应，完善住房用地供应机制，保障性住房用地应保尽保，优先安排政策性商品住房用地，合理增加普通商品住房用地，严格控制大户型高档商品住房用地。

最后，完善推动城镇化绿色循环低碳发展的体制机制，实行最严格的生态环境保护制度，形成节约资源和保护环境的空间格局、产业结构、生产方式和生活方式。第一，建立生态文明考核评价机制。把资源消耗、环境损害、生态效益纳入城镇化发展评价体系，完善体现生态文明要求的目标体系、考核办法、奖惩机制。第二，建立国土空间开发保护制度。建立空间规划体系，坚定不移实施主体功能区制度，划定生态保护红线，严格按照主体功能区定位推动发展，加快完善城镇化地区、农产品主产区、重点生态功能区空间开发管控制度，建立资源环境承载能力监测预警机制。第三，实行资源有偿使用制度和生态补偿制度。加快自然资源及其产品价格改革，全面反映市场供求、资源稀缺程度、生态环境损害成本和修复效益。第四，建立资源环境产权交易机制。发展环保市场，推行节能量、碳排放权、排污权、水权交易制度，建立吸引社会资本投入生态环境保护的市场化机制，推行环境污染第三方治理。第五，实行最严格的环境监管制度。建立和完善严格监管所有污染物排放的环境保护管理制度，独立进行环境监管和行政执法。完善污染物排放许可制，实行企事业单位污染物排放总量控制制度。加大环境执法力度，严格环境影响评价制度，加强突发环境事件应急能力建设，完善以预防为主的环境风险管理制度。对造成生态环境损害的责任者严格实行赔偿制度，并依法追究刑事责任。建立陆海统筹的生态系统保护修复和污染防治区域联动机制。开展环境污染强制责任保险试点。

三　新型城镇化特点与趋势

（一）新型城镇化的特点

通过对新型城镇化政策内容的总结，可以将新型城镇化的特点总结如下：

第一，以人为本，公平共享。以人的城镇化为核心，合理引导人口流动，有序推进农业转移人口市民化，稳步推进城镇基本公共服务常住人口全覆盖，不断提高人口素质，促进人的全面发展和社会公平正义，使全体居民共享现代化建设成果。

第二，四化同步，统筹城乡。推动信息化和工业化深度融合、工业化和城镇化良性互动、城镇化和农业现代化相互协调，促进城镇发展与产业支撑、就业转移和人口集聚相统一，促进城乡要素平等交换和公共资源均衡配置，形成以工促农、以城带乡、工农互惠、城乡一体的新型工农、城乡关系。

第三，优化布局，集约高效。根据资源环境承载能力，构建科学合理的城镇化宏观布局，以综合交通网络和信息网络为依托，科学规划建设城市群，严格控制城镇建设用地规模，严格划定永久基本农田，合理控制城镇开发边界，优化城市内部空间结构，促进城市紧凑发展，提高国土空间利用效率。

第四，生态文明，绿色低碳。把生态文明理念全面融入城镇化进程，着力推进绿色发展、循环发展、低碳发展，节约集约利用土地、水、能源等资源，强化环境保护和生态修复，减少对自然的干扰和损害，推动形成绿色低碳的生产生活方式和城市建设运营模式。

第五，文化传承，彰显特色。根据不同地区自然历史文化禀赋，体现区域差异性，提倡形态多样性，防止千城一面，发展有历史记忆、文化脉络、地域风貌、民族特点的美丽城镇，形成符合实际、各具特色的城镇化发展模式。

第六，市场主导，政府引导。正确处理政府和市场关系，尊重市场规律，使市场在资源配置中起决定性作用，更好发挥政府作用，切实履行政府制定规划政策、提供公共服务和营造制度环境的重要职责，使城镇化成为市场主导、自然发展的过程，成为政府引导、科学发展的过程。

第七，统筹规划，分类指导。中央政府统筹总体规划、战略布局和制度安排，加强分类指导；地方政府因地制宜、循序渐进抓好贯彻落实；尊重基层首创精神，鼓励探索创新和试点先行，凝聚各方共识，实现重点突破，总结推广经验，积极稳妥扎实有序推进新型城镇化。

（二）新型城镇化发展面临的问题与未来趋势

根据世界城镇化发展普遍规律，我国仍处于城镇化率的快速发展区间，但延续过去传统粗放的城镇化模式，会带来产业升级缓慢、资源环境恶化、社会矛盾增多等诸多风险，可能落入"中等收入陷阱"，进而影响现代化进程。随着内外部环境和条件的深刻变化，城镇化必须进入以提升质量为主的转型发展新阶段。

　　第一，城镇化发展面临的外部挑战日益严峻。在全球经济再平衡和产业格局再调整的背景下，全球供给结构和需求结构正在发生深刻变化，庞大生产能力与有限市场空间的矛盾更加突出，国际市场竞争更加激烈，我国面临产业转型升级和消化严重过剩产能的挑战巨大；发达国家能源资源消费总量居高不下，人口庞大的新兴市场国家和发展中国家对能源资源的需求迅速膨胀，全球资源供需矛盾和碳排放权争夺更加尖锐，我国能源资源和生态环境面临的国际压力前所未有，传统高投入、高消耗、高排放的工业化城镇化发展模式难以为继。

　　第二，城镇化转型发展的内在要求更加紧迫。随着我国农业富余劳动力减少和人口老龄化程度提高，主要依靠劳动力廉价供给推动城镇化快速发展的模式不可持续；随着资源环境"瓶颈"制约日益加剧，主要依靠土地等资源粗放消耗推动城镇化快速发展的模式不可持续；随着户籍人口与外来人口公共服务差距造成的城市内部二元结构矛盾日益凸显，主要依靠非均等化基本公共服务压低成本推动城镇化快速发展的模式不可持续。工业化、信息化、城镇化和农业现代化发展不同步，导致农业根基不稳、城乡区域差距过大、产业结构不合理等突出问题。我国城镇化发展由速度型向质量型转型势在必行。

　　第三，城镇化转型发展的基础条件日趋成熟。改革开放30多年来我国经济的快速增长，为城镇化转型发展奠定了良好物质基础。国家着力推动基本公共服务均等化，为农业转移人口市民化创造了条件。交通运输网络的不断完善、节能环保等新技术的突破应用，信息化的快速推进，为优化城镇化空间布局和形态，推动城镇可持续发展提供了有力支撑。各地在城镇化方面的改革探索，为创新体制机制积累了经验。

拓展案例

莱西市：加快园林绿化建设　打造宜居幸福新莱西

　　山东省莱西市总面积1568平方公里，2012年5月区划调整后，辖3处街道、8处镇、1个省级经济开发区，全市有村庄861个，人口73.6万。莱西地处胶东半岛几何中心，距青岛、威海、烟台、潍坊4个城市均在1小时车程内，济烟铁路、204国道、莱潍高速、309国道、蓬水路等主干道路在区内纵横穿越，正在建设中的青龙高速莱西市区出口和青荣城际轻轨莱西车站均设在境内，交通十分便利，区位条件优越。目前，全市规划区面积 539 平方公里，主城区建成区面积 31.38 平方公里，建成区人口 26 万人，城镇化水平 58.9%。2012 年，全市完成生产总值 529.88 亿元，同比增长 12.9%；实现地方财政收入 34.86 亿元；完成社会消费品零售额 182.2 亿元，同比增长 16.1%；到账外资 3.17 亿美元，同比增长 4.1%；实际利用内资 110.5 亿元，同比增长 23.1%；实现进出口总额 28.3 亿美元，同比增长 30.2%，其中出口 17.6 亿美元，同比增长 32.1%；城乡居民收入分别达到 27594 元、13623 元，同比分别增长 14.2% 和 17.8%。

近几年来，莱西在新型城镇化政策的引导下，采取了如下措施：

一　把创建"人居环境奖"作为建设园林城市、打造宜居莱西切入点

目前，在城市环境建设上国际、国家、省都设置了人居环境方面的奖项，这些奖项主要是综合反映城镇在改善人居环境方面的总体成就。目前，山东省的寿光、滕州、胶南、胶州等县级城市先后被国家、省评为中国人居奖、山东省人居环境奖和人居环境范例奖等，既改善了城市人居环境，又提升了城市形象和知名度。莱西在巩固"国家环保模范城市"、"生态建设示范区"、"山东省园林城市"成果的基础上，应把创建"中国人居环境奖"、"山东省人居环境奖"作为打造宜居城市的有效平台和载体，使之成为打造宜居城市的新"名片"，提高莱西宜居城市的美誉度。

二　把强化城市规划建设管理作为建设园林城市、打造宜居莱西着力点

一是进一步突出规划引导约束作用。强化阳光规划，建立健全公众参与、专家评审、政府决策"三位一体"的规划审批体制，切实提高规划的龙头性、权威性，更好地发挥规划在宜居城市建设中的科学引导和调控约束作用，促进规划决策的民主化、科学性。坚持把宜居城市理念贯穿于城市总体规划、专项规划、详细规划等各个层面规划的全过程，充分利用城市水资源优势，注重显山露水，加强城市整体景观与公共开放空间规划，突出抓好市区水系保护以及交通路网规划，努力打造山水园林生态宜居城市。二是进一步突出建设求品质。按照"疏解老城、完善新城"的思路，着力拓展城市发展空间，提升中心城区品质。加强城市外围生态绿色建设，加强城市道路两侧建设，构建"人在城中、城在林中"的城市格局。加快洙河公园、沙岭河公园、炉上河公园的改造步伐，切实改变中心城区公园规模偏小、功能不够完善的状况，为市民提供更多适宜休闲的好去处。三是进一步突出管理注重提升。积极推进城市管理重心下移，全面推行"两级政府、三级管理、四级网络"的管理模式，建立"统一领导、属地管理、各司其职、规范运作"的管理格局。加快建立城市数字化管理体系，积极探索网络化、精细化管理模式和发现及时、处置快速、解决有效、监督有力的管理机制，实现城市管理工作常态化、动态化、精细化、无缝隙、全覆盖。加强城市环境综合整治工作，依法清理拆除各类违法违章建筑，加强沿街建筑立面景观、主干道广告牌及城乡接合部环境整治，全力营造整洁、美丽、有序、文明的宜居环境。

三 把湖河整治作为建设园林城市、打造宜居莱西突破点

着力改善城市湖河生态环境。按照"科学规划、截污纳管、景观改造、生态治理、开发利用"的思路，采取系统规划、突出重点、分步实施的办法，加大湖河疏通清理力度，拆除沿河湖影响景观的建筑物，还原生态绿地，加强湖河两岸生态景观整治，打造成为宜居城市的一道亮丽风景线。加强污水处理厂建设和污水管网建设，企业排污全部接入污水管道，提高污水收集率和处理率。

四 把改善民生促进和谐作为打造生态城市的落脚点

建设园林城市、打造宜居莱西，必须与改善民生紧密结合起来。当前，特别是要进一步建立完善多层次、广覆盖的住房供应体系，在继续加强限价房、经济适用房和廉租房等社会保障房建设的同时，加大经济租赁房供应力度，以满足城市居民、企业引进人才等群体的住房需求，努力实现莱西人"住有所居"。强化社区建设和物业管理，尤其要对一些开发早、无物业、设施旧、无维修资金的老旧小区进行环境整治，引进物业管理或采用业主委员会管理模式，积极发动居民参与整治活动，共创美好家园。

莱西市始终坚持以推进城镇化为总抓手，把加快创建"省级园林城市"、"国家级园林城市"和"国家森林城市"摆上提升城镇化质量的突出位置，作为落实科学发展观、构建和谐社会的重要内容来抓，紧紧围绕建设生态园林、绿色园林、品质园林"三个目标"，按照"增绿补绿、丰富色彩、提高品质、完善功能"原则，切实加强园林绿化规划建设管理，加大绿化建设投入，加快绿化施工进度，在新改建绿地、道路绿化改造、行道树栽植补植、景观大树栽植、立体绿化及山头公园改造等景观提升项目上取得了长足进步，全市形成了以城区公共绿地和单位庭院绿化为点、以沿河绿化和沿路绿化为线、以城区整体绿化为面的点、线、面相结合的城市绿化系统。截至目前，全市建成区绿化覆盖面积达到 1351 公顷，绿化覆盖率达到 45.5%；绿地总面积 1300 公顷，绿地率 39.55%；公共绿地总面积 475 公顷，人均公共绿地面积 15.7 平方米，被评为山东省园林城市。

参考文献

1. 李强、陈宇琳、刘精明：《中国城镇化 "推进模式" 研究》，《中国社会科学》2012年第 7 期。

2. 《 "厚道" 的城市化之路》，人民网，2013 年 3 月 4 日。

3. 《中国新型城市化进程面临五大挑战》，中新网，2013 年 4 月 3 日。

4. 王建：《城镇化与中国经济新未来》，中国经济出版社 2013 年版。

5. 《莱西市：加快园林绿化建设 打造宜居幸福新莱西》，中国中小城市网，2013 年10 月 24 日。

6. 易鹏：《中国新路——新型城镇化路径》，西南财经大学出版社 2014 年版。

7. 张占斌、刘瑞、黄锟：《中国新型城镇化健康发展报告》，社会科学文献出版社2014 年版。

8. 杜旻、刘长全：《集聚效应、人口流动与城市增长》，《人口与经济》2014 年第6 期。

9. 《国家新型城镇化规划（2014—2020 年）》，新华网，2015 年 3 月 16 日。

第六章　反腐败永远在路上

十八大以来，以习近平同志为总书记的党中央坚定不移改进作风、坚定不移惩治腐败，党风政风为之一新，党心民心为之一振。落实中央八项规定精神刚刚迈出一步，就试出了人心向背，点燃了人民的希望。

腐败是社会毒瘤。如果任凭腐败愈演愈烈，最终必然亡党亡国。我们党把党风廉政建设和反腐败斗争提到关系党和国家生死存亡的高度来认识，是深刻总结了古今中外的历史教训的。中国历史上因为统治集团严重腐败导致人亡政息的例子比比皆是，当今世界上由于执政党腐化堕落、严重脱离群众导致失去政权的例子也不胜枚举！

习总书记从党和国家事业发展战略高度出发，围绕党风廉政建设和反腐败斗争作出了一系列重要论述，内涵丰富，思想深刻，对于把党风廉政建设和反腐败斗争引向深入，具有十分重要的政治意义、理论意义、实践指导意义。

一　反腐败形势与特点

对反腐败形势的认识是在长期实践和斗争中不断深化的，遏制的目标也是逐步明确的。1993 年，党首次提出，反腐败斗争形势是严峻的，要坚决"制止"腐败现象蔓延的势头。基于这一判断，中央决定中央纪委和监察部合署办公，中央纪委履行党的纪律检查和行政监察两项职能，对党中央全面负责。这是党的纪律检查体制的一次重大改革，目的就是加强党的统一领导。十六大，把纪委"协助党的委员会加强党风建设和组织协调反腐败工作"写入党章。十八大后，党中央审时度势，在"依然严峻"基础上增加了"复杂"二字，这是我们党对形势认识的深化。查办的腐败案件、信访举报的线索、巡视和审计发现的问题、严重违纪违法者的自我忏悔，都有力印证了中央对当前形势判断是完全正确的。

经过驰而不息正风肃纪，"四风"面上有所收敛，但树倒根在，有人仍不把中央的禁令当回事，不知敬畏、依然故我，暗地里搞奢靡享乐，接着玩、接着乐，个别人打高尔夫成瘾。从近期查处的违纪违法案例看，违纪干部没一个是照着中央八项规定精神去做的，全当了耳旁风。作风背后反映的是纪律问题。有的党组织党内生活不严格，组织涣散、纪律松弛，放松甚至放弃对党员干部的管理，造成思想滑坡、自由散漫、不守规矩，党组织凝聚力、战斗力大打折扣。有的领导干部政治纪律和政治规矩、组织纪律意识严重丧失，甚至变着法子规避组织监督。无数案例表明，领导干部往往从违反纪律开始，进而违法。改进作风、严明纪律，任重道远。

与十几年前相比，腐败问题的严峻程度和复杂程度大大增加。区域性腐败和领域性腐败交织，有的地方和单位"一把手"连续发案，窝案、串案、区域性系统性腐败滋生蔓延；权力"寻租"、"设租"领域不断扩散，土地出让、房地产开发、矿产资源、工程项目等领域成为腐败重灾区，文化、教育、卫生、体育等行业在产业化、市场化过程中，也渐渐成为腐败多发区。用人腐败和用权腐败交织，买官卖官、跑官要官、带病提拔、带病在岗问题屡禁不绝，一些地方甚至出现严重拉票贿选；有的领导干部一家两制，国企领导亲属"靠车吃车"、"靠船吃船"，靠什么吃什么，一人当官、全家发财，一人出事带出一串。更为严重的是，腐败问题与政治问题交织，有的人既被围猎又搞围猎，官官勾结、官商勾结、利益输送；热衷于和有特殊背景的人交结，拉帮结伙、人身依附；在政治上当"两面人"，搞小圈子、耍阴谋诡计。这些问题严重恶化政治生态，反腐惩恶任务依然十分艰巨。

从近两年查处的案件和巡视发现问题来看，反腐败斗争形势依然严峻复杂，主要是在实现不敢腐、不能腐、不想腐上还没有取得压倒性胜利，腐败活动减少了但并没有绝迹，反腐败体制机制虽建立了但还不够完善，思想教育加强了但思想防线还没有筑牢，减少腐败存量、遏制腐败增量、重构政治生态的工作艰巨繁重。因此，党风廉政建设和反腐败斗争永远在路上。有全党上下齐心协力，有人民群众鼎力支持，我们一定能够打赢党风廉政建设和反腐败斗争这场攻坚战、持久战。

"严峻"有目共睹，"复杂"更是现阶段特征。党风廉政建设和反腐败斗争永远在路上，意味着我们的工作只有进行时，必须踩着不变的步伐，拿出踏石留印、抓铁有痕的劲头，一步一个脚印、扎扎实实地干下去，坚决遏制腐败蔓延势头。要运用辩证唯物主义和历史唯物主义驾驭现实，用历史、哲学、文化思考支撑信心。腐败，自有人类文明史以来就一直存在，古今中外、概莫能外。任何公权力都面临被腐败侵蚀的风险，执政党永远会面对与腐败的斗争。党风廉政建设和反腐败斗争是一个长期的历史过程，不可能一蹴而就。作为执政的中国共产党，必须通过不断实践和制度创新，解决好自我监督和纪律约束问题，战胜长期执政条件下面临的各种风险和挑战，实现党的自我完善、自我净化、自我革新，使广大党员坚定理想信念，密切党同人民群众的血肉联系，确保党始终成为中国特色社会主义事业的坚强领导核心。

二 反腐败工作的新要求新任务

习近平总书记2015年1月13日在中国共产党第十八届中央纪律检查委员会第五次全体会议上发表重要讲话。他强调，要按照全面建成小康社会、全面深化改革、全面依法治国、全面从严治党的要求，坚持思想建党和制度治党，严明政治纪律和政治规矩、加强纪律建设，深化纪律检查体制改革、完善党风廉政建设法规制度，落实"两个责任"、强化监督执纪问责，持之以恒落实中央八项规定精神，坚决遏制腐败现象蔓延势头，坚守阵地、巩固成果、深化拓展，坚定不移推进党风廉政建设和反腐败斗争。

2014年，党风廉政建设和反腐败斗争成效明显。我们党从关系党和国家生死存亡的高度，以强烈的历史责任感、深沉的使命忧患感、顽强的意志品质推进党风廉政建设和反腐败斗争，坚持无禁区、全覆盖、零容忍，严肃查处腐败分子，着力营造不敢腐、不能腐、不想腐的政治氛围。中央纪委贯彻党中央决策部署，聚焦中心任务，发挥职能作用，创造性开展工作，各项工作取得新成效。进一步加大反腐败斗争力度，加强党的纪律建设，聚焦"四风"强化执纪监督，增加巡视组数量和巡视频率，加大治本力度，锐意推进纪律检查体制改革。坚决查处了周永康、徐才厚、令计划、苏荣等严重违纪违法案件，向世人证明中国共产党敢于直面问题、纠正错误，勇于从严治党、捍卫党纪，善于自我净化、自我革新。全党必须牢记，反对腐败是党心民心所向。有党心民心作为力量源泉，反腐败斗争必定胜利。

习近平就做好今年党风廉政建设和反腐败工作提出四个重点要求。第一，严肃责任追究，强化党风廉政建设主体责任，各级党委（党组）要切实把党风廉政建设当作分内之事、应尽之责，进一步健全制度、细化责任、以上率下。各级党组织要深入开展理想信念和宗旨教育，筑牢思想上拒腐防变的堤坝。第二，横下一条心纠正"四风"，常抓抓出习惯、抓出长效，在坚持中见常态，向制度建设要长效，强化执纪监督，把顶风违纪搞"四风"列为纪律审查的重点。第三，保持高压态势不放松，查处腐败问题，必须坚持"零容忍"的态度不变、猛药去疴的决心不减、刮骨疗毒的勇气不泄、严厉惩处的尺度不松，发现一起查处一起，发现多少查处多少，把反腐利剑举起来，形成强大震慑。第四，深化党的纪律检查体制改革，加强制度创新，强化上级纪委对下级党委和纪委的监督，推动纪委双重领导体制落到实处。

加强纪律建设，把守纪律、讲规矩摆在更加重要的位置。党章是全党必须遵循的总章程，也是总规矩。党的纪律是刚性约束，政治纪律更是全党在政治方向、政治立场、政治言论、政治行动方面必须遵守的刚性约束。国家法律是党员、干部必须遵守的规矩。党在长期实践中形成的优良传统和工作惯例也是重要的党内规矩。纪律是成文的规矩，一些未明文列入纪律的规矩是不成文的纪律；纪律是刚性的规矩，一些未明文列入纪律的规矩是自我约束的纪律。我们党在长期实践中形成的优良传统和工作惯例，经过实践检验，约定俗成、行之有效，需要全党长期坚持，并自觉遵循。

讲规矩是对党员、干部党性的重要考验，是对党员、干部对党忠诚度的重要检验。遵守政治纪律和政治规矩，必须维护党中央权威，在任何时候任何情况下都必须在思想上政治上行动上同党中央保持高度一致；必须维护党的团结，坚持五湖四海，团结一切忠实于党的同志；必须遵循组织程序，重大问题该请示的请示，该汇报的汇报，不允许超越权限办事；必须服从组织决定，绝不允许搞非组织活动，不得违背组织决定；必须管好自己的亲属和身边工作人员，不得默许他们利用特殊身份谋取非法利益。各级党组织要把严守纪律、严明规矩放到重要位置来抓，努力在全党营造守纪律、讲规矩的氛围。各级领导干部特别是高级干部要牢固树立纪律和规矩意识，在守纪律、讲规矩上做表率。各级党委要加强监督检查，对不守纪律的行为要严肃处理。

党的十八届三中全会做出全面深化改革重大部署，党的十八届四中全会对全面推进依法治国做出战略部署，体现了"破"和"立"的辩证统一。深入推进党风廉政建设和反腐败斗争，同样要做好"破"和"立"这两篇文章。反腐倡廉建章立制要着重抓好四方面的制度建设。一是着力健全党内监督制度，着手修订党员领导干部廉洁从政若干准则、中国共产党纪律处分条例、巡视工作条例，突出重点、针对时弊。二是着力健全选人用人管人制度，加强领导干部监督和管理，敦促领导干部按本色做人、按角色办事。三是着力深化体制机制改革，最大限度减少对微观事务的管理，推行权力清单制度，公开审批流程，强化内部流程控制，防止权力滥用。四是着力完善国有企业监管制度，加强党对国有企业的领导，加强对国企领导班子的监督，搞好对国企的巡视，加大审计监督力度。国有资产资源来之不易，是全国人民的共同财富。要完善国有资产资源监管制度，强化对权力集中、资金密集、资源富集的部门和岗位的监管。

各级纪检监察机关要聚焦党风廉政建设和反腐败斗争，强化监督执纪问责，深化转职能、转方式、转作风，更好地履行党章赋予的职责。广大纪检监察干部要敢于担当、敢于监督、敢于负责，努力成为一支忠诚、干净、有担当的纪检监察队伍。

王岐山在《依法治国依规治党坚定不移推进党风廉政建设和反腐败斗争》工作报告中指出，习近平总书记站在党和国家全局高度，深刻分析了党风廉政建设和反腐败斗争形势，明确提出当前和今后一个时期工作的总体要求和主要任务。讲话旗帜鲜明、立场坚定，激浊扬清、振聋发聩，展示出全面从严治党的坚强意志，体现了崇高的党性品格和担当精神。学习宣传贯彻落实习近平总书记重要讲话精神，是全党的重要政治任务。各级党委和纪委要迅速传达学习，紧密联系实际，学深悟透、融会贯通，指导实践、推动工作。要坚决落实习近平总书记要求，切实担负起党风廉政建设主体责任和监督责任，加强纪律建设，严明党的政治纪律和政治规矩，坚决纠正"四风"，遏制腐败蔓延势头，加强制度建设，强化党内监督，不断把党风廉政建设和反腐败斗争引向深入。

三 习近平对反腐败工作的重要论述

开展党风廉政建设和反腐败斗争，是党中央从关系党和国家生死存亡的高度上，坚持党要管党、从严治党，根据党的建设中存在的突出问题、面临的严峻形势和人民群众的强烈要求做出的重大决策，是习近平总书记和党中央重点抓的一项重大政治任务。深入落实中央八项规定精神，纠正"四风"，取得明显成效。党中央坚决查处了周永康、徐才厚、令计划、苏荣等严重违纪违法案件，一大批腐败分子受到惩处。反腐败斗争深得党心民心，广大干部群众拍手称快，在国际上也赢得普遍赞誉。

习近平总书记高度重视这项工作，总揽全局，亲自部署，具体指导，发表大量重要论述。在党的十八大闭幕的第二天，刚刚当选中共中央总书记、中央军委主席的习近平同志就向全党全国人民表明了党要管党、从严治党的坚定决心和责任担当。他在当天发表的《在中共十八届一中全会上的讲话》、《在十八届中央政治局常委同中外记者见面时的讲话》、《在中央军委常务会议上的讲话》中，都对党风廉政建设和反腐败斗争作了专门论述。强调：打铁还需自身硬。党内不正之风和腐败问题是人民群众最不满意的，必须下大气力解决。要坚持有案必查、有腐必惩，绝不允许党内有腐败分子藏身之地。

习近平总书记抓党风廉政建设和反腐败斗争，首先从立规矩、讲规矩开始。2012 年 11 月 16 日，他在《认真学习党章，严格遵守党章》中明确指出，党章就是党的根本大法，是全党必须遵循的总规矩。12 月 4 日《在中央政治局会议上关于改进工作作风、密切联系群众的讲话》进一步指出，新一届中央领导集体要定规矩，中央八项规定就是很重要的规矩。同日，《在首都各界纪念现行宪法公布施行三十周年大会上的讲话》中强调，各级党组织和党员领导干部要带头厉行法治，不断推进各项治国理政活动的制度化、法律化。他指出，法律是治国理政最大最重要的规矩。

习近平总书记关于党风廉政建设和反腐败斗争的论述，集中反映在两个方面的重要讲话中，是全面学习理解习近平同志这方面思想观点的基本文献。

一是关于中央纪委工作和巡视工作的一系列重要讲话。包括：2013

年 1 月 22 日在中央纪委二次全会上的讲话，2014 年 1 月 14 日在中央纪委三次全会上的讲话，2015 年 1 月 13 日在中央纪委五次全会上的讲话；2013 年 4 月 25 日《在中央政治局常委会审议〈关于中央巡视工作领导小组第一次会议研究部署巡视工作情况的报告〉时的讲话》，2013 年 9 月 26 日、2014 年 1 月 23 日、6 月 26 日、10 月 16 日在中央政治局常委会分别审议和听取中央巡视组 2013 年上半年、2013 年下半年、2014 年首轮、2014 年第二轮巡视情况汇报时的讲话。

二是关于党的群众路线教育实践活动的一系列重要讲话。包括：2013 年 6 月 18 日《在党的群众路线教育实践活动工作会议上的讲话》，2014 年 1 月 20 日《在党的群众路线教育实践活动第一批总结暨第二批部署会议上的讲话》，10 月 8 日《在党的群众路线教育实践活动总结大会上的讲话》；2013 年 7 月 11、12 日《在河北调研指导党的群众路线教育实践活动时的讲话》，9 月 23—25 日《在参加河北省委常委班子专题民主生活会时的讲话》；2014 年 3 月 18 日《在河南省兰考县委常委扩大会议上的讲话》，5 月 9 日《在参加河南省兰考县委常委班子专题民主生活会时的讲话》。2013 年 12 月 9 日、2014 年 8 月 27 日分别在京听取河北省委、兰考县委和河南省委党的群众路线教育实践活动情况汇报时的讲话。习近平总书记在军队党的群众教育实践活动中也发表多次重要讲话。

习近平总书记还在党的十八届二中、三中、四中全会上以及 2013 年 4 月 19 日《在十八届中央政治局第五次集体学习时的讲话》，6 月 28 日《在全国组织工作会议上的讲话》，8 月 19 日《在全国宣传思想工作会议上的讲话》；2014 年 1 月 7 日《在中央政法工作会议上的讲话》，6 月 30 日《在十八届中央政治局第十六次集体学习时的讲话》等重要讲话中，对党风廉政建设和反腐败斗争都做了重要论述。

习近平总书记这些重要论述，内涵丰富，思想深刻，系统阐释了党风廉政建设和反腐败斗争的重大理论问题和实践问题，为新形势下深入推进党风廉政建设和反腐败斗争提供了思想武器和行动指南。学习这些重要论述，对于深刻理解党风廉政建设和反腐败斗争的重要性和紧迫性，充分认识其长期性、复杂性、艰巨性，系统把握总体思路和主要任务，把党风廉政建设和反腐败斗争不断引向深入、不断取得重大成效，具有重要政治意义、理论意义和实践指导意义。

《习近平关于党风廉政建设和反腐败斗争论述摘编》是从大量的、有丰富思想内容的重要讲话中选编而成。全书从习近平总书记2012年11月15日至2014年10月23日的42篇讲话、文章、批示中选编了8万字、216段重要论述，分为九个部分。

第一部分，"党风廉政建设和反腐败斗争是我们必须抓好的重大政治任务"。这部分是讲意义。文中指出，实现"两个一百年"奋斗目标，实现中华民族伟大复兴的"中国梦"，必须把我们党建设好。腐败问题对我们党的伤害最大，严惩腐败分子是党心民心所向，要提高到关系党和国家生死存亡的高度上来认识，要有强烈的危机感和使命感。

第二部分，"党风廉政建设和反腐败斗争形势依然严峻复杂"。这部分是讲形势。文中指出，党风廉政建设和反腐败斗争是一项长期的、复杂的、艰巨的任务，不可能毕其功于一役。从巡视情况看，印证了中央对反腐败斗争形势依然严峻复杂的判断，从严治党任务紧迫，不可有丝毫懈怠。作风建设是攻坚战，也是持久战。

第三部分，"从严治党，严明党的纪律"。这部分强调讲政治。文中指出，党的纪律是全党必须遵守的行为准则。从严治党要靠严明党的纪律，首要的是严明政治纪律，最核心的是同党中央保持高度一致，自觉维护中央权威。

第四部分，"落实党委的主体责任和纪委的监督责任"。这部分是讲责任制。文中指出，抓好党风廉政建设和反腐败斗争，必须全党动手。各级党委对职责范围内的党风廉政建设负有全面领导责任，党委主要负责人是第一责任人。各级纪委要履行好监督责任，更好地发挥党内监督专门机关作用。

第五部分，"深入落实中央八项规定精神，坚持不懈纠正'四风'"。这部分是讲作风建设。文中指出，中央八项规定是很重要的规矩，是一个切入口和动员令。教育实践活动的主要任务是聚焦解决"四风"问题。作风问题具有顽固性和反复性。解决"四风"问题没有"休止符"，一直是进行时，没有完成时。作风建设永远在路上。

第六部分，"以'零容忍'态度惩治腐败，坚决遏制腐败现象蔓延势头"。这部分是讲决心。文中指出，要坚持有案必查、有腐必惩，任何人触犯党纪国法都要依法依纪严肃查处，绝不姑息。要坚持"老虎"、"苍蝇"一起打。要持续保持高压态势，不定指标，上不封顶，凡腐必反，除恶务尽。

第七部分，"用好巡视这把反腐'利剑'"。这部分是讲巡视工作，文中指出，巡视工作要围绕党风廉政建设和反腐败斗争这个中心进行，就是要发现和反映问题，无论是谁，都在巡视监督的范围之内。巡视组要当好中央的"千里眼"，找出"老虎"、"苍蝇"，确保巡视成果落到实处。

第八部分，"把权力关进制度的笼子里"。这部分是讲制度建设，文中指出，要坚持破立并举，注重建章立制，加强对权力运行的制约和监督，把权力关进制度的笼子里，形成不敢腐的惩戒机制、不能腐的防范机制、不易腐的保障机制。坚持制度面前人人平等，坚决纠正有令不行、有禁不止行为。

第九部分，"筑牢拒腐防变的思想道德防线"。这部分是讲理想信念。文中指出，反腐倡廉是一个复杂的系统工程，从思想道德抓起具有基础性作用。要加强党性教育和党性修养，加强反腐倡廉教育和廉政文化建设，不断夯实党员干部廉洁从政的思想道德基础，筑牢拒腐防变的思想道德防线。

四　深刻体会精神，把握反腐败工作要点

一是充分体现了习近平总书记对党和人民事业高度负责的精神和强烈的使命感。他从党和国家生死存亡的高度，着眼于实现中华民族伟大复兴来思考、谋划和推动党风廉政建设和反腐败斗争，信念坚定、正气凛然，给全党和全国人民以巨大的勇气和信心。

二是充分表明了习近平总书记对目前党内存在的突出问题和面临的严峻形势的清醒认识。他深入实际，广泛调研，不回避问题，不遮遮掩掩，明确地、透彻地揭露出作风问题和腐败问题的种种表现，一针见血，使全党警醒。

三是充分表现了习近平总书记强力反腐的坚强决心。他讲了很多狠话，语言犀利，态度鲜明，疾恶如仇，摄人心魄。读后给人强烈的心灵震撼，留下深刻印象，腐败分子受到极大震慑，广大干部群众畅快淋漓。

四是充分彰显了习近平总书记高超的领导智慧和工作方法。面对严峻复杂的反腐败斗争形势，聚焦作风，要求中央政治局带头，从一件件具体的事抓起，亲自指导，不断推进，环环相扣，一些群众反映强烈的突出问

题得到有效解决，刹住了许多人认为不可能刹住的歪风邪气，党风政风为之一新，党心民心为之一振。

五是充分反映了习近平总书记关于党风廉政建设的独创性思想观点。着眼于全面从严治党，提出一系列新的理念、思路、举措，就坚持党的群众路线、遵守党的政治纪律和政治规矩、坚持和发扬民主集中制、加强巡视工作等，提出许多新的要求，论述精辟，思想深刻，理论性强，是对党的建设理论的最新发展。经过实践探索和理论总结，我们正在走出一条具有中国特色的反腐倡廉道路。

《习近平关于党风廉政建设和反腐败斗争论述摘编》九个部分的内容，要全面系统学习掌握。

第一，关于政治纪律和政治规矩。习近平总书记在讲话中强调，要把守纪律讲规矩摆在更加重要的位置。在所有党的纪律和规矩中，第一位的是政治纪律和政治规矩。党章、党的纪律、国家法律是党员干部必须遵守的规矩，我们党在长期实践中形成的优良传统和工作惯例也是重要的党内规矩。讲规矩是对党员干部党性的重要考验，是对党员干部对党忠诚度的重要检验。要十分明确地强调、十分坚定地执行政治纪律和政治规矩。各级领导干部特别是高级干部要牢固树立纪律和规矩意识，在守纪律、讲规矩上做表率，自觉做政治上的"明白人"。

习近平总书记集中地讲政治纪律和政治规矩问题，主要有三次。这是一次，之前还有过两次。一次是在中央纪委二次全会上的讲话。论述摘编收入其中的六段论述。习近平总书记指出：严明党的纪律，首要的就是严明政治纪律。党的纪律是多方面的，但政治纪律是最重要、最根本、最关键的纪律。政治纪律是各级党组织和全体党员在政治方向、政治立场、政治言论、政治行为方面必须遵守的规矩，是维护党的团结统一的根本保证。遵守党的政治纪律，最核心的就是坚持党的领导，坚持党的基本理论、基本路线、基本纲领、基本经验、基本要求，同党中央保持高度一致，自觉维护中央权威。一个政党，不严明政治纪律，就会分崩离析。党内绝不允许有不受党纪国法约束，甚至凌驾于党章和党组织之上的特殊党员。

另一次是在十八届四中全会第二次全体会议上的讲话。论述摘编收入其中的四段论述。习近平总书记从讲政治的高度，深刻阐述了加强政治纪律和政治规矩的极端重要性和严肃性。指出：我们党作为马克思主义政党，讲政治是突出的特点和优势。政治纪律和政治规矩这根弦不能松。干部在政治上出问题，对党的危害不亚于腐败问题，有的甚至比腐败问题更严重。在政治问题上，任何人同样不能越过红线，越过了就要严肃追究其政治责任。有些事情在政治上是绝不能做的，做了就要付出代价，谁都不能拿政治纪律和政治规矩当儿戏。习近平总书记精辟概括了"七个有之"，对无视党的政治纪律和政治规矩的行为给予深刻揭露，画出了底线，亮出了红线。

第二，关于纠正"四风"。经过党的群众路线教育实践活动"四风"问题有所收敛，但是不能松劲，必须清醒认识"四风"问题的顽固性、反复性、变异性和传染性。解决"四风"问题不可能一蹴而就、一劳永逸。习近平总书记在讲话中强调：必须横下一条心纠正"四风"，常抓抓出习惯、抓出长效，在坚持中见常态，向制度建设要长效，强化执纪监督，把顶风违纪搞"四风"列为纪律审查的重点。学习论述摘编第五部分，可以帮助我们深入理解习近平总书记关于解决"四风"问题的重要要求，概括起来讲就是要坚持标本兼治，在抓常、抓细、抓长上下功夫，使作风建设常态化、长效化。

强调抓常，就是要"经常抓、见常态"。风气养成重在日常教化，要经常分析班子和干部队伍作风状况、干群关系状况，及时掌握苗头性、倾向性问题。要坚持纠"四风"和树新风并举，以优良的党风带动民风社风，倡导时代新风。作风建设贵在常抓不懈，要使之形成一种习惯、一种风气。

强调抓细，就是要"深入抓、见实招"。作风建设，重在抓细节，必须环环抓。最重要的是抓好落实，言必行、行必果。对老百姓关心的突出问题，要采取针对性、操作性、指导性强的举措，一件件解决好，让大家感到我们是能办成事的，而且是认真办事的。这样才能取信于民、取信于全党。

强调抓长，就是要"持久抓、见长效"。作风建设，重在持久，必须反复抓。纠风之难，难在防止反弹。要以踏石留印、抓铁有痕的劲头抓下去，扭住不放，持之以恒，久久为功。要坚持标本兼治，努力形成系统完备的制度体系，确保改进作风规范化、常态化、长效化，切实防止"四风"问题反弹。

党风廉政建设和反腐败斗争永远在路上，解决"四风"问题，一直是进行时，没有完成时。全党必须保持常抓的韧劲、长抓的耐心，把作风建设不断引向深入，努力营造风清气正的良好政治生态，为推动改革发展提供强大正能量。

第三，关于巡视工作。习近平总书记高度重视巡视工作，多次主持召开中央政治局常委会听取巡视情况汇报并发表重要讲话。两年多来，巡视工作的强度、力度和效果前所未有，在党风廉政建设和反腐败斗争中发挥了重要的震慑作用和遏制作用。在这次讲话中，习近平总书记对巡视工作提出新的更高要求。论述摘编第七部分收入的就是这方面的论述，均为首次公开发表。

明确巡视工作的职责定位。巡视是党章赋予的重要职责，是加强党的建设的重要举措，是从严治党、维护党纪的重要手段，是加强党内监督的重要形式。巡视工作的定位要明确，要聚焦党风廉政建设和反腐败工作这个中心进行，围绕"四个着力"发现问题。要增强对党负责的政治意识、发现问题的责任意识、敢于提出问题的党性意识，切实加强对党组织领导班子及其成员特别是主要负责人的监督。

用好巡视这把反腐"利剑"。巡视工作就是要发现和反映问题，找出"老虎"、"苍蝇"。对于巡视发现的线索要分类处置，做到件件有着落。凡是涉及腐败问题的，都要一查到底，一网打尽，有多少就处理多少。因巡视成果运用不到位又发生重大问题的，必须严肃追究责任，确保巡视成果落到实处。

创新巡视工作方式方法。要在总结经验的基础上，适应形势发展，推动巡视内容、方式方法、制度建设等方面与时俱进，完善工作机制，充分发挥巡视机动性、灵活性的特点，增强巡视工作的针对性、实效性。专项巡视要全面展开，加快节奏频率，扩大范围，闻风而动、出其不意，哪里有反映就奔向哪里。对巡视过的地区和部门可以随时杀个回马枪、来个"回头看"。

第四，关于制度建设。习近平总书记在讲话中强调：要全面深化改革，推进反腐倡廉制度建设，做好"破"和"立"两篇文章。反腐倡廉建章立制要着重抓好四个方面的制度建设，即健全党内监督制度、健全选人用人管人制度、深化体制机制改革、完善国有企业监管制度。

关于加强制度建设，习近平总书记做过许多重要论述。论述摘编第八部分收入的就是这方面的内容。

　　如何靠制度更有效地防治腐败，是我们面临的一个重大课题。腐败案件暴露的问题，除了理想信念动摇、宗旨意识淡薄这一重要原因外，还有体制机制上的原因。制度好可以使坏人无法任意横行，制度不好可以使好人无法充分做事，甚至会走向反面。因此，习近平总书记强调，一定要坚持破立并举，注重建章立制，加强对权力运行的制约和监督，把权力关进制度的笼子里，形成不敢腐的惩戒机制、不能腐的防范机制、不易腐的保障机制。

　　完善监督制度。反腐倡廉的核心是制约和监督权力。要加强党内监督、人大监督、民主监督、行政监督、司法监督、审计监督、社会监督、舆论监督，形成科学有效的权力运行和监督体系，增强监督合力和实效，做到有权必有责、用权受监督、失职要问责、违法要追究，保证人民赋予的权力始终用来为人民谋利益。要着力改进对领导干部特别是"一把手"的监督，认真执行民主集中制。

　　坚持用制度管权管事管人。要推行权力清单制度，公开审批流程，防止权力滥用。要着力完善国有企业监管制度，完善国有资产资源监管制度，强化对权力集中、资金密集、资源富集的部门和岗位的监管。要加强对干部经常性的管理监督，形成严格约束，让他们始终有如履薄冰、如临深渊的警觉。

　　增强制度执行力。制度不在多，而在于精，在于务实管用，突出针对性和指导性。牛栏关猫是不行的！要搞好配套衔接，做到彼此呼应，增强整体功能。要坚持制度面前人人平等、执行制度没有例外，不留"暗门"、不开"天窗"，坚决维护制度的严肃性和权威性，坚决纠正有令不行、有禁不止行为，使制度成为硬约束而不是"橡皮筋"。

　　增强依法执政意识。推进国家治理体系和治理能力现代化，必须坚持依法治国，为党和国家事业发展提供根本性、全局性、长期性的制度保障。要坚持以法治的理念、法治的体制、法治的程序开展工作，改进党的领导方式和执政方式，推进依法执政制度化、规范化、程序化。要善于用法治思维和法治方式反对腐败，加强反腐败国家立法，加强反腐倡廉党内法规制度建设，让法律制度刚性运行。

　　在面对的内外挑战中，最根本的还是来自党内，不正之风和腐败就是来自党内的挑战之一。人心向背是最大的政治问题。人民群众痛恨腐败，反对腐败是党心民心所向。如果我们党不能遏制不正之风和腐败蔓延的势头，任由其横行，就会丧失宝贵战略机遇期，最终将导致脱离群众，失去人民的信任和支持，动摇党的执政之基。

冰冻三尺非一日之寒。不正之风和腐败问题长期积累，解决起来也非一日之功。习近平总书记在中央纪委五次全会上深刻分析当前形势，系统论述了反腐败斗争的严峻性、复杂性，强调在实现不敢腐、不能腐、不想腐上还没有取得压倒性胜利。从查处的案件和巡视发现的问题看，"四风"问题面上有所收敛，但是病根未除，禁而不绝；近年来腐败现象趋于严重化，高压之下腐败分子有所震慑，但还在窥测。腐败滋生蔓延，根本原因在于一些领导干部党的观念淡漠，组织涣散、纪律松弛。一些党委主体责任缺失，管党治党不力。有的被查处的高级领导干部在忏悔中甚至说，自己基本上没有党的观念，从来没感觉到还有党的组织存在。这些问题都反映出，管党治党、重构政治生态的任务相当艰巨。全面从严治党，关键在治、要害在严，必须贯穿到党的建设各个环节。

形势决定任务，也决定工作方针和方法。党风廉政建设和反腐败是一场输不起的斗争，是全面从严治党的重要内容和有力支撑。面对依然严峻复杂的形势，现阶段的目标任务就是遏制，要坚决遏制腐败蔓延势头；工作重点就是查处十八大后不收敛、不收手，问题线索反映集中、群众反映强烈，现在重要岗位且可能还要提拔使用的领导干部，三种情况同时具备的是重中之重。要用最坚决的态度减少腐败存量，用最果断的措施遏制腐败增量，使我们党始终保持先进性和纯洁性，成为中国特色社会主义事业的坚强领导核心。

推进党风廉政建设和反腐败斗争既要治标，也要治本，两手都要抓、两手都要硬。五次全会工作报告，标题就强调"依规治党"。依规治党首先要扎紧制度的笼子，深化纪检体制改革、推进制度建设。形势是严峻的，承诺是有力的。只要全党一起努力，保持坚强政治定力，把中央的要求一项项落实下去，我们就一定能从严峻复杂的形势中走出来。

五　国际反腐败形势分析

全球联手治理腐败，使其有所遏制，但腐败仍处在高发状态，且遍布全球触及各个角落。同上一年比，腐败总体趋势仍处于高发频发状态。欧洲委员会备忘录（布鲁塞尔，2014年2月）显示，一些国家腐败盛行居高不下。

根据欧洲"晴雨表"调查委员会公布的数据来看，欧洲人认为，腐败仍然是各欧盟成员国的一个主要问题，而腐败的水平，在过去三年里一直处于上升阶段。根据《欧盟2014年反腐败报告综述》分析，商业、政治、腐败相交织状态日益明显。81%的欧洲人认为，在他们国家，商业和政治之间的紧密联系是导致腐败的重要原因。

2014年国际腐败高发领域集中在：能源、矿产、石油和天然气、化工、医疗和药品，电子工程，机动车辆，建筑，电信和信息技术，金融服务、银行和投资六大行业。腐败给社会福祉带来重创。2014年2月欧盟委员会首次就28个成员国的腐败状况发表反腐败调查报告称，腐败每年给所有成员国造成的经济损失达1200亿欧元。

2014年国外腐败凸显以下特征：

第一，"官商勾结"形成利益共同体。韩国时间2014年4月16日上午8时58分许，韩国一艘载有476人的"世越号"（原译为"岁月号"）客轮在全罗南道珍岛郡海域发生浸水事故，之后沉没。该事故已造成288人遇难，16人失踪。韩国总统朴槿惠于当年5月19日在青瓦台就"世越号"沉船事故发表《对国民谈话》说，政府将彻查在与清海镇海运公司勾结的势力，并严厉打击在社会各界蔓延的贪污腐败现象，根除官商勾结，确保国民生命和安全不再受到威胁。

第二，跨国性腐败勾结紧密。随着经济和社会生活的国际化全球化发展，腐败冲破国界，呈现有预谋、跨国化的趋势。一些大企业跨国子公司和分公司，以支付巨额咨询费、赠送有价证券、提供免费旅游或考察机会等手段贿赂外国政府官员，成为海外扩张一种彼此心照不宣的商业"潜规则"。

第三，赋予腐败制度化、合法化。位于美国中北部的伊利诺伊州。该州9任州长中有5人曾因涉嫌腐败案件被起诉，其中4位州长最终锒铛入狱。究其原因是美国的政治选举制度客观上为官员腐败创造了条件。利益集团可以向竞选者提供巨额竞选资金，甚至进行权钱交易。这样在美国政治发展进程中，腐败的行为逐渐演化成政治过程中的正常部分。美国有研究指出，金钱和政治联系日益密切，表现在政治献金，拥有金钱的人很容易用钱贿赂公职人员，买通公权力为其私人利益服务。

第四，惩治腐败力度"疲软"。意大利等国家受指控的官员多以辞职了事，以逃避进一步调查。一些国家政府官员有自己的法律顾问帮助其出谋划策，将惩罚风险降至最低。另外，由于缺少法律对公职人员收受礼品等制度规制，或因证据不足，阻断诉讼，导致大量贪腐行为不能被法律惩罚，间接鼓励了腐败行为加重的趋势。

针对腐败高发的严峻态势，2014 年国际社会采取综合手段治理腐败，腐败现象一定程度上有所遏制。2014 年，国际社会开展一项"揭开腐败面纱"运动。该运动呼吁世界各国政府提升公司实益拥有人财产透明度以及严格加强对贪官污吏的入境管理审查，呼吁拒绝给腐败的政府官员签证，并呼吁奢侈品卖家审慎筛选客户，贪腐财产不能用来购买汽艇、飞机、汽车等奢侈品。

2014 年 3 月，巴西联邦警察在巴西利亚联邦区和另外 6 个州展开代号为"洗车"的专项行动，逮捕专门为贪腐者从事黑市外汇交易的掮客。随着案件调查深入，2014 年 12 月 11 日巴西南部巴拉那州联邦检察官办公室宣布，对 35 人正式提起指控，罪名包括腐败、欺诈和洗钱。巴西国家石油公司炼化和供应业务前高管科斯塔涉嫌洗钱和贪腐被捕，他在认罪协议中指认，超过 30 名国会参议员和众议员涉案。其中 22 人是巴西 6 家最大建筑工程承包企业的高管，职务包括董事会成员和副总裁。他们面临超过 20 年监禁。

马来西亚反贪污委员会开展的打击腐败"背叛行动"是专门针对执法人员赌博、嫖娼、与犯罪分子勾结的专项治理手段。"背叛行动"将这些腐败的执法人员命名为"背叛者"，目前该行动已查出 20 多名官员，其中不乏位高权重者被惩处。

韩国继续实行"一刀切"政策，即官员若被发现受贿或贪污，无论涉案金额大小，都将开除公职。

俄罗斯出台专项规定，要求官员放弃海外银行账户，罢免申报财产材料不实等问题的高级官员，定期通报腐败案件调查情况等。

细化反腐条规并予以落实。加拿大不列颠哥伦比亚省议会就公费开支制定详细规范，包括省长及以下均不得带配偶出公差。省内各厅局长出差，一律只能坐经济舱。违反规定严格查办。艾伯塔省省长雷德福德出席南非前总统曼德拉葬礼时，坐了头等舱，还带了几个随从，前后花费公帑 4.5 万加元（约合 25.4 万元人民币）。此外，他出公差时多次带上女儿，并由公家支付女儿的机票。事情曝光后，他不但退赔了公款，还于 2014 年 3 月 19 日宣布辞职以谢国民。西班牙政府出台了包含 40 项具体措施的 "一揽子"反腐败政策，其中包括确定政党非法融资的一种新罪名，加大对腐败案件的量刑力度，公务支出严格执行实报实销且禁止使用信用卡支付等。英国腐败程度较低，主要是靠立法并不断完善，充分发挥法律规范作用而取得明效，真正让法律成为阻隔腐败之水的一座座"堤坝"。如规定对涉案官员进行革职、不设上限的罚款，并在 5 年内不得担任任何公职等，从制度上对政府内部的腐败行为进行严惩。此外，不断重申《英国 2010 年反贿赂法》条款的执行，强调执行的必要性和对任何官员都适用的"无排他性"，政府还在公务员中强化实施"公共行政七项原则"，包括无私、廉洁、诚信、公正、客观、责任、表率等内容，并由专人负责督促和检查。

严格执法，严惩腐败。英国前文化大臣玛丽亚因没有如实登记其住所，多领房子补贴，涉嫌欺诈和贪腐被舆论曝光被迫辞职，被认为是英国不断加大反腐力度的一个案例。

进一步开发电子工具、加强资产信息披露。针对腐败行为是在黑暗中进行肮脏交易的特点，荷兰政府推出一项名为"透明执政"的决定，一竿子插到底，把所有高官的公务开支报销单放到网上全部公布。

深刻认识反腐败工作的时代意义，要放在改革发展全局去观察。从一盘散沙的传统社会进入现代中国，到推动人类历史上规模最大的现代化进程，"政治领导的决定性作用"是"中国奇迹"的核心因素。沿着这一历史逻辑，在全面深化改革的今天，越是在激流旋涡中劈波斩浪、在问题挑战中排云而上，越是需要坚强的政治领导。这就是为什么习近平总书记反复强调，"把党风廉政建设和反腐败斗争提到关系党和国家生死存亡的高度来认识"，并在复兴大业中，把反腐败斗争放在重要位置。

经过两年多的反腐败斗争，中央打"虎"无禁区、拍"蝇"无死角，越来越多的人切实认识到什么是"有贪必肃"，什么是"绝不姑息"。然而，反腐败斗争难以毕其功于一役，反腐形势仍然复杂严峻。严明党的纪律，避免党组织沦为各取所需、自行其是的"私人俱乐部"；落实党委的主体责任和纪委的监督责任，加强反腐败体制机制创新和制度保障；把权力关进制度的笼子里，用制度为权力勘定边界、设置红线。

人心是最大的政治，也是经济变革、社会变迁的最大变量。当此改革关键期，党风廉政建设和反腐败斗争关系到人心向背，关系发展全局。把反腐败斗争进行到底，让良好党风赢得万众归心，让领导核心更加坚强有力，我们将迎来一个更加公平正义的社会、更加富强文明的中国。

拓展阅读

江苏省南京市原市长季建业受贿案

中新网电2015年1月16日，季建业受贿案在烟台中院公开开庭审理。公诉机关指控被告人季建业于1999年年底至2012年下半年，本人或通过其特定关系人非法收受单位和个人给予的财物共计折合人民币1132万余元。季建业当庭表示知罪、认罪、悔罪，尊重法庭的依法审判，请求法庭从轻处理。

4月7日上午，山东省烟台市中级人民法院，对江苏省南京市原市长季建业受贿案做出一审判决。法院审理认定，季建业利用职务上的便利，利用职权和地位形成的便利条件提供帮助，收受他人钱财，总额达1132万元。综合案件情节，一审判处季建业有期徒刑15年，没收个人财产200万元。季建业当庭表示不上诉。

季建业案体现了我国全面从严治党的战略布局在贯彻实施，我国是人情社会、熟人社会，"朋友多了路好走"的影响深远，但也有"交友不慎祸害子孙"的说法，尤其对于党员干部、公务人员来说，交往中一旦放松了对自己的要求，模糊了公私界限，就有可能沦落至贪腐的下场。

"在交往中失去了底线，不讲原则；失去了界限，不分彼此；失去了防线，不加防范。朋友关系变成了'礼尚往来'。"季建业自我陈述时说。

季建业案表明，在党的全面从严治党布局下，在法律之剑下，一切贪腐行为都将无所遁形。依法从严治党要把纪律放在法律前面，不能够再坐等领导干部"带病做官""小毛病养大"，应该坚持抓早抓小，"小病"马上就治。另外，要做实党员领导干部个人事项报告，包括他的身边人、家里人、朋友圈等相关情况，一旦出现利益冲突的情况，要建构相应的预防机制。

参考文献

1. 《中共中央关于全面推进依法治国若干重大问题的决定》，中国共产党第十八届中央委员会第四次全体会议，2014 年 10 月 23 日。

2. 《中共中央关于全面深化改革若干重大问题的决定》，2013 年 11 月 12 日中国共产党第十八届中央委员会第三次全体会议通过。

3. 学习《习近平关于党风廉政建设和反腐败斗争论述摘编》，中央文献研究室，《人民日报》2015 年 1 月 26 日。

4. 党的十八大报告：《坚定不移沿着中国特色社会主义道路前进，为全面建成小康社会而奋斗》，2012 年 11 月。

第七章　加快推进生态文明建设

十八大以来，各地区、各部门统一思想、扎实工作、积极推进，在生态文明建设上不断取得新的重大进展。但是，我国的生态环境问题依然非常严峻，实现美丽中国的目标依然任重道远。2015年3月24日，中共中央政治局召开会议，审议通过了《关于加快推进生态文明建设的意见》。会议指出，当前和今后一个时期，要按照党中央决策部署，把生态文明建设融入经济、政治、文化、社会建设各方面和全过程，协同推进新型工业化、城镇化、信息化、农业现代化和绿色化，牢固树立"绿水青山就是金山银山"的理念，坚持把节约优先、保护优先、自然恢复作为基本方针，把绿色发展、循环发展、低碳发展作为基本途径，把深化改革和创新驱动作为基本动力，把培育生态文化作为重要支撑，把重点突破和整体推进作为工作方式，切实把生态文明建设工作抓紧抓好。[①]

一　清醒认识我国生态环境面临的严峻形势

（一）生态环境和生态环境问题的含义

生态是指生物（原核生物、原生生物、动物、真菌、植物五大类）之间和生物与周围环境之间的相互联系、相互作用。环境是相对于某一事物并对该事物产生影响的所有外界事物的总和。按照环境属性，通常将环境划分为自然环境和社会环境。自然环境是指客观存在的各种自然因素的总和，包括大气环境、水环境、土壤环境、地质环境和生物环境。生态环境是指影响人类生存与发展的水资源、土地资源、生物资源以及气候资源数量与质量的总称，是关系到人类自身生存与社会和经济持续发展的复合

---

① 参见《人民日报》2015年3月25日第1版。

生态系统。生态环境与自然环境在含义上十分相近，但严格来说，生态环境并不等同于自然环境。自然环境的外延比较广，各种天然因素的总体都可以说是自然环境，但只有具有一定生态关系构成的系统整体才能称为生态环境。仅由非生物因素组成的整体，虽然可以称为自然环境，但并不能叫作生态环境。

生态环境问题是指人类为其自身生存和发展，在利用和改造自然过程中，对自然环境破坏和污染所产生的危害人类生存的各种负反馈效应。

（二）我国生态环境问题主要表现

1. 土地资源先天不足，水土流失、荒漠化和土壤污染比较严重

国土是一个民族、一个国家赖以生存的最基本条件。国土资源的多少和优劣是决定一个国家生存和发展的重要因素，对于一个人口众多的发展中大国来说，尤其重要。中国土地总量位居世界第三，但人均占有土地面积只有0.8公顷，是世界平均水平的1/3。山地、高原、丘陵面积占国土面积的69.27%，所构成的复杂地形地质条件，在重力梯度、水力梯度的外营力作用下容易造成水土流失，再加上地质新构造运动较活跃，山崩、滑坡、泥石流危害严重。同时，还有分布广泛、类型多样、演变迅速的生态环境脆弱带，例如，沙漠、戈壁、冰川、永久冻土及石山、裸地等面积就占国土面积的28%，此外还有沼泽、滩涂、荒漠、荒山等利用难度大的土地。特殊的地理位置使中国季风气候显著，雨热同季，夏季炎热多雨，冬季寒冷干燥。降水量的分布异常导致全国范围内旱涝灾害频繁，严重影响工农业生产。暴雨强度大、分布广，是造成洪涝、水土流失乃至泥石流、山崩、塌方、滑坡的重要原因。

土壤在整个生态系统中起关键作用，是人类赖以生存的基础。土壤的形成是一个复杂而缓慢的过程，根据成土母质和环境不同，形成1厘米的土壤一般需要几百年的时间，有的地区，如我国西南岩溶区则需要上千年的时间。水土流失是指在自然条件和人类活动作用下水力、风力、重力等营力导致的水土资源和土地生产力的破坏和损失。

我国是世界上水土流失最严重的国家之一。我国水土流失主要表现为三个特点：第一，面积大，范围广。根据遥感调查，全国现有土壤侵蚀面积达到357万平方公里，占国土面积的37.2%。水土流失不仅广泛发生在农村，而且也发生在城镇和工矿区，几乎每个流域、每个省份都有。从我国东、中、西三大区域分布来看，东部地区水土流失面积9.1万平方公

里，占全国的 2.6%；中部地区 51.15 万平方公里，占全国的 14.3%；西部地区 296.65 万平方公里，占全国的 83.1%。第二，强度大，侵蚀重。我国年均土壤侵蚀总量 45.2 亿吨，约占全球土壤侵蚀总量的 1/5。主要流域年均土壤侵蚀量为每平方公里 3400 多吨，黄土高原部分地区甚至超过 3 万吨，相当于每年 2.3 厘米厚的表层土壤流失。全国侵蚀量大于每年每平方公里 5000 吨的面积达 112 万平方公里。第三，成因复杂，区域差异明显。东北黑土区的水土流失主要发生在坡耕地上，平均每年流失表土 0.4—0.7 厘米，初垦时黑土层厚度一般在 80 厘米左右，垦殖 40 年后减至 50—60 厘米。水土流失严重的耕地黑土层已完全消失，露出下层黄土。北方土石山区大部分地区土层浅薄，岩石裸露。土层厚度不足 30 厘米的土地面积占本区土地总面积的 76.3%。黄土高原区土层深厚疏松、沟壑纵横、植被稀少，降水时空分布不均。这一区域是我国土壤侵蚀量最高的区域，有 11.5 万平方公里的土地侵蚀量大于每年每平方公里 5000 吨。北方农牧交错区由于过度开垦和超载放牧，植被覆盖度低，风力侵蚀和水力侵蚀交替发生。长江上游及西南诸流域地质构造复杂而活跃，山高坡陡，人地矛盾突出，坡耕地比重大。耕作层薄于 30 厘米的耕地占 18.8%。由于复杂的地质条件和强降雨作用，滑坡、泥石流多发。西南岩溶区土层瘠薄，降雨强度大，坡耕地普遍，耕作层薄于 30 厘米的耕地占 42%。有的地区土层甚至消失殆尽，石漠化面积达 8.8 万平方公里，南方红壤区岩层风化壳深厚，强降雨作用下极易产生崩岗侵蚀。西部草原区由于干旱少雨，超载过牧，过度开垦，草场大面积退化，沙化严重。

水土流失既是土地退化和生态恶化的主要形式，也是土地退化和生态恶化程度的集中反映，对经济社会发展的影响是多方面的、全局性的和深远的，甚至是不可逆的。其危害主要表现在以下四个方面：

一是导致土地退化，耕地毁坏，使人们失去赖以生存的基础，威胁国家粮食安全。我国人均占有耕地面积远低于世界平均水平，人地矛盾突出，严重的水土流失又加剧这一矛盾。我国因水土流失而损失的耕地平均每年约 100 万亩。北方土石山区、西南岩溶区和长江上游等地有相当比例的农田耕作层土壤已经流失殆尽，母质基岩裸露，彻底丧失了农业生产能力。按现在的流失速度推算，50 年后东北黑土区 1400 万亩耕地的黑土层将丧失殆尽；35 年后西南岩溶区石漠化面积将增加 1 倍。

二是导致江河湖库淤积，加剧洪涝灾害，对我国防洪安全构成巨大威胁。水土流失导致大量泥沙进入河流、湖泊和水库，削弱了河道的行洪和湖库调蓄能力。黄河水患的症结就在于黄土高原的水土流失，1950—1999年下游河道共淤积泥沙 92 亿吨，致使河床普遍抬高 2—4 米。辽河干流下游部分河床已高于地面 1—2 米，也已成为地上悬河。全国 8 万多座水库年均淤积 16.24 亿立方米。洞庭湖年均淤积 0.98 亿立方米。泥沙淤积是造成调蓄能力下降的主要原因之一。

同时，水土流失使上游地区土层变薄，土壤蓄水能力降低，增加了山洪发生的频率和洪峰流量，增加了一些地区滑坡、泥石流等灾害的发生机会。泥石流是水土流失的一种极端表现形式，陡峭的地形、大量松散固体物质和高强度降雨是形成泥石流的三个必要条件，植被破坏、陡坡开荒、生产建设过程中的乱挖乱弃等不合理活动都会导致径流增加，加大泥石流发生的频率，扩大泥石流的规模，加重危害程度。

三是恶化生存环境，加剧贫困，成为制约经济社会发展的重要因素。水土流失破坏土地资源、降低耕地生产力，不断恶化农民生产、生活条件，制约经济发展，加剧贫困程度，导致山丘区出现"种地难、吃水难、增收难"。水土流失与贫困互为因果、相互影响，水土流失最严重地区往往也是最贫困地区。我国 76% 的贫困县和 74% 的贫困人口生活在水土流失严重区。多数革命老区水土流失严重，群众生活困难。赣南 15 个老区县，有 10 个是水土流失严重县；陕北老区县 25 个，全部为水土流失严重县。同时，我国西南、西北许多少数民族区也多为水土流失严重区，贵州省铜仁地区和黔西南布依族苗族自治州 11 个民族县，全部为水土流失严重县；甘肃省临夏回族自治州 7 个民族县，全部为水土流失严重县。

四是削弱生态系统功能，加重旱灾损失和面源污染，对我国生态安全和饮水安全构成严重威胁。水土流失与生态恶化互为因果：一方面，水土流失导致土壤涵养水源能力降低，加剧干旱灾害；另一方面，水土流失作为面源污染的载体，在输送大量泥沙的过程中，也输送了大量化肥、农药和生活垃圾等面源污染物，加剧水源污染。全国现有重要饮用水源区中作为城市水源地的湖库，95% 以上处于水土流失严重区。水土流失还导致草场退化，防风固沙能力减弱，加剧沙尘暴；导致河流湖泊萎缩，野生动物栖息地消失，生物多样性降低。

荒漠化是由于气候变化和人类不合理的经济活动等因素使干旱、半干旱和具有干旱灾害的半湿润地区土地发生了退化，即土地退化，也叫

"沙漠化"。在人类诸多的环境问题中，荒漠化是最为严重的灾难之一。它给人类带来贫困和社会不稳定。

我国荒漠化形势十分严峻，是世界上荒漠化严重的国家之一。荒漠化面积大、分布广、类型多，全国荒漠化土地面积超过262.2万平方公里，占国土总面积的27.3%，其中沙化土地面积为168.9万平方公里，主要分布在西北、华北、东北13个省区市。

土壤污染对我国社会经济发展、生态环境、食品安全和农业可持续发展构成严重威胁，并危害人的健康。我国土壤污染程度在加剧。目前受重金属污染的耕地面积近2000万公顷，约占耕地总面积的1/5。受矿区污染土地达200万公顷，石油污染土地约500万公顷，固体废弃物堆放污染约5万公顷，"工业三废"污染耕地近1000万公顷，污水灌溉的农田面积达330多万公顷。土壤污染使全国农业粮食减产已超过1300万吨，因农药和有机物污染，放射性污染，病原菌污染等其他类型的污染所导致的经济损失难以估计。由于污染，土壤的营养功能、净化功能、缓冲功能和有机体的支持功能正在丧失。

2. 我国水资源短缺、水污染严重、水生态恶化等问题突出

水是生命之源、生产之要、生态之基。新中国成立以来，特别是改革开放以来，我国在水资源开发、利用、配置、节约、保护和管理工作方面取得了显著成绩，为经济社会发展、人民安居乐业做出了突出贡献。但必须清醒地看到，人多水少、水资源时空分布不均是我国的基本国情和水情，水资源短缺、水污染严重、水生态恶化等问题十分突出，已成为制约经济社会可持续发展的主要"瓶颈"。

我国是一个人均水资源短缺、水旱灾害频繁的国家。降水资源总量约6亿吨，平均年径流总量为27115亿立方米，水资源总量世界第六位，但人均水资源量只有2100立方米，仅为世界人均水平的28%，人均水资源占有量在世界仅列第121位，被联合国列为13个贫水国家之一。

我国水资源供需矛盾突出。全国年平均缺水量500多亿立方米，2/3的城市缺水，农村有近3亿人口饮水不安全。根据现有数据预测，到2030年，中国总用水量为7000亿—8000亿立方米，而届时全国实际可利用水资源量仅为8000亿—9000亿立方米，水资源开发利用接近极限。如果不及早采取有力措施，中国将迎来严重的水危机。

我国水资源利用方式粗放，用水浪费严重。我国农田灌溉水有效利用

系数仅为 0.5，与世界先进水平 0.7—0.8 有较大差距；目前我国平均每立方米水实现国内生产总值仅为世界平均水平的 20%；万元 GDP 用水量高达 399 立方米，而发达国家仅 55 立方米；一般工业用水重复利用率在 60% 左右，发达国家已达 85%。我国用水浪费也较为严重，许多城市输配水管网和用水器具的漏失率高达 20% 以上。此外，我国在污水处理回用、海水、雨水利用等方面也处于较低水平，用水浪费进一步加剧了水资源的短缺。

水资源过度开发造成了严重的生态环境问题。为解决工农业生产和生活用水问题，不少地方水资源过度开发，黄河流域开发利用程度已经达到 76%，淮河流域也达到了 53%，海河流域更是超过了 100%，已经超过承载能力，引发一系列生态环境问题。过度开采地下水导致地面下沉、塌陷、海水倒灌等严重后果；过度利用江河湖泊造成河水断流，湖泊面积减少甚至消失，湿地萎缩，生物多样性丧失等问题。

水体污染严重，危及生命健康。由于工业"三废"和生活污水、垃圾等未经处理直接排放或虽经处理未达标排放，导致地表水、地下浅层水和近海海水污染严重，水功能区水质达标率较低。2012 年 2 月 16 日水利部副部长胡四一发布的最新数据是：功能区水质达标率仅为 46%，2010 年 38.6% 的河床劣于 III 类水，2/3 的湖泊富营养化。2007 年 1 月 12 日国家海洋局在北京发布的《中国海洋环境质量公报》显示，2006 年，中国海域总体污染形势依然严峻，过半近岸海域未达到清洁海域水质标准，1/4 的近岸海域水质处于中度污染和严重污染状态。80% 的入海排污口超标排放污染物。据世界卫生组织报告，全世界发展中国家 1/3 的城市人口得不到安全卫生的饮用水。全世界 80%—90% 的疾病与 33% 的死亡率与受污染的饮用水有关，平均每天有 2.5 万人死于通过水传染的疾病。据此，世界著名医学博士、日本的林秀光先生在其著作《因水而死》中大声疾呼：人类每年饮用不干净的水是疾病的主要原因，如果不改变水的质量，人类将因水而死亡。

3. 森林覆盖率低，生态系统退化严重

新中国成立以来，我国先后共开展了七次全国森林资源清查。第七次全国森林资源清查（2004—2008 年）结果显示，全国森林面积 19545.22 万公顷，活立木总蓄积 149.13 亿立方米，森林蓄积 137.21 亿立方米，森林覆盖率 20.36%，比 1949 年的 8.6% 净增 11.76 个百分点。我国森林面积居俄罗斯、巴西、加拿大、美国之后，列世界第 6 位；森林蓄积量居巴西、俄罗斯、美国、加拿大、刚果民主共和国之后，列世界第 6 位。我国人工林保存面积 6168.84 万公顷，蓄积 19.61 亿立方米，人工林面积列世界第一位。

总体上看，我国森林资源仍存在总量不足、质量不高、分布不均衡问题。我国的森林覆盖率只有世界平均水平的 2/3，人均占有森林面积不到世界人均占有量的 1/4，人均占有森林蓄积量仅相当于世界人均占有蓄积量的 1/7。造林良种使用率仅为 51%，与林业发达国家的 80% 相比，还有很大差距。

我国林业部门负责建设的森林、湿地、荒漠三大自然生态系统，土地总面积超过 90 亿亩，约占国土面积的 63%。虽然我国生态建设取得了重大成就，但自然生态系统退化、生态布局不平衡、生态承载力低的问题依然十分严峻。森林分布碎片化和质量不高、功能不强的问题尤为突出，森林作为陆地生态系统主体的功能没有充分发挥。湿地生态系统还有一半尚未得到保护，面积减少、功能退化的趋势依然在持续。荒漠生态系统问题更加严重，沙化土地面积占国土面积的 18%，土地沙化已成为我国最大的生态问题。[①] 我国湿地资源占世界湿地面积的 10%，但已有近 40% 的湿地受到中度和严重威胁。其他生态系统也退化严重，造成生态功能下降，生态平衡失调，已对国土安全构成严重的威胁。

我国是世界上生物物种最丰富的国家之一，但目前已有 4000—5000 种高等植物濒危或接近濒危，占我国高等植物总数的 15%—20%。经过确认的我国珍稀濒危重点动植物分别达 258 种和 354 种，在《濒危野生动植物物种和国际贸易公约》所列的 640 个物种中，我国占有 156 个。

外来物种不断侵入我国，严重威胁我国生物物种的安全。如 20 世纪 80 年代初随木材贸易从美国侵入我国的红脂大小蠹，1997 年在山西省大面积爆发，使大片油松数月间毁灭。目前该物种已经蔓延到河北、河南两省，严重危及其他野生动植物赖以生存的生态环境。另外还有美国白蛾、大米草、麝鼠、豚草、紫茎泽兰、空心莲子草等外来物种，已严重影响到我国许多地区，对本地区生物多样性造成了巨大威胁，到了难以控制的局

---

① 韩乐悟：《我国沙化土地占国土面积 18% 生态系统退化严重》，《法制日报》2012 年 12 月 28 日。

面。因此，我国生物物种安全问题严重。

赤潮被喻为海洋的"红色幽灵"，是海洋生态系统中的一种异常现象。它是由海藻家族中的赤潮藻在特定环境条件下爆发性地增殖造成的，这个特定环境就是来自陆地上的氮磷等营养物质的集中爆发，促使海水富营养化。随着现代化工业、农业生产的迅猛发展，沿海地区人口的增多，大量工农业废水和生活污水排入海洋，其中相当一部分未经处理就直接排入海洋，导致近海、港湾富营养化程度日趋严重。同时，由于沿海开发程度的增高和海水养殖业的扩大，也带来了海洋生态环境和养殖业自身污染问题；海运业的发展导致外来有害赤潮种类的引入；全球气候的变化也导致了赤潮的频繁发生。2006 年 2 月国家统计局公布，全国近岸海域 293个海水水质监测点中，严重污染海域面积约为 2.9 万平方公里；对 18 个海洋生态监控区监测表明，主要海湾、河口及滨海湿地生态系统均处于不健康或亚健康状态。海洋成了人类排放的污染物的最终归宿地，成了藏污纳垢的地方。

4. 大气污染严重，雾霾、沙尘暴、酸雨等危及人的健康

按照国际标准化组织（ISO）定义，"大气污染通常是指由于人类活动或自然过程引起某些物质进入大气中，呈现出足够的浓度，达到足够的时间，并因此危害了人体的舒适、健康和福利或环境污染的现象"。

随着人口增加和经济飞速发展，大气污染也呈日趋严重之势。目前，世界性大气污染问题主要表现在温室效应、酸雨和臭氧层破坏三个方面。我国的大气污染状况也十分严重，主要表现在大气中总悬浮颗粒物普遍超标，二氧化硫污染保持较高水平，机动车尾气排放量增加迅猛，氮氧化物污染呈加重趋势，酸雨区范围不断扩大，沙尘暴频发，雾霾天气增加。

近年来，雾霾和 $PM_{2.5}$ 频繁出现在各大新闻媒体报道中，引起了社会的广泛关注。雾是由大量悬浮在近地面空气中的微小水滴或冰晶组成的气溶胶系统，是近地面层空气中水汽凝结（或凝华）的产物。霾也叫雾霾，是指空气中的灰尘、硫酸、硝酸、有机碳氢化合物等粒子使大气混浊，视野模糊并导致能见度恶化，如果水平能见度小于 10000 米时，将这种非水成物组成的气溶胶系统造成的视程障碍称为霾（Haze）或灰霾（Dust - haze）。霾与雾的区别在于发生霾时相对湿度不大，水汽含量达到 90% 以上叫雾，低于或等于 80% 叫霾。在城市空气质量预报中的可吸入颗粒物和总悬浮颗粒物是人们比较熟悉的大气污染物。可吸入颗粒物又称 PM10，

是指直径大于 2.5μm 等于或小于 10μm，可进入人体呼吸系统的颗粒物。PM$_{2.5}$是指大气中直径小于或等于 2.5μm 的颗粒物，又称为可入肺颗粒物，粒径在 10μm 以上的颗粒物，会被挡在人的鼻子外面；粒径在 2.5—10μm 之间的颗粒物，能够进入人体上呼吸道，但部分可通过痰液排出体外；而粒径在 2.5μm 以下的亚微颗粒物，会被吸入人体肺部，进入支气管，干扰肺部的气体交换。所以 PM$_{2.5}$数值越高，表明空气污染越严重。

沙尘暴是沙暴和尘暴（duststorm）两者兼有的总称，是指强风把地面大量沙尘物质吹起并卷入空中，使空气特别混浊，水平能见度小于 1000 米的严重风沙天气现象。其中沙暴是指大风把大量沙粒吹入近地层所形成的挟沙风暴，尘暴则是大风把大量尘埃及其他细粒物质卷入高空所形成的风暴。

酸雨是指 pH 值小于 5.6 的雨雪或其他形式的降水。雨、雪等在形成和降落过程中，吸收并溶解了空气中的二氧化硫、氮氧化物等物质，形成了 pH 低于 5.6 的酸性降水。酸雨主要是人为的向大气中排放大量酸性物质造成的。我国的酸雨主要是因大量燃烧含硫量高的煤而形成的，大部分属于硫酸雨，小部分为硝酸雨。此外，各种机动车排放的尾气也是形成酸雨的重要原因。近年来，我国一些地区已经成为酸雨多发区，酸雨污染的范围有扩大的趋势。

雾霾、沙尘暴和酸雨等都是大气污染的具体表现形式，不仅给工农业生产和交通运输带来严重影响，更危及人类的健康。全国人大代表、广州呼吸疾病研究所所长钟南山院士针对"造成雾霾天的 PM$_{2.5}$对人体有害，但沙尘暴对人体健康影响不大"的说法在接受记者采访时指出："沙尘天对人体同样有害，沙尘暴主要是大颗粒，对上呼吸道造成影响，也会危害鼻咽和眼睛。但与雾霾不一样，大颗粒不会进入人的肺部。因此，尽管同样有害，但危害程度还是不一样，雾霾危害应该更大。"[①]

二　我国生态环境问题原因剖析

导致我国生态环境问题的原因多种多样，既有自然地理条件先天不足

---

① 《雾霾比沙尘危害更大 沙尘不会进肺部》，《人民日报》2013 年 3 月 10 日。

等客观原因，又有思想认识、经济发展模式、产业结构、能源结构等因素影响，主要原因则在于人为因素的影响。

（一）思想认识不够，生态环境保护意识薄弱

马克思主义认为，认识和实践的关系是辩证的统一：实践决定认识，认识对实践具有能动的反作用。正确的认识能够指导实践使实践顺利进行，达到预期的效果；错误的认识指导实践时，就会对实践产生消极的乃至破坏性的作用，使实践失败。尽管中国传统文化中自古就有"天人合一"的哲学思想，但既没有成为全民的共识，也没有成为主流指导思想。马克思主义虽然是我们党的指导思想，但马克思、恩格斯关于人和自然的关系的理论及其告诫却长期没引起重视并转化为行动纲领。

实现人与自然的和谐发展是马克思主义的基本观点和要求。马克思指出：人靠自然界生活——但人在改造自然界的时候必须遵循客观规律，否则就要遭到客观规律的惩罚。自然界对人类违反客观规律的行为的惩罚，有时候是在较短的时间内表现出来的，有时候则是经过较长时间（几十年、几百年、几千年等）才充分表现出来。① 恩格斯则告诫说：我们不要过分陶醉于我们对自然界的胜利。对于每一次这样的胜利，自然界都报复了我们。每一次胜利，在第一步都确实取得了我们预期的结果，但是在第二步和第三步却有了完全不同的、出乎预料的影响，常常把第一个结果又取消了。美索不达米亚、希腊、小亚细亚以及其他各地的居民，为了想得到耕地，把森林都砍完了，但是他们做梦都想不到，这些地方今天竟因此成为荒芜不毛之地，因为他们使这些地方失去了森林，也失去了积聚和储存水分的中心。阿尔卑斯山的意大利人，在山南坡砍光了在北坡被十分细心保护的松林，他们没有预料到，这样一来，他们把他们区域里的高山牧畜业的基础给摧毁了；他们更没有预料到，他们这样做，竟使山泉在一年中的大部分时间内枯竭了，而在雨季又使更加凶猛的洪水倾泻到平原上。在欧洲传播栽种马铃薯的人，并不知道他们也把瘰疬症和多粉的块根一起传播过来了。因此我们必须时时记住：我们统治自然界，绝不像征服者统治异民族一样，绝不像站在自然界以外的人一样，——相反地，我们连同我们的肉、血和头脑都是属于自然界，存在于自然界的；我们对自然界的

---

① 《马克思恩格斯全集》第42卷，人民出版社1979年版，第95页。

整个统治，是在于我们比其他一切动物强，能够认识和正确运用自然规律。①

正是由于在认识上和指导思想没能正确认识和处理人与自然界的辩证关系，没有树立保护生态环境的意识，才导致一系列破坏生态平衡的行为的广泛存在以及由此产生的一系列生态环境问题。

（二）人口的过快增长对生态环境带来沉重压力

人既是生产者又是消费者，作为消费者的时间要远远长于生产者。一个国家人口增长速度和数量应当和资源的承载能力相适应。新中国成立时只有 4.5 亿人，1953 年、1964 年、1982 年、1990 年、2000 年、2010 年我国共进行了六次全国人口普查，全国人口总数分别为：5.7 亿、7.23 亿、10.31 亿、11.6 亿、12.95 亿和 13.39 亿。② 人口的过快增长使得竭泽而渔、杀鸡取卵式的掠夺性资源开发行为随处随时可见。开荒造田、围湖造田大行其道，森林过度砍伐、草原过度放牧屡见不鲜。几十年后，水土流失、草原退化、湖泊缩减、河水断流、湿地剧减、洪水泛滥、旱灾频繁、动物灭绝、植物种类剧减等一系列生态环境问题相继显现，甚至发生舟曲泥石流③之类的重大生态灾难。

（三）产业结构不合理，经济增长方式粗放

经济增长是靠资本、资源、劳动力和技术等生产要素的投入推动的。各种要素的组合不同，经济增长会呈现不同的方式。如果经济增长主要依靠资本、资源和劳动要素投入数量增加来推动，增长就是粗放式的；如果经济增长主要依靠技术的进步和生产效率的提高来推动，增长就是集约式的。推进经济增长方式从粗放型向集约型的转变，就是使经济增长从主要依靠增加要素投入和物质消耗推动，转向主要依靠提高各类要素的投入产出效率推动。

产业结构不合理、产业层次低、第三产业发展滞后、地区产业结构趋同是制约我国国民经济增长质量和经济增长方式转变的根本原因。近年

---

① 《马克思恩格斯全集》第 20 卷，人民出版社 1979 年版，第 519 页。
② 见国家统计局《全国人口普查公报》。
③ 2010 年 8 月 7 日 22 时许，甘肃省甘南藏族自治州舟曲县突降强降雨，县城北面的罗家峪、三眼峪泥石流下泄，由北向南冲向县城，造成沿河房屋被冲毁，泥石流阻断白龙江，形成堰塞湖。据中国舟曲灾区指挥部消息，截至 8 月 21 日，舟曲特大泥石流灾害中遇难 1434 人，失踪 331 人。

来，我国的经济结构调整和经济增长方式转变取得了一定进展。但从根本上看，第二产业特别是重化工业超长发展，第三产业发展缓慢以及高投入、高消耗、高排放、不协调、难循环、低效率的粗放式经济增长方式仍未发生根本转变。由于经济结构不合理和经济增长方式粗放，尽管我们实现了快速增长，但付出的资源环境代价和发展成本巨大。

（四）能源结构不合理，资源利用效率低

能源结构是指一次性能源总量中各种能源的构成及其比例关系，包括生产结构和消费结构。我国能源结构的特点可以概括为："富煤、贫油、少气。"

在我国的能源结构中，煤炭占最主要部分，中国一次能源生产和消费结构中，煤炭比重分别高达 76% 和 68.9%，是世界上煤炭比重最高的国家。燃煤造成的二氧化硫和烟尘排放量占排放总量的 70%—80%，成为温室效应和大气污染的罪魁祸首。目前我国的能源消费结构中煤炭占68%，石油占 23.45%，而被称为"清洁能源"的天然气、可燃冰、风能、太阳能、潮汐能等能源在我国能源构只占很小的比重且不具有全国性。

据《2006 中国可持续发展战略报告》对世界 59 个主要国家资源绩效水平的调查排序，中国资源绩效居世界倒数第 6 位。我国能源利用效率为33%，比发达国家低约 10 个百分点。钢、水泥、纸和纸板的单位产品综合能耗比国际先进水平高 40%、45% 和 120%。我国一吨煤产生的效率仅相当美国的 28.6%，欧盟的 16.8%，日本的 10.3%，工业用水重复利用率要比发达国家低 15—25 个百分点。另外，我国矿产资源的总回收率大概是 30%，比国外先进水平低了 20 个百分点；我国建筑节能、建筑高能耗问题十分突出，建筑物能耗比国外先进水平要高 50% 以上。国际经验表明，进入到资本密集型工业化阶段后，经济增长潜力进一步提高的同时，能源和资源的消耗也必然要出现高增长，尤其是我国的工业化是一个13 亿人口的发展中大国的工业化，这在人类历史上是史无前例的。目前，我国已成为煤炭、钢铁、铜等世界第一消费大国，经济高速增长的同时也付出了沉重的环境代价。

（五）环境保护法律制度不完善

自 1979 年全国人大常委会通过环境保护法（试行）和 1982 年宪法作出"国家保护和改善生活环境和生态环境，防治污染和其他公害"规定开始，我国有关水污染防治、大气污染防治、海洋环保等法律相继问世。截至目前，全国人大常委会制定了环境保护法律10件、资源保护法律20件。此外，刑法、侵权责任法设立专门章节，分别规定了"破坏环境资源保护罪"和"环境污染责任"。国务院颁布了环保行政法规25件。地方人大和政府制定了地方性环保法规和规章700余件，国务院有关部门制定环保规章数百件，其中环境保护部的部门规章69件。国家还制定了1000余项环境标准。全国人大常委会和国务院批准、签署了《生物多样性公约》等多边国际环境条50余件。最高人民法院和最高人民检察院还分别做出了关于惩治环境犯罪法律适用的司法解释。①

虽然我国环境保护法律制度建设取得长足进步，但环境法制建设存在的矛盾和问题十分突出：一是不断完善的市场经济体制与缺乏有效法制手段、经济手段管理环境的矛盾日益显现；二是建设法治政府、法治社会的要求与环境法制建设粗放发展的矛盾日益突出；三是群众环境维权意识增强、跨界损害事件增多与民事赔偿、调处能力滞后的矛盾日益凸显；四是环境违法现象普遍、环境纠纷群体性事件增多与环保法律法规可操作性不强、执法不力的矛盾日益加剧；五是群众环境信访案件走向复议、复议案件走向诉讼的快速变化趋势与有关部门对行政复议工作的认识不高、司法诉讼渠道不畅通的矛盾日益明显；六是国家对环境法制的更高要求与相关的基础性研究、机构设置以及执法能力不强、执法不到位等问题不相适应的矛盾日益加大。

环境保护法律制度中最突出就是违法成本低的问题长期没有得到解决。这既有立法不足问题，也有行政执法、司法不到位问题。这些突出问题主要表现在以下五个方面：一是行政处罚普遍偏轻；二是行政执行缺乏强制手段；三是环境民事赔偿法律制度不健全；四是环保官司难打；五是生态环境损害难获赔偿。

造成我国生态环境问题的原因是复杂的、综合的、多方面的，除上面分析到的原因外，"GDP政绩观"、公民环境保护意识不强、科技水平整体落后、经济水平尚处于国际产业分工的低端等也是重要原因。

---

① 杨朝飞：《我国环境法律制度与环境保护》，《中国环境保报》2012年11月5日第3版。

三　生态文明的内涵与建设路径

大力推进中国特色社会主义生态文明建设不仅要清醒认识我国当前面临的严峻的生态环境形势以及导致生态环境问题的原因，还要准确把握生态文明的理论发展、科学内涵和生态文明建设的路径选择，这样才能增强建设美丽中国的自觉性和行动的科学性。

（一）生态文明理论的传承和发展

中国古代的"天人合一"思想，在中国传统文化中占有很重要地位。古代思想家把遵循自然、保护自然思想融入文化之中，体现了中国先哲们对人类社会和自然界之间关系的深刻理解，成为中国传统文化中生态伦理思想的源头。中国传统生态伦理观的基本价值和道德取向不仅对古代生态环境保护起着重要作用，而且对大力推进生态文明建设，实现人与自然和谐相处以及永续发展也是一种宝贵的思想资源。

马克思、恩格斯在分析研究资本主义制度时不仅系统地分析了人与人、人与社会的关系，而且还揭示了人与自然的辩证关系，形成了马克思主义生态观。马克思恩格斯对人与自然关系的精辟论述和"不能陶醉于对自然的胜利"的告诫，对我们今天的生态文明建设具有重大的指导意义和警醒作用。

党的十六大根据我国经济高速发展带来的环境问题，将"促进人与自然的和谐，推动整个社会走上生产发展、生活富裕、生态良好的文明发展道路"作为全面建设小康社会的目标之一，标着中国特色社会主义生态观的初步形成。十六届三中全会把"统筹人与自然和谐发展"作为科学发展观的根本方法之一，十六届五中全会提出"加快建设资源节约型、环境友好型社会"，丰富了中国特色社会主义生态观。

胡锦涛同志在 2005 年召开的人口资源环境工作座谈会首次提出"生态文明"这一术语。党的十七大不仅使用了"生态文明"概念，还描述了生态文明建设的目标。胡锦涛在全党深入学习实践科学发展观活动动员大会暨省部级主要领导干部专题研讨班开班式上发表重要讲话中提出了全面推进社会主义经济建设、政治建设、文化建设、社会建设以及生态文明建设的"五位一体"总体布局思想。党的十八大"五位一体"总体布局的确立标志着中国特色社会主义生态文明理论的形成，进一步丰富和发展了马克思主义。

（二）生态文明内涵

"生态"（Eco－）一词源于古希腊，原意指"住所"或"栖息地"。1866 年，德国生物学家 E. 海克尔（Ernst Haeckel）最早提出生态学概念，当时认为它是研究动植物及其环境间、动物与植物之间及其对生态系统影响的一门学科。从最初意义上讲，生态就是指一切生物的生存状态，以及它们之间和它与环境之间环环相扣的关系。文明是人类文化发展的成果，是人类改造世界的物质和精神成果总和，是人类社会进步的标志。

生态文明是人类文明发展的一个新的阶段，即工业文明之后的世界伦理社会化的文明形态；生态文明是人类遵循人、自然、社会和谐发展这一客观规律而取得的物质与精神成果的总和；生态文明是以人与自然、人与人、人与社会和谐共生、良性循环、全面发展、持续繁荣为基本宗旨的文化伦理形态。从内涵的角度来看，生态文明包括以下五个方面的内容：

第一，生产力的发展是生态文明的物质基础。从历史演化的轨迹来看，生态文明是人类经过原始文明、农业文明和工业文明之后出现的一种新的文明形态，其赖以产生和存在的物质基础则是生产力的高度发展。

第二，人对社会发展规律的积极探索和对自身行为的反思是生态文明的认识基础。人类在改造自然界的过程中既要遵循客观规律，也要通过主观能动性来发现规律。人类进入工业文明社会以后，伴随物质财富增长而产生的生态环境问题促使人们对自身的行为进行主动的反思，对社会的永续发展路径进行积极探索。生态文明正是在这一认识的基础上产生的。

第三，人与自然和谐发展是生态文明的核心价值理念。人是自然界的产物，人类社会不可能脱离自然界而单独存在。人类社会的生存和发展必须以遵循自然界的客观规律为前提，否则就会遭到自然界的惩罚。人类社会要实现可持续发展，首先要实现人与自然的和谐发展。

第四，自觉节制人类自身的行为是生态文明的客观要求。人类可以认识自然改造自然，但人类在改造自然的时候必须以遵循自然界的客观规律为前提，自觉节制自身的行为。人类必须清醒地认识到，无论科学技术多么发达，人都不可能主宰自然界。因此，克制自己，善待自然，顺应自然，成为生态文明对人类的客观要求。

第五，人与自然永续发展是生态文明的根本目标。人类社会的延续离不开自然界提供的物质和能量，人类社会的发展更离不开良好的自然环境。人类与自然界的关系就是唇齿相依的关系。只有实现人与自然的和谐相处，才能实现人与自然的永续发展，这是建设生态文明的根本目标。

（三）生态文明建设的路径

1. 增强环境危机意识，树立生态文明理念

党的十八大报告指出："建设生态文明，是关系人民福祉、关乎民族未来的长远大计。面对资源约束趋紧、环境污染严重、生态系统退化的严峻形势，必须树立尊重自然、顺应自然、保护自然的生态文明理念，把生态文明建设放在突出地位，融入经济建设、政治建设、文化建设、社会建设各方面和全过程，努力建设美丽中国，实现中华民族永续发展。"①

意识是行动的先导，理念是行动的指南。面对环境污染严重、生态系统退化的严峻形势，每个人都应当有强烈的生存危机意识。舟曲特大泥石流转瞬间夺去了 1400 余条生命；1998 年的洪涝灾害死亡 4150 人，倒塌房屋 685 万间，直接经济损失 2551 亿元；2010 年，我国西南地区发生特大干旱，致使 5000 多万人受灾，其中饮水困难人口高达 1371 万；2011 年我国发生了多起危险废物非法转移倾倒事件，尤其是云南曲靖发生的铬渣非法转移倾倒事件严重影响人民的生命健康安全。

面对严重的环境污染和脆弱的生态系统，树立尊重自然、顺应自然、保护自然的生态文明理念刻不容缓。这一理念是我们党在认真反思和深刻总结过去经验教训的基础上，对传统粗放式发展方式的有力反思，对工业文明种种弊端的坚决扬弃，对未来中国发展路径的明确校正。昭示出我们党力求通过调整和改善人与自然的关系，实现发展方式的根本跨越，实现人与自然、人与人、人与社会的全面和谐。尊重自然、顺应自然、保护自然，顺应了经济与环境协调发展的现实需要。经济发展离不开资源环境等生产要素的有力保障。只有尊重自然、顺应自然、保护自然，才能有效地

---

① 胡锦涛：《坚定不移沿着中国特色社会主义道路前进　为全面建成小康社会而奋斗》，人民出版社 2012 年版，第 39 页。

维护经济发展与资源环境及生态系统的平衡，使经济建设在良性循环下，源源不断地获得资源环境的有效供给，实现可持续发展。

随着物质生活水平不断提高，良好的自然环境已经成为人民群众进一步提高生活水平的基本要素。只有树立尊重自然、顺应自然、保护自然的理念，才能在经济建设不断取得新发展的同时，保持良好的环境和完备的生态系统，为当代和后代留下天蓝、地绿、水净的美好家园。

2. 优化国土空间开发格局

改革开放以来，随着我国现代化建设的全面展开，国土空间发生了深刻变化，既有力支撑了经济快速发展和社会进步，也出现了一些必须高度重视和需要着力解决的突出问题：耕地减少过多过快，生态系统功能退化，资源开发强度大，环境问题凸显，空间结构不合理，绿色生态空间减少过多等。因此，党的十八大报告强调，要优化国土空间开发格局。

首先，加快实施主体功能区战略，构建科学合理的城市化格局、农业发展格局、生态安全格局，这是解决我国国土空间开发中存在问题的根本途径，是当前生态文明建设的紧迫任务。要根据《全国主体功能区规划》，推动各地区严格按照主体功能定位发展，构建"两横三纵"为主体的城市化格局、"七区二十三带"为主体的农业发展格局、"两屏三带"为主体的生态安全格局。城市化地区要把增强综合经济实力作为首要任务，同时要保护好耕地和生态；农产品主产区要把增强农业综合生产能力作为首要任务，同时要保护好生态，在不影响主体功能的前提下适度发展非农产业；重点生态功能区要把增强提供生态产品能力作为首要任务，同时可适度发展不影响主体功能的适宜产业。

其次，实行分类管理的区域政策和各有侧重的绩效评价。一是实施分类管理的区域政策。中央财政要逐年加大对农产品主产区、重点生态功能区特别是中西部重点生态功能区的转移支付力度，增强基本公共服务和生态环境保护能力。实行按主体功能区安排与按领域安排相结合的政府投资政策，按主体功能区安排的投资主要用于支持重点生态功能区和农产品主产区的发展，按领域安排的投资要符合各区域的主体功能定位和发展方向。明确不同主体功能区的鼓励、限制和禁止类产业，科学确定各类用地规模，对不同主体功能区实行不同的污染物排放总量控制和环境标准。二是实行各有侧重的绩效评价。在强化对各类地区提供基本公共服务、增强可持续发展能力等方面评价基础上，按照不同区域的主体功能定位，实行差别化评价考核。对优化开发的城市地区，强化经济结构、科技创新、资源利用、环境保护等的评价。对重点开发的城市化地区，综合评价经济增长、产业结构、质量效益、节能减排、环境保护和吸纳人口。对限制开发的农产品主产区和重点生态功能区，分别实行农业发展优先和生态保护优先的绩效评价，不考核地区生产总值、工业等指标。对禁止开发的重点生态功能区，全面评价自然文化资源原真性和完整性保护情况。

最后，促进陆地国土空间与海洋国土空间协调开发。海洋主体功能区的划分要充分考虑维护我国海洋权益、海洋资源环境承载能力、海洋开发内容及开发现状，并与陆地国土空间的主体功能区相协调。沿海地区集聚人口和经济的规模要与海洋环境承载能力相适应，统筹考虑海洋环境保护与陆源污染防治。严格保护海岸线资源，合理划分海岸线功能，做到分段明确，相对集中，互不干扰。港口建设和涉海工业要集约利用海岸线资源和近岸海域。各类开发活动都要以保护好海洋自然生态为前提，尽可能避免改变海域的自然属性。控制围填海造地规模，统筹海岛保护、开发与建设。保护河口湿地，合理开发利用沿海滩涂，修复受损的海洋生态系统。

3. 全面促进资源节约

我国的资源现状决定了必须实行节约资源方针，这是保护生态环境的根本之策。党的十八大报告对全面促进资源节约做出了具体部署，明确了全面促进资源节约的主要方向，确定了全面促进资源节约的基本领域，提出了全面促进资源节约的重点工作。要把这些部署全面贯彻落实到经济社会发展的各个方面和各个环节，确保全面促进节约资源取得重大进展。

第一，全民动员，树立节约资源理念。节约资源意味着价值观念、生产方式、生活方式、行为方式、消费模式等多方面的变革，涉及各行各业，与每个企业、单位、家庭、个人都有直接关系，需要全民积极参与。必须利用各种方式在全社会广泛培育节约资源意识，大力倡导珍惜资源、节约资源风尚，明确确立和牢固树立节约资源理念，形成节约资源的社会共识和共同行动，全社会齐心合力共同建设资源节约型、环境友好型社会。

第二，科技创新，推动资源利用方式的根本转变。用相同数量资源生产更多的产品、创造更高的价值，使有限资源能更好满足人民群众物质文化生活需要，是实现社会主义生产目的和生态文明的根本途径。为此，我们必须通过科技创新和技术进步深入挖掘资源利用效率，促进资源利用效率不断提升，大幅降低能源、水、土地等资源消耗强度，真正实现资源高效利用，努力用最小的资源消耗支撑经济社会发展。

第三，转变生产生活方式，推动能源生产和消费革命。我国人均能源储量不足与经济社会发展对能源需求量巨大的客观现实，决定了在我国节约能源更加重要、更加必要、更加迫切。必须把节约能源放在全面促进资源节约工作的突出位置，大力推动能源生产和消费革命，控制能源消费总量，加强节能降耗，支持节能低碳产业和新能源、可再生能源发展，确保国家能源安全。

第四，采取有效措施，加强耕地、水、矿产等资源的保护。要完善最严格的耕地保护制度，严守18亿亩耕地保护红线，严格土地用途管制，从严控制建设用地总规模，从严控制各类建设占用耕地，严格落实耕地占补平衡、先补后占，切实保护好耕地特别是基本农田，推进国土综合整治。完善最严格的水资源管理制度，加强水源地保护和用水总量管理，加强用水总量控制和定额管理，制定和完善江河流域水量分配方案，推进水循环利用，建设节水型社会。加强矿产资源勘查、保护、合理开发，提高矿产资源勘查水平，强化矿产资源特别是优势矿产资源和特定矿种保护，提高矿产资源开采回采率、选矿回收率、综合利用率水平，加强低品位、难选冶、共伴生矿产资源的综合开发利用，鼓励矿山固体废弃物和尾矿资源利用，提高废弃物的资源化水平，提高矿产资源合理开采与综合利用水平。

第五，大力发展循环经济。发展循环经济是节约资源的有效形式和重要途径。要按照减量化、再利用、资源化原则，注重从源头减少进入生产和消费过程的物质量以及物品完成使用功能后重新变成再生资源，加强资源循环利用的技术研发，大力推进循环经济发展，促进生产、流通、消费过程的减量化、再利用、资源化，加快形成覆盖全社会的资源循环利用体系。

4. 加大自然生态系统和环境保护力度

良好的生态环境既是人和社会持续发展的根本基础，也是人民生活水平不断提高的重要标志。根据我国目前生态系统脆弱和环境污染严重的状况，必须采取有效措施，加大保护力度。

第一，实施重大生态修复工程，增强生态产品生产能力。生态修复是指通过人为调控使受到损害的生态系统恢复到受干扰前的状态，恢复其内部结构和系统功能。生态修复工程主要包括土壤修复、区域大气污染防治、湖泊流域治理等内容，主要涉及生活与工业污水治理，大气污染治理，重金属治理和土壤修复行业。生态产品是指满足人类生活和发展需要的各种产品中与生态系统有比较直接关系的产品。例如，经过治理和保护的清洁水源和空气；能提供或生产清洁水和空气的产品；能满足健康生活要求的食品；有利于人们身心健康发展的自然生态系统服务等。

第二，推进水土流失综合治理，扩大森林湖泊和湿地面积。森林和植被的破坏导致水土流失，水土流失导致石漠化和荒漠化，石漠化和荒漠化进一步加深水土流失，并引起湖泊湿地面积缩小、生物多样性减少、生态环境恶化等一系列后果。退耕还林、植树造林、小流域治理等措施既有利于生态环境的恢复，又有利于保护生物多样性，因此，必须采取综合治理措施。

第三，坚持预防为主，防治结合，综合治理的原则。西方工业发达国家在经济发展过程中走过一条"先污染后治理"的道路。许多国家在付出巨大代价之后，才逐步从反应性政策、单项治疗性政策转变到"预防为主、综合防治"的预期性政策、综合性治理政策。这源于在 20 世纪 60 年代末之前，人类还没有真正认识到环境在自身生存与发展中的价值，没有认识到环境的整体性，没有认识到环境问题给人类带来的沉重代价以及治理环境问题的长期性、复杂性和艰巨性。

预防为主、防治结合、综合治理原则是由预防、防治和综合治理三个部分组成，是对防治环境问题的基本方式、措施以及组合运用的高度概括。所谓预防，是指在预测人为活动可能对环境产生或增加不良影响的基础上，事先采取防范措施，防止环境污染和破坏的产生或扩大，或把不可避免的环境危害减少或控制在可容忍的限度之内。所谓防治，是指对已经产生的环境问题，运用科学技术和工程办法消除或减少其有害影响。所谓综合治理则是指根据环境污染或环境破坏的具体情况，对预防和防治进行统筹安排，综合运用各种手段来保护和改善环境。

四　深化改革，加强生态文明制度建设

（一）加强生态文明制度建设顶层设计

十八大之前，我国已经提出了一些推进生态文明建设的举措、政策，但是一直没有提出一份完善的制度框架体系。十八大报告在我国明确提出要"加强生态文明制度建设"，并提出了一整套具有可操作性的具体制度。

一是建立生态文明的评价体系。把"资源消耗、环境损害、生态效益纳入经济社会发展评价体系，建立生态文明的目标体系、考核办法、奖惩机制"。这就是说，要改变现有的"唯 GDP 至上"的经济社会发展评价体系，把单纯的强制性环境约束指标转变为有效衡量生态文明发展的考核标准，从根本上优化单纯 GDP 的评价体系。这是生态文明制度建设的核心。

二是建立国土空间开发保护制度。按照区域经济差异建设生态文明，就是要"加快实施主体功能区战略，推动各地区严格按照主体功能定位发展，构建科学合理的城市化格局、农业发展格局、生态安全格局"。我国陆地国土空间辽阔，但适宜开发的面积少。扣除必须保护的耕地和已有建设用地，今后可用于工业化城镇化开发及其他方面建设的面积只有 28 万平方公里左右，约占全国陆地国土总面积的 3%，必须走空间节约集约的发展道路。而且我国区域经济发展差异很大，发展不均衡，因此，国家对区域经济发展的调控应该区别对待、分类指导，这样才能保证生态文明建设。

三是建立资源有偿使用和生态补偿制度。在生态文明框架下，资源性产品的价格应该包括两个方面：其一是市场供求和资源稀缺程度所反映的产品的市场价格；其二是资源性产品对生态系统影响所体现的生态价值。因此，深化资源性产品价格改革，既要放开国家干预，让市场合理定价，还要在市场价格的基础上，加上由国家确定其生态价值，即生态补偿。

四是建立排放（污）权交易制度。我国在排放（污）权交易已经有了一定进展，尤其是碳排放权的交易。1997 年通过的《京都议定书》把碳市场作为碳减排重要工具，之后世界各国纷纷构建自己的碳交易市场。

由于我国已经成为世界碳排放的大国，遭受了巨大的国内外碳减排的压力，因此我国已经开展了碳排放交易试点工作。2011 年 11 月，国家发改委在北京召开了国家碳排放交易试点工作启动会议，北京、上海、天津、重庆、深圳、广东和湖北被确定为首批碳排放交易试点省市，并提出2013 年我国全面启动基于国家碳排放总量控制下的碳排放交易。

五是建立生态环境保护责任追究和环境损害赔偿制度。责任追究制度是促使监管部门及其工作人员勤勉履职的有效手段。环境损害赔偿制度是从民事法律的角度对破坏环境的行为进行规范的法律制度。这样就形成了从刑事处罚、行政处罚到民事赔偿相结合的完整的法律制度。目前，环境保护部正依托环境保护部环境规划院在 7 省市进行环境污染损害鉴定评估试点工作。待试点成熟后，应确定全国统一的环境损害鉴定和评估计算方法，在国家统一规划下，在各省、自治区、直辖市建立权威的环境损害鉴定评估机构，为环境损害赔偿提供可靠的技术支撑。

（二）深化改革，用制度保护生态环境

十八届三中全会《决定》指出："建设生态文明，必须建立系统完整的生态文明制度体系，实行最严格的源头保护制度、损害赔偿制度、责任追究制度，完善环境治理和生态修复制度，用制度保护生态环境。"

1. 健全自然资源资产产权制度和用途管制制度

对水流、森林、山岭、草原、荒地、滩涂等自然生态空间进行统一确权登记，形成归属清晰、权责明确、监管有效的自然资源资产产权制度。建立空间规划体系，划定生产、生活、生态空间开发管制界限，落实用途管制。健全能源、水、土地节约集约使用制度。健全国家自然资源资产管理体制，统一行使全民所有自然资源资产所有者职责。完善自然资源监管体制，统一行使所有国土空间用途管制职责。

2. 划定生态保护红线

实施主体功能区制度，建立国土空间开发保护制度，严格按照主体功能区定位推动发展，建立国家公园体制。建立资源环境承载能力监测预警机制，对水土资源、环境容量和海洋资源超载区域实行限制性措施。对限制开发区域和生态脆弱的国家扶贫开发工作重点县取消地区生产总值考核。探索编制自然资源资产负债表，对领导干部实行自然资源资产离任审计。建立生态环境损害责任终身追究制。

3. 实行资源有偿使用制度和生态补偿制度

加快自然资源及其产品价格改革，全面反映市场供求、资源稀缺程度、生态环境损害成本和修复效益。坚持使用资源付费和谁污染环境、谁破坏生态谁付费原则，逐步将资源税扩展到占用各种自然生态空间。稳定和扩大退耕还林、退牧还草范围，调整严重污染和地下水严重超采区耕地用途，有序实现耕地、河湖休养生息。建立有效调节工业用地和居住用地合理比价机制，提高工业用地价格。坚持谁受益、谁补偿原则，完善对重点生态功能区生态补偿机制，推动地区间建立横向生态补偿制度。发展环保市场，推行节能量、碳排放权、排污权、水权交易制度，建立吸引社会资本投入生态环境保护的市场化机制，推行环境污染第三方治理。

4. 改革生态环境保护管理体制

建立和完善严格监管所有污染物排放的环境保护管理制度，独立进行环境监管和行政执法。建立陆海统筹的生态系统保护修复和污染防治区域联动机制。健全国有林区经营管理体制，完善集体林权制度改革。及时公布环境信息，健全举报制度，加强社会监督。完善污染物排放许可制，实行企事业单位污染物排放总量控制制度。对造成生态环境损害的责任者严格实行赔偿制度，依法追究刑事责任。

五　加快推进生态文明建设理念、方针、途径和措施

《加快推进生态文明建设的意见》指出，要牢固树立绿水青山就是金山银山的理念，坚持把节约优先、保护优先、自然恢复作为基本方针，把绿色发展、循环发展、低碳发展作为基本途径，把深化改革和创新驱动作为基本动力，把培育生态文化作为重要支撑，把重点突破和整体推进作为工作方式。[①]

（一）抓住重点工作，力争取得突破

当前和今后一个时期，要把"全面推动国土开发开发格局空间优化、加快技术创新和结构调整、促进资源节约高效循环利用、加大自然生态系

---

① 参见《人民日报》2015年3月25日第1版。

统和环境保护力度"作为重点工作，努力在重要领域和关键环节取得突破。

（二）加快推动生产方式绿色化

产业结构和生产方式是制约我国生态环境的重要因素，加快生态文明建设客观上要求构建"科技含量高、资源消耗低、环境污染少"的产业结构和生产方式，大幅提高经济绿色化程度，加快发展绿色产业，形成经济社会发展新的增长点。

（三）加快推动生活方式绿色化

人类的生活方式和消费模式既影响社会的产业结构和生产方式，又对自身赖以生存的生态环境带来重大影响。我国生态环境的严峻形势倒逼着我们的生活方式和消费模式必须向勤俭节约、绿色低碳、文明健康的方式转变，力戒奢侈浪费和不合理消费。为此，就必须树立和弘扬生态文明主流价值观，把生态文明纳入社会主义核心价值观体系，形成人人、事事、时时崇尚生态文明的社会新风尚，为生态文明建设奠定坚实的社会基础和群众基础。

（四）把制度建设作为推进生态文明建设的重中之重

按照国家治理体系和治理能力现代化的要求，着力破解制约生态文明建设的体制机制障碍，以资源环境生态红线管控、自然资产资源产权和用途管制、自然资源资产负债表、自然资源资产离任审计、生态环境损害赔偿和责任追究、生态补偿等重大制度为突破口，深化生态文明体制改革，尽快出台相关改革方案，建立系统完整的制度体系，把生态文明建设纳入法制化、制度化轨道。

六 大学生在生态文明建设中的责任

《中共中央国务院关于进一步加强和改进大学生思想政治教育的意见》中明确指出："大学生是十分宝贵的人才资源，是民族的希望，是祖国的未来。——加强和改进大学生思想政治教育，提高他们的思想政治素质，把他们培养成中国特色社会主义事业的建设者和接班人，对于全面实施科教兴国和人才强国战略，确保我国在激烈的国际竞争中始终立于不败之地，确保实现全面建设小康社会、加快推进社会主义现代化的宏伟目标，确保中国特色社会主义事业兴旺发达、后继有人，具有重大而深远的战略意义。"大学生作为我国社会中人数众多、接受良好教育、党和国家以及整个社会都寄予厚望的群体，在大力推进生态文明建设过程中同样负有重大责任。

第一，大学生应当是生态文明建设的积极支持者和宣传者。大学生掌握的知识比一般人多，在校期间还开设专门的课程对其进行思想政治教育，在接受和理解党的路线方针政策等方面比一般公众更准确、更深刻。党的十八大把生态文明建设作为中国特色社会主义的总体布局之一，不仅具有重大现实意义，而且具有深远的历史意义。因此，大学生应积极支持党中央的这一英明决策。同时还要向自己的家人和社会公众大力宣传生态文明建设的必要性和路径选择等知识与理论。

第二，大学生应当是生态文明建设的研究者和践行者。大学生毕业后一部分人将继续深造，攻读硕士、博士学位，然后进入科研领域；另一部分将奔赴各行各业的建设岗位上建功立业，还有很多人会陆续走上各级政府和各个单位的领导岗位。作为中国特色社会主义的建设者，他们要用自己的专业知识和实际行动来建设自己美丽的家园和祖国。走上领导岗位后，在路线方针政策的贯彻执行过程中将发挥更大的作用和影响力，在结构调整、生态环境保护、污染治理以及生产生活方式选择等方面能发挥更多的主观能动性。

第三，大学生应成为资源节约和文明生活方式引领者。由于大学生在意识上比一般公众更清楚我国的资源现状和环境污染状况，因此在行动上应体现出更高的自觉性。在生活方式的选择上应符合生态文明建设的要求。新的生活方式是简朴生活和低碳生活。简朴生活，是以获得基本需要的满足为目标，以提高生活质量为中心的适度消费的生活。简朴生活拒绝高消费，抑制贪欲和浪费，反对豪华、奢侈和挥霍；以节约为本。低碳生活，是以低消耗和低能耗，低排放和低污染为重要特征的生活。简朴生活和低碳生活是一种可持续的生活方式，是一种有意义的生活，道德高尚的生活。其意义在于：对于个人是简单、方便和舒适；对于社会是高尚、公正和平等；对于后代是爱、责任和希望；对于自然是热爱、尊重和奉献。可持续的生活，既要满足人（现代人和子孙后代）的基本需要，人的生存、享受和发展的需要；又要满足保护地球生态系统，保护生物多样性的需要。人类消耗自然资源的速度和深度要维持在地球生态系统可承受的范围内，为现代人的幸福生活，为子孙后代的福利，为地球上千百万物种，共存共荣共享地球资源，为千秋万代开拓太平之路。

大学生一定要更加自觉地珍爱自然，更加积极地保护生态，为建设美丽家园和祖国贡献自己的青春和力量。

拓展案例

修改后的新环保法成治污利剑

一　修改后的"史上最严环保法"颁布实施

2014 年 4 月 28 日，十二届全国人大常委会第八次会议表决通过了被称为"史上最严厉"的环境保护法，并于 2015 年 1 月 1 日实施。修改后的《环境保护法》共七章七十条，与原法的六章四十七条相比，主要有以下变化：

1. 增加"保护环境是国家的基本国策"，"推进生态文明建设，促进经济社会可持续发展"的规定。

2. 突出强调政府监督管理责任。原法关于政府责任仅有一条原则性规定，新法将其扩展增加为"监督管理"一章，强化监督管理措施，进一步强化地方各级人民政府对环境质量的责任。同时，新法增加规定了环境保护目标责任制和考核评价制度，并规定了上级政府及主管部门对下级部门或工作人员工作监督的责任。

3. 新法增加规定每年 6 月 5 日为环境日。规定公民应当采用低碳节俭生活方式。同时，增加规定公民应当遵守环境保护法律法规，配合实施环境保护措施，按照规定对生活废弃物进行分类放置，减少日常生活对环境造成的损害。

4. 设信息公开和公众参与专章，规定了环境信息公开和公众参与，加强公众对政府和排污单位的监督。

5. 新法突出了人大常委会监督落实政府环境保护的责任，规定县级以上人民政府应当每年向本级人大或者人大常委会报告环境状况和环境保护目标的完成情况，对发生重大环境事件的，还应当专项报告。

6. 新法增加了要求科学确定符合我国国情的环境基准的规定。

7. 新法完善了环境监测制度。

8. 新法完善了跨行政区污染防治制度。

9. 新法补充了总量控制制度。

10. 新法针对目前农业和农村污染问题严重的情况，进一步强化对农村环境的保护。

11. 新法增加规定"未依法进行环境影响评价的建设项目，不得开工建设"。

12. 新法明确规定环境公益诉讼制度。

13. 新法针对目前环保领域"违法成本低、守法成本高"的问题突出，进一步加大对违法行为的处罚力度：一是改变了罚款上限，改为按日罚款，上不封顶；二是对不构成法罪的违法行为给予 15 日以下的行政拘留。

二　罚款上不封顶，违法企业主动停产

据 2015 年 4 月 10 日《齐鲁晚报》报道，在新《环保法》实施之前，环保部门对一次违法行为的高限处罚权只有 10 万元，但是新《环保法》实施后，按日计罚，上不封顶，只要污染不停止，就可以一罚到底。3 月，因连续排污超标 15 天，济南市环保局给山东闽源钢铁有限公司开出按日计罚实施以来最大环保罚单，共计罚款 150 万元，这也是济南"史上最大"的环保罚单。济南裕兴化工、济钢、蓝星石油、长城炼油厂、山东球墨铸铁、重汽卡车公司 6 家企业也收到了按日计罚罚单，少则被罚近 30 万元，多则被罚 110 万元。蓝星石油、长城炼油厂、闽源钢铁、山东球墨铸铁 4 家企业还被责令限制生产。如果复查发现还超标，除按日计罚外，还要责令停止生产。结果，因为按日计罚太厉害，虽然只是被处限制生产，有些企业见无法达标排放，自己主动停产。

新《环保法》实施以来，济南市环保局共立案查处了 38 个案子，开出 7 例按日计罚罚单。截至 4 月 8 日，总处罚金额 842 万元，而 2013 年全年的处罚金额才 405 万元。处罚力度的增加，加大了违法成本，有效震慑了违法排污行为。

三　临沂新环保法治下掀治污风暴

据 2015 年 4 月 10 日《齐鲁晚报》报道，2015 年 2 月，山东临沂市被环保部"约谈"后掀起了一场环保风暴：限产治理 393 家，停产治理 163 家，关闭 8 家。涉及大气污染的 57 家环保不达标企业 10 天内全部停产整治，其中 10 家是纳税百强或百强关联企业。

参考文献

1. 胡锦涛:《坚定不移沿着中国特色社会主义道路前进　为全面建成小康社会而奋斗》,人民出版社 2012 年版。

2. 辛鸣:《十八大后党政干部关注的重大理论与现实问题解读》,中共中央党校出版社 2012 年版。

3. 《十八大报告学习辅导百问》,学习出版社、党建读物出版社 2012 年版。

4. 《新思想·新观点·新举措》,学习出版社、红旗出版社 2012 年版。

5. 蒙培元:《人与自然——中国哲学生态观》,人民出版社 2004 年版。

6. 张世英:《新哲学讲演录》,广西师范大学出版社 2004 年版。

7. 王淮海:《我国能源结构和资源利用效率分析》,《中国信息报》2006 年 4 月 21 日。

8. 《中央关于全面深化改革若干重大问题的决定》,新华网,2013 年 11 月 16 日。

9. 《加快推进生态文明建设的意见》,《人民日报》2015 年 3 月 25 日。

第八章　我国周边形势与外交政策

党的十八届三中全会重申我国现在面对的国际形势十分复杂，也提出建设一支听党指挥、能打胜仗、作风优良的人民军队这一党在新形势下的强军目标。党的十八届四中全会再一次重申，国际形势错综复杂，需要注重从思想上、制度上谋划内政外交国防、治党治国治军的战略性、全局性、长远性问题。当今世界和平与发展是主流，但也应该清醒地看到，自有人类社会以来，流血冲突在国与国之间、民族与民族之间、各种政治派别之间从来就没有停止过，甚至某些地区的冲突还在加剧。近年来我国在外交方面取得了巨大成就，但依然存在许多亟须解决的问题。美国挺进亚太步伐加快，其实质剑指中国。在此背景下，中国与日本之间愈演愈烈的钓鱼岛和历史问题，中国与菲律宾等国的领土之争，以及朝鲜核危机等涉及我国周边形势问题日益成为国人和世界关注的焦点问题，中国的国家安全正面临前所未有的挑战。大学生应该关注我国周边的地区形势以及近期国际热点问题，关注我国对外政策和国防军队建设。

一　我国周边地区形势分析

（一）我国周边形势的特点

我国周边地区形势，是指我国在国土周围面临的形势，即我国周边地区国家与我国在经济、政治、军事等领域的利害关系。我国周边地区形势是我国面临的国际环境的重要组成部分，也是影响我国国家安全与发展的最直接和最主要的外部因素。

我国是世界上邻国最多的国家，共有 20 个邻国，其中与 14 个国家陆地接壤，与 6 个国家隔海相望，这些国家经济发展水平不一，民族宗教问题复杂，意识形态各异，历史上的恩恩怨怨较多。[①] 我国周边形势特点是北面相对平稳、东面隐忧重重，东南情况复杂、西面危机不断、南面关系紧张。

1. 北面相对平稳

所谓的北面相对平稳，主要是指我国北方邻国俄罗斯和蒙古的总体形势很好。俄罗斯从普京到梅德韦杰夫再到普京都重视政治的安定性和经济发展的稳定性，努力建立一个强大而有效的政权体制，遏制成员国与联邦的分裂倾向、加强国家法律和秩序，统一社会思想，以确保俄罗斯的长治久安和实现国富民强的总体发展战略。在经济上，提出符合俄罗斯国情的经济发展战略；在外交上，从国家利益出发，由与美国对抗发展成积极与美国靠拢再到现在与美国保持一定程度的交流和合作，同时也积极改善与欧盟的关系，继续加强与中国的合作，从而使俄罗斯总体发展形势良好；最近几年，北约的东扩压缩了俄罗斯的势力范围，特别是 2013 年开始的乌克兰政局的动荡给俄罗斯稳定带来了不确定性，而 2014 年美国对俄罗斯的制裁导致了卢布大幅贬值，俄罗斯国内经济下滑，给普京政府制造了不小的压力。蒙古国家形势也比较稳定。蒙古政府积极采取措施基本实现了国家宏观经济稳定、投资不断扩大、整顿金融财政秩序和提高人民生活水平的目标。并且中蒙两国都重视彼此关系的发展，两国长期友好，近年来在各个领域都展开了合作，中蒙关系得到了长足发展。但现在在美国亚太战略转移的背景下，美国积极寻求与俄罗斯和蒙古国的合作，企图把美国的影响力延伸到中国的北部邻国。

2. 东面隐忧重重

东面隐忧重重，是指东北亚形势波动不定，一些国家由于领土、内政等问题，存在小规模冲突和矛盾。东北亚的朝鲜半岛局势反复，2013 年 2 月朝鲜进行了第三次核试验，这引起了美、日、韩三国强烈的反应，美韩两国随后在朝鲜半岛进行了多次军事演习，并且这些演习呈现常态化趋势，从而使半岛局势更加紧张，而朝鲜的反应也异常强硬，宣布 1953 年的《朝鲜停战协定》无效、宣布朝鲜进入战争状态、威胁发射舞水端导弹等，但是各方也清楚地知道战争对谁都是致命的打击，合作发展才是"双赢"的选择，而且中国也在朝鲜半岛问题上积极活动，力求朝鲜半岛

---

① 刀书林：《中国周边安全环境刍议》，《现代国际关系》2002 年第 1 期，第 14 页。

的无核化和稳定。2014 年 10 月由朝鲜人民军次帅、朝鲜国防委员会副委员长、朝鲜人民军总政治局长黄炳誓带领的朝鲜高层代表团抵达韩国仁川出席第 17 届亚洲运动会闭幕式，并与韩国高层官员会面。

日本自从 2012 年安倍晋三当选日本新一任首相以来，日本右倾主义抬头，日本新一届政府积极推动日本宪法修订，想让日本合法拥有军队。2014 年 7 月 1 日，日本政府召开临时内阁会议，通过了修改宪法解释、解禁集体自卫权的内阁决议案，这意味着日本战后以专守防卫为主的安保政策将发生重大变化，而这些都彰显了日本的军国主义势力卷土重来的势头正盛、威胁地区安全；中国与日本的钓鱼岛问题也一度使中日关系紧张，2013 年以来，日本海上自卫队以及日美军演都相继展开了一系列的针对钓鱼岛的夺岛演习，对中国在钓鱼岛附近进行正当巡航的公务船和飞机进行非法干扰，2015 年 2 月，日本冲绳县与那国岛民投票赞成准许陆上自卫队驻守与那国岛，距钓鱼岛仅 150 公里，这些都严重侵犯了中国的国家利益和领土安全，激起了包括港澳台在内的全部中国人以及海外华人华侨的强烈反对和谴责，中国政府在钓鱼岛附近的行政巡航活动逐渐形成了常态化趋势，并且中国国防部 2013 年 11 月 23 日宣布，中国划设了东海防空识别区，并且东海防空识别区航空器识别规则于 2013 年 11 月 23 日 10 时起施行，2014 年 12 月由国家海洋信息中心主办的钓鱼岛专题网站正式开通上线，其网站首页声明"钓鱼岛——中国固有领土"加强舆论宣传，这些都体现了中国对钓鱼岛领土主权维护的坚定立场。中日之间虽然有这些问题存在，但是中日两国都有一个共识：中日两国的经济发展和进步是大局，中日互为对方重要的贸易伙伴，一定程度上缓和了局势的继续紧张。

3. 东南情况复杂

中国与东盟五国即越南、菲律宾、马来西亚、印度尼西亚、文莱之间在南中国海的领土争端也逐渐升级，为了争夺中国的南海资源和战略优势，这五个东盟国家纷纷展开军备竞赛，特别是越南和菲律宾，一度与中国在中国南海局势紧张，美国趁势介入南海问题，从而使南海局势越来越复杂，但中国与包括这五个国家在内的东盟都认为经济发展为双方目前最大的利益所在，中国与东盟自由贸易区的存在使双方的经贸关系非常密切，一定程度上遏制和缓和了紧张局势的升级。缅甸与中国关系密切，但是奥巴马上台以来加快恢复与东盟的关系，不断放松对缅甸的制裁，中缅友好关系正面临考验。

4. 西面危机不断

西面危机不断，乱局出现长期化趋势。美国借口"反恐"挺进了中亚的战略要地阿富汗，并以阿富汗为核心向中亚扩展势力，美国相继与中国的邻国——乌兹别克斯坦、塔吉克斯坦、吉尔吉斯斯坦、哈萨克斯坦签订协议建立军事基地或为美国开放领空，不仅对中国造成威胁，同时也削弱了俄罗斯在该地区的影响力和控制力，使该地区充满隐患和变数。这一地区的伊拉克、阿富汗、叙利亚国内局势混乱，特别是叙利亚政府军与反对派的军事冲突持续了四年左右时间；2014 年 6 月，ISIS 组织的领袖阿布·贝克尔·巴格达迪自称为哈里发，将政权更名为"伊斯兰国"，并宣称自身对于整个穆斯林世界（包括历史上阿拉伯帝国曾统治的地区）拥有权威地位，而这对于已经深陷恐怖主义威胁的中东地区是雪上加霜；巴勒斯坦和以色列的领土和宗教纷争仍然在持续。

5. 南面关系紧张

处于该地区的印度和巴基斯坦的对抗一直存在，由于双方在领土、宗教、民族问题上存在纠纷、矛盾，双方冲突或小规模枪战不时发生；中国与印度在藏南地区的领土问题仍然没有彻底解决，2013 年 4 月中印出现了短暂的两国士兵帐篷对峙，一度局势紧张，而美国也把触角伸向了中国的南面邻国，美国在南亚拉拢印度，开始积极接触缅甸，企图在中国的南面给中国形成压力，但中印之间、中美之间都有共识：合作的利益是最大的。

总之，从地区力量相对稳定、各力量对华需求增多及地区经济合作不断加强等方面看，我国周边地区形势总体稳定。求和平、求稳定、求合作是我国周边地区形势发展的主流，这也符合周边国家的国家利益。亚太地区国家经济总体上保持较快发展势头，是全球经济发展最具活力和潜力的地区之一。

（二）我国周边形势面临新的挑战

我国周边地区形势正处在变革和调整的重要时期。部分周边国家处于政治转轨、经济转型和社会转制过渡期，美国战略重心重返亚洲，美国借反恐将军事触角伸入中亚，并顺势扩张，在中国周边投棋设子，其推行"管理"欧亚大陆的战略图谋日渐显现。这使中国周边环境异常复杂，给中国造成了一定战略压力，对我国长期构筑的和平稳定、睦邻友好、合作发展的周边环境带来了较多消极影响①，从而造成我国周边地区传统政治安全问题与新型挑战并存的形势。

由于摆脱不了冷战思维影响，国际上一些国家特别是我国周边地区的一些国家总是以一种非常复杂的心态看待和应对中国目前的快速发展，他们视中国的强大和崛起为最大的潜在威胁，于是通过各种方式和政策进行遏制。最明显的方式就是运用舆论给中国制造压力。最初我国周边某些国家的发展特别是军事发展，就打着"中国威胁论"的幌子，为自己不合理、不合常态的发展寻找借口，以避开世界舆论的批评。随着中国的发展和崛起，特别是 2008 年金融危机爆发后，在中国政府和 13 亿中国人民的共同努力下中国经济在世界领域率先复苏，"中国威胁论"逐渐失去作用，随之出现了一种新的理论"中国责任论"或者是"国际大国义务论"，即在国际事务中要求中国发挥更大作用，承担更多责任。其实这是"中国威胁论"的一种演进，都是扭曲了中国的崛起和发展，想以此牵制中国的发展，给自己国家的发展争取更多的国际空间和机会。这两种理论的存在在一定程度上折射出：我国周边地区的形势异常复杂，这足以引起我们所有中国人的重视，特别是我们当代大学生的注意。只有全面清晰地了解我国所处的周边环境，才能制定我们的奋斗目标，也才能激起我们学习和努力的斗志。就像孟子所说的"人生于忧患，而死于安乐"，对一个国家是如此，对一个人的发展同样如此。并且我们每个人与国家是一种依存关系，国民发展进步了，才能带动整个国家的发展进步；国家强大了，国民才能得到尊重，才有更好的生活。

（三）我国周边地区形势中的积极因素

我国周边地区形势总体稳定向好。周边地区国家都处在经济上升期，特别是遭受 2008 年金融危机打击，各国目前的主要任务仍然是发展经济、改善民生，所以各国的相互依赖性增强；周边地区国家力量消长但都没有能力取得绝对控制权，各国相互制约，各国民间交流频繁，而且由于地缘文化接近，对于各国矛盾的解决和冲突的缓和也起到了一定的作用。

1. 我国周边地区经济总体保持较快发展势头

2008 年金融危机以来，世界各国经济都出现了不同程度的衰退，有些国家面临破产，如冰岛、希腊。随着金融危机、经济危机的不断蔓延和

---

① 刀书林：《中国周边安全环境刍议》，《现代国际关系》2002 年第 1 期，第 12 页。

延伸，欧洲某些国家已经出现了财政危机，而我国周边地区经济总体上保持了较快发展势头，成为全球经济发展最具活力和潜力的地区之一。在中国、印度等新兴国家的带动下，中国与东盟自由贸易区也积极发挥作用，加强双方的经贸合作，东亚地区不仅成为亚洲经济的发展龙头，也是世界经济复苏和发展的重要生力军。随着经济全球化的发展，亚洲经济对世界经济的影响日益重要，世界发展的动力和活力从大西洋往太平洋倾斜的势头也日益明显。

2. 我国周边地区区域合作更加积极

为了发展地区经济，应对全球化冲击，增强抗危机能力，维护地区安全，中国与东盟，东盟与中、日、韩，上海合作组织等区域合作深入发展，我国周边地区国家间的政治互信与经济务实合作水平不断提高。在2009年结束的东盟系列峰会上，地区国家就进一步开展多领域合作，共同应对经济危机和安全挑战展开了积极对话和沟通，2013年中国与东盟之间经贸范围进一步扩大，双方的互补作用更加显现。2013年3月中日韩自贸区第一轮谈判在韩国首尔举行，2013年7月在中国上海举行第二轮谈判会议。这些多层次地区合作的发展和进步，不仅使我国周边地区国家经济关系更加密切，经济往来日益增多，贸易额不断扩大，也为政治安全交流和沟通搭建起平台，或为以后的政治安全问题的解决提供了一种参考。

（1）中国与东盟自由贸易区。东盟是中国的好邻居、好朋友、好伙伴。双方在政治、经济、社会、文化等多个领域合作不断深化和拓展，在国际事务中一直相互支持、密切配合。中国政府坚定地奉行"与邻为善、以邻为伴"的周边外交方针和"睦邻、安邻、富邻"的周边外交政策，与东盟建立了更加强劲的战略伙伴关系。中国已与东盟10国分别签署着眼于双方21世纪关系发展的政治文件。中国—东盟自贸区是中国对外商谈的第一个自贸区，也是东盟作为整体对外商谈的第一个自贸区。在2012年召开的东亚领导人系列会议期间，中国与东盟签署了《关于修订〈中国—东盟全面经济合作框架协议〉的第三议定书》和《关于在〈中国—东盟全面经济合作框架协议〉下〈货物贸易协议〉中纳入技术性贸易壁垒和卫生与植物卫生措施章节的议定书》。双方认为，2013年中国与东盟产业合作是自贸区发展的重中之重。

（2）东盟与中、日、韩。近年来，"10＋3"合作机制以经济合作为重点，逐渐向政治、安全、文化等领域拓展，已经形成了多层次、宽领域、全方位的良好局面。"10 + 3"在18个领域建立了约50个不同层次的对话机制，其中包括外交、经济、财政、农林、劳动、旅游、环境、文化、打击跨国犯罪、卫生、能源、信息通信、社会福利与发展、创新政府管理14个部长会议机制。在"10 + 3"合作机制下，每年均召开首脑会议、部长会议、高官会议和工作层会议。在东亚这个拥有近20亿人口、国民生产总值达10万亿美元的广袤地区，不同宗教信仰、意识形态并存，文化背景千差万别，经济和社会发展程度参差不齐，国家间的一些历史遗留问题也成为地区合作与融合的障碍。但是，无论有多少荆棘，"10 + 3"战略已经成为实现东亚一体化的必由之路。在以东盟主导、协商一致、循序渐进、照顾各方利益、平等互利、相互尊重、求同存异为合作原则的"亚洲模式"下，东亚3国必将在合作共赢道路上从一个成功走向另一个更大的成功。

（3）上海合作组织（简称上合组织）。上海合作组织是第一个在中国境内宣布成立、第一个以中国城市命名的国际组织。根据《上海合作组织宪章》和《上海合作组织成立宣言》，上海合作组织的宗旨是：加强成员国之间的相互信任与睦邻友好；发展成员国在政治、经济、科技、文化、教育、能源、交通、环保及其他领域的有效合作；维护和保障地区的和平、安全与稳定；推动建立民主、公正、合理的国际政治、经济新秩序。上海合作组织对内遵循"互信、互利、平等、协商、尊重多样文明、谋求共同发展"的"上海精神"，对外奉行不结盟、不针对其他国家和地区及开放原则。自成立之日起，上海合作组织成员国在安全、经贸、文化、军事、司法等各领域各层次的合作相继展开，并不断得到加强。2001年成立时签署了《打击恐怖主义、分裂主义和极端主义上海公约》。"9·11"事件后，上海合作组织成员国加强了以打击本地区恐怖主义、极端主义和分裂主义"三股势力"为中心的反恐合作。2004年6月，上海合作组织地区反恐怖机构在塔什干正式挂牌运作。2007年6月，在吉尔吉斯斯坦首都比什凯克签署《上海合作组织成员国关于举行联合军事演习的协定》。在经贸合作方面，已经签署了《上海合作组织成员国多边经贸合作纲要》和落实该纲要的措施计划，成立了质检、海关、电子商务、投资促进、交通运输、能源、电信7个专业工作组，负责研究和协调相关领域合作。

（4）朝核问题"六方会谈"。六方会谈是指由朝鲜、韩国、中国、美国、俄罗斯和日本六国共同参与的旨在解决朝鲜核问题的一系列谈判。会谈于 2003 年 8 月 27 日开始，到目前为止，共举行过六轮会谈。六方会谈的目的是解决朝鲜核危机。2002 年朝鲜宣布要发展核武器，希望和美国进行双方会谈。美国拒绝这个会谈方法，觉得会谈应该包含所有有关国家。两国最后同意六国会谈的方法，但是也同意在会谈中间有朝鲜和美国直接会谈的可能。

有很多分析者认为，中国在会谈内有很重要的地位。中国原来对朝鲜半岛的事情有被动的态度。但是在这个会谈中间，中国表现出一个主动的态度。这个改变有两个原因：一是有核武器的朝鲜半岛对中国的周边安全产生负面影响。朝鲜核危机没有解决的话，美国可能会对朝鲜使用军事行为，这也会影响中国周边地区的安全，威胁中国和平发展大环境。二是中国希望通过自身努力斡旋和谈判，维持一个和平发展的周边环境，为世界和地区和平发展贡献力量、履行责任。

（5）中日韩自由贸易区。2002 年，中日韩三国领导人峰会上提出中日韩自由贸易区这一设想。设想中，中日韩自由贸易区是一个由人口超过 15 亿的大市场构成的三国自由贸易区。自由贸易区内关税和其他贸易限制将被取消，商品等物资流动更加顺畅，区内厂商往往可以降低生产成本，获得更大市场和收益，消费者则可获得价格更低的商品，中日韩三国的整体经济福利都会有所增加。2012 年 11 月 20 日，在柬埔寨金边召开的东亚领导人系列会议期间，中日韩三国经贸部长举行会晤，宣布启动中日韩自贸区谈判。如果中日韩自由贸易区能成立并运行，到 2020 年，即下一个十年结束时应该实现具体目标和远景。中日韩需要集中力量，推动中日韩合作达到新的高度，各领域互利合作更具成果，中日韩合作将促进中日韩的共同利益，为东亚国家乃至世界的和平、稳定与繁荣做出贡献。

（6）亚洲基础设施投资银行。亚洲基础设施投资银行（Asian Infra-structure Investment Bank，AIIB）是一个政府间性质的亚洲区域多边开发机构，重点支持基础设施建设，总部设在北京。亚投行法定资本 1000 亿美元。2013 年 10 月 2 日，习近平主席提出筹建倡议。2014 年 10 月 24 日，包括中国、印度、新加坡等在内 21 个首批意向创始成员国财长和授权代表在北京签约，共同决定成立亚洲基础设施投资银行。截至 2015 年 4 月 15 日，法国、德国、意大利、韩国、俄罗斯、澳大利亚、挪威、南非、波兰等国先后已同意加入亚洲基础设施投资银行，已有 57 个国家正式成为亚投行意向创始成员国，涵盖了除美国之外的主要西方国家以及除日本之外的主要亚洲国家。亚投行不仅有利于亚洲地区的基础设施建设和助力经济发展，更加体现了一种大局思维，让新兴市场国家不再受制，也把中国在世界经济舞台的地位再次拉升了一个档次，带动中国产业升级，推动中国金融服务业的改革发展和国际化接轨。

3. 我国周边地区文化交流日益频繁

由于地缘的关系，周边地区从古代就开始有文化的交流，日本的"遣唐使"、唐朝玄奘西去印度取经、中国的丝绸之路、清末大量中国人移民东南亚等。这些都使周边地区的文化背景相似，所以沟通就比较方便和容易。特别是地区间的民间文化交流，拉近了地区国家人民之间的关系，通过文化交流合作，消除彼此之间的隔阂，促进本地区国家间的和谐，一定程度上为我国周边地区总体稳定的形势做出了贡献。

4. 我国周边地区国家间力量结构仍保持相对稳定

亚洲地区最重要的六大力量——中国、美国、日本、俄罗斯、印度和东盟近几年彼此消长，但是，由于自身存在传统问题或新型问题出现了没有一个国家能在周边地区取得绝对支配地位，六股力量之间相互制衡，国家间的力量结构仍保持稳定，从而使周边地区形势总体保持稳定向好。以美国为首的发达国家对中国的发展不断施加压力、制造麻烦或事端，干涉中国内政，在国际上让中国承担越来越多的责任。美国虽然也面临金融危机、恐怖主义、就业率下降、国内枪支管控等问题，但其优势地位在当今世界仍无人能敌。由于其意在管理世界，所以其力量分散于全球，难以在中国周边为所欲为，并且由于金融危机在美国的延伸发展，给美国经济造成了一定打击，这时急需中国在经济层面的帮助，而且双方也逐渐认识到合则两利、斗则两伤。日本经济实力雄厚，在亚太地区有着举足轻重的地位，并且是美国在亚太地区的盟国，但由于各方面原因，特别是它不承认第二次世界大战的侵略历史，难以成为世界政治大国；在军事方面，日本想成为军事大国的道路也会困难重重，首先美国出于亚太地区的战略考虑，就不会让日本的军事有很大的进步空间，再就是和平宪法的存在也阻碍了日本发展军事的脚步。俄罗斯军事力量、航天和能源方面非常强大，但碍于其经济发展较慢，短期内不可能在中国周边地区发挥主导作用。印度经济发展速度很快，其 IT 业非常发达，由于其廉价的劳动力也吸引了很多外资投资，综合国力不断提升，在南亚地区占据主导地位，但在亚太地区其实力有限、国内的宗教问题和民生问题也牵扯其精力，并且与巴基斯坦之间的对抗不断，其精力无法完全转移到整个亚太地区。东盟发展有目共睹，但是由于其处于刚刚起步的阶段，各国仍处于磨合和调整期，无法在短期内形成一股强大的力量，与其他力量之间千丝万缕的联系，构成了现在各力量相互制衡的局面。

5. 周边各国对中国需求有所上升

由于中国经济的不断发展，综合国力不断提高，在国际上拥有越来越多的话语权，世界各国都看到了中国的重要性，特别是在金融危机之后，中国在世界领域的率先复苏，给了很多国家希望。美国深受金融危机的打击，为了整个国家经济的复苏，奥巴马政府采取了各种措施，包括向中国寻求帮助，要求中国购买美国的国债、加大对美国产品的进口等，当然为了维护亚太地区的实力均衡以及其长期的政治经济利益考虑，美国仍将重视和加强与中国的关系，中美不会走向全面对抗。中国经济的不断进步，也让日本寻找到了一个新的经济增长点，那就是开拓中国市场，虽然两国间有着很多问题，但是从自身地缘政治及长远战略利益考虑，日本不会把中国只当成单纯的对手。印度一直把中国作为假想敌，但是，在国家利益面前，在印度经济快速发展之际，印度也需要中国广大的市场和贸易伙伴。俄罗斯的战略重心并不在亚太地区，而是在欧洲，中国是俄罗斯在亚太地区制衡美国的一个很好的手段。并且中国、印度、俄罗斯同属金砖国家，为了形成国际政治经济新秩序，三个国家需要在一定程度和某些方面合作。东盟虽然对美国倾向加强，但由于其势力正处于上升阶段，仍希望亚太地区实力均衡，并且由于中国经济的飞速发展以及地缘关系，东盟对中国经济依赖有所加强。

6. 我国周边地区安全形势较长时期内仍会保持总体稳定

朝鲜半岛局势虽然会时好时坏，但在较长时间出于民族、经济、其周边大国不希望朝鲜半岛出现战事等方面的考量朝韩双方仍可为维持"难统难战"的局面；印度和巴基斯坦克什米尔领土问题短时间内不会得到解决，双方虽然偶有冲突或小规模战争，但是由于双方各持核武，爆发全面战争的可能性比较小；中亚、南亚、东南亚及俄罗斯的三股势力（民族分裂、国际恐怖和宗教极端势力）仍会有冲突发生的可能性，但是在较长时期内难成规模。除此之外，周边各国从本国利益出发，特别是金融危机以后，重心转移到经济发展，并且地区内的双边和多边安全合作将逐

渐得到重视和落实。在"反恐"的感召下，各方会进一步加强地区安全
合作，冷静对待和解决地区冲突，逐渐以双边和多边安全对话合作机制取
代爆发冲突来处理和解决安全问题。

(四) 影响我国周边地区形势的不安定因素

我国周边地区形势总体稳定，但是由于传统政治安全问题的长期存在
以及新型挑战的产生，影响地区稳定的不安定因素仍然存在。并且随着社
会主义中国的不断强大，有些挑战有激化的可能。总体来说，这些不安定
因素是历史问题、领土问题、宗教问题和内政问题等综合因素引起的。

1. 美国挺进亚太战略给中国造成强大压力

美国要实现"管理"世界的梦想，就必须关注地区势力平衡。在亚
太地区，美国的战略要点是遏制中国的发展，认为中国是其实现世界霸权
的最大威胁。因此，美国深化和扩大其在亚太地区的双边安全同盟，推行
大国平衡战略，以此对中国进行战略压制政策，即在中国周边地区投棋布
子，对中国形成合围之势。

(1) 在东北亚地区继续加强与日本、韩国的战略同盟，支持日本在
钓鱼岛问题上的主权立场，干涉中国的领土问题；以韩国来牵制朝鲜半岛
局势向有利于美国的方向发展，制约中国在东北亚的影响力。

(2) 积极改善和俄罗斯的关系。普京上台以来，俄罗斯就致力于改
善与美国的关系；梅德韦杰夫任总统以后，更是把俄美关系作为其外交政
策的重心；普京再次上台以来，虽然双方在一些方面存在分歧，特别是在
叙利亚问题上双方持相反立场，但无论是普京还是美国总统奥巴马都出于
战略考虑非常看重两国关系的发展。两国关系的改善有利于缓和两国的矛
盾，美国有更多的精力来处理中美关系。

(3) 美国以"反恐"为借口进入在中亚具有重要战略位置的阿富汗，
推倒了反美的伊拉克萨达姆政权，扶持一个亲美的新伊拉克政府，制裁反
美的伊朗，支持叙利亚反对派对抗叙利亚的阿萨德政权。这些活动强化了
美国在中亚和西亚的战略影响，使其势力范围拓展到中国的西面。通过对
印度和巴基斯坦的政策平衡，也使南亚地区出现了有利于美国的地缘政治
重组，使美国对中国的战略威胁推到中国南面。

(4) 从 2002 年印度尼西亚巴厘岛恐怖爆炸事件以来，美国加大对东
南亚地区反恐的支持力度，并借机拉近了与东南亚国家的关系，为美国挺
进该地区创造了条件，也增强了美国在东南亚的军事影响。在奥巴马第一

任期内就注重美国与东盟的合作，以此排除中国对东南亚的影响力；通过插手中国南海问题，美国加强了与越南、菲律宾和印度的合作，威胁中国的东南面。

（5）继续加强美国与大洋洲的澳大利亚的联系，并逐渐编织起美国、印度、日本、韩国、澳大利亚军事网络，对中国的沿海地区造成威胁。

（6）继续支持"台独"、"藏独"、"疆独"势力，干涉中国内政，以此作为与中国谈判的筹码，同时也以此牵制中国的发展和统一大业。

（7）干涉中国钓鱼岛，在钓鱼岛问题上美国一度偏离历史和法律事实，支持日本对钓鱼岛的绝对管辖和主权，在中国外交压力下，美国虽然后来改称在钓鱼岛的主权归属上美国不承认中国拥有也不承认日本拥有，但坚称现在的钓鱼岛是在日本的行政管辖下。

除此之外，目前，除朝鲜、老挝、柬埔寨、缅甸等少数国家外，我国周边地区国家与美国均有不同程度的军事合作关系。

2. 持"中国威胁论"的国家继续存在

"中国威胁论"早在新中国成立之初就存在，并以美国炒作最为厉害。"中国威胁论"的存在使我国周边地区安全环境更为复杂。改革开放后，中国的经济出现了飞跃性发展，中国的政治、文化、外交、体育等都有了长足的发展，中国在国际上的影响力越来越大，此时"中国威胁论"成为我国周边地区某些国家不公平、不合理的恶性竞争行为的借口。如日本、印度就以"中国威胁论"为借口违背宪法或国际条约、条例积极扩充军备，发展高尖端武器技术，并以此博得世界和国民对其行为的"认同"。我国周边地区国家持"中国威胁论"的主要有日本、韩国、印度等。

日本在历史问题、东海海洋权益、钓鱼岛问题、台湾问题等方面不断向中国叫板，在区域合作中与中国争夺主导权，公开阻挠欧盟解除对华武器销售禁令。日本从未放弃成为军事大国梦想，通过不断渲染"中国威胁论"，日本公开主张要重新审视日本的范围和安全战略、积极扩充军备、通过有关法案逐渐给其军事行为解冻，并在国内造势设法修改日本和平宪法、参拜靖国神社、否认第二次世界大战的侵略行为、往海外调军。这些行为都表明了日本走向军国主义的倾向和危险加大，也必将对我国周边地区安全产生重大影响。此外，日本还积极配合美国亚太战略部署，与美国联合开发并部署导弹防御系统，允诺美国核动力航母入驻日本，俨然成为美国阻止中国和平发展的急先锋。日本安全政策的变动增加了日本未来走向的不确定性，成为影响东亚地区安全的最大变数。

韩国也是高举"中国威胁论"发展本国军事力量，并积极加强与美国的军事合作，多次与美国进行针对中国的联合军演。韩国政府对"中国威胁论"的渲染也影响了韩国民众对中国的误解。

最近几年"中国威胁论"运用最为频繁的是印度。印度一直怀揣着"大国梦想"，其各个方面的发展都以中国为目标。随着印度最近几年经济和科技的不断发展，印度的大国梦想就越来越强烈。2000 年，印度国防部长费尔南德斯访问日本时扬言："从阿拉伯海的北面到南中国海，都是印度的利益范围。"同年，印度外长贾斯旺特·辛格也称，"印度的安全考虑参数已明显超越南亚的地理定义的范围"，"印度关注的安全环境以及潜在的安全考虑包括从海湾到马六甲海峡的印度西边、南边和东边地区，西北边的中亚，东北亚的中国和东南亚"。[①] 为了实现其大国梦想，印度积极加强与美国、日本以及东盟的合作关系，特别是插手中国的南海问题，并与美国、日本以及一些东盟国家在中国南海地区进行军事演习，企图将军事势力从印度洋扩展到东亚。另外，中国与印度之间的领土问题也悬而未决，2013 年 4 月，由于印度士兵越界挑衅，中印士兵展开了短暂的帐篷对峙行为，这些都是在印度"中国威胁论"作用下的行为。但是印度最大的问题不是"中国威胁"，而是与巴基斯坦之间的领土问题，所以现在印度与巴基斯坦之间的紧张关系以及因为领土问题而不时产生的军事武装冲突分散了印度更多精力，使其一段时间内无法脱身于南亚局势。

3. 中日钓鱼岛问题

（1）钓鱼岛问题的由来及其现状。中国与日本存在钓鱼岛主权归属之争。不管从历史还是国际法看，钓鱼岛都属于中国的领土，但是由于第二次世界大战时期美国的不合法、不合理行为，致使钓鱼岛从第二次世界大战以后一直处于日本的武力控制之下，不时纵容日本右翼势力登岛制造事端，并且用武力阻止中国船只和中国人接近或登上钓鱼岛，2015 年 4 月 6 日，日本审定 2016 学年中学教科书，首度在全数社会课程教科书中列明与中韩两国分别有主权争议的钓鱼岛及独岛（日称竹岛）为"日本

---

① 刀书林：《中国周边安全环境刍议》，《现代国际关系》2002 年第 1 期，第 15 页。

固有领土"，中国于 2014 年年底开通钓鱼岛专题网站，使用"www. di-aoyudao. org. cn"和"www. 钓鱼岛 . cn"域名。网站发布一系列历史文献和法律文件，有力地证明，无论从历史还是法理角度，钓鱼岛及其附属岛屿都是中国固有领土。总而言之，现在的钓鱼岛被日本非法控制，美国承认钓鱼岛处于日本的实际控制下，但是这些严重侵犯了中国的主权和领土完整，也严重损害了中国人民的感情。而中国政府和中国人民一直没有放弃收回钓鱼岛，因为钓鱼岛自古以来就是中国的领土，这毋庸置疑。中国政府在努力，我们的海监船和渔政船现在在钓鱼岛进行常态化的巡航，以此宣示中国对钓鱼岛的主权；我们的人民包括港澳台人民，通过民间保钓的方式也在积极努力宣示我们对钓鱼岛的绝对主权。钓鱼岛问题的出现是由历史的原因造成的，更大的原因是钓鱼岛附近丰富的能源资源和渔业资源，驱使日本占领钓鱼岛。美国为了挺进亚太，为了其亚太利益插手钓鱼岛问题，并且歪曲事实地站在日本一边，支持日本对钓鱼岛的实际控制，甚至不惜跟日本进行针对钓鱼岛的登岛和夺岛军事演习，使钓鱼岛问题的解决更加复杂和充满变数。

中日之间另一个领土争端是同样能源丰富的东海地区。中日东海争端实质是主权与能源之争。由于两国对于冲绳海槽地位、钓鱼岛主权以及在其划界中的效力一直存有争议，所以双方无法在这一问题上有个定论，只能通过谈判和对话，互相做出让步，共同开发。如果这一问题没有得到彻底解决，中日双方在这一问题上会一直纠缠下去，这种周边地区大国间的争端，一旦引发冲突，对周边地区安全环境影响较大。钓鱼岛与东海地区除了有丰富的能源资源，从军事战略上来说，它们也具有十分重要的战略位置，关系到我国的东部地区的安全和防务。

（2）中国政府钓鱼岛问题上的立场和主张。中日之间的钓鱼岛主权纠纷，完全是由于日方单方面挑衅和侵犯中国主权造成的，只有日本放弃冷战思维，正确看待中国发展，才能真正了解中国和平崛起对日本来说是一个发展的机会，才有可能改变日本与中国搞对抗的做法，才能在正视现实的基础上寻求两国之间形成一种新的平衡，达成新的共识。相对于中日之间的问题和不幸历史，更要看到中日两国友好交往的历史悠久、文化相通、共同利益巨大的优势，两国要成为好邻居、好伙伴，互不构成威胁，互相支持对方和平发展，加强相互信任，在政治、经济、人文等各领域深化交流，实现和扩大共同利益。中国坚持"与邻为善、以邻为伴"的周

边外交政策，邻国之间应友好相处，不应以邻国为假想敌，导致相互
猜忌。

4. 中国南海问题

南海问题仍是影响中国和东盟国家关系的重要障碍。近年来，在双方
共同努力下，南海地区形势渐趋平稳，具有一定的可控性，但是由于该地
区涉及多国利益，问题比较复杂，影响广泛，增加了解决的难度，所以这
一问题也不容低估。南海是中国的南大门，是中国南部的重要门口，具有
非常重要的军事战略位置。美国等其他外部势力为了本国在亚太地区的国
家利益，开始插手中国南海问题，而这一举动更增加了南海问题的不可预
测性。一些国家仍然在经济利益驱使下不断在南海地区进行侵占及能源开
采活动，同时极力推动南海问题的扩大化，企图使其非法侵占成为既成事
实，这将进一步损害我国在南海地区的利益，危及我国周边地区的安全和
稳定。

（1）中国南海问题的由来及其现状。我国对南海具有绝对主权这是
毋庸置疑的，1943 年的《开罗宣言》以及 1945 年的《波茨坦公告》都明
确了中国对南海及南海诸岛拥有主权。这个既定事实也得到了国际认可。
由于能源和军事战略的驱使，东南亚国家，主要是菲律宾和越南，开始对
南海及其诸岛礁蠢蠢欲动。越南、菲律宾加强对其占领南海岛礁的维修和
建设；频繁出动舰机赴南沙活动，加紧进行海区测量，并重点监视无人礁
滩，以防他方占据；并以南沙为背景进行军事演习；武力驱逐或抓扣进入
该区域的我国渔船渔民。

第一，中越争端。2014 年 5 月，由于中越在西沙海域围绕"海洋石
油 -981"号钻井平台对峙，越南国内爆发了大规模反华示威游行。与此
同时，在越南的中资企业也成为越南示威民众的攻击目标。5 月 13 日，
数百名越南民众冲进胡志明市北方平阳省的外商聚集区，对厂区设备进行
砸、抢、破坏。虽然越南的态度强硬，但在实际交涉中，也还会有所节
制。目前，越南正处于革新开放和经济转型的关键时期。2015 年以来，
越南经济遇到严重困难，越南货币大幅度贬值。为了稳定经济和改善民
生，在这样的时期挑起战端显然是不明智的。尽管越南民众存在强烈的民
族主义情绪，但他们也希望能够过上和平、安宁和富足的日子。因此，在
新加坡举行的第十届亚洲安全会议上，中越两国国防部长会晤时，越南国
防部长冯光青也表示将通过双边会谈解决问题。

第二，中菲争端。菲律宾参众两院于 2012 年 2 月正式通过领海基线法案，将黄岩岛和南沙群岛部分岛礁列为菲"所属岛屿"，该法案最后由总统阿罗约签署后正式成为法律。菲律宾参议员劳萨斯更是嚣张地表示："别太把中国的抗议当回事。"而美国已公开由它的智囊向菲建议，说不用管中国相关的法律或者中国的抗议，美国会承认或支持菲律宾占据岛屿的行动。2012 年 4 月 10 日菲律宾海军巴拉望号在海南省三沙市黄岩岛海域抓捕 12 艘中国渔船上的中国渔民，正当菲律宾海军在中国渔船上抓捕渔民时，中国海监船 75 号和海监船 84 号抵达，阻止菲律宾海军带走中国渔民和渔船，随后中国渔政船和菲律宾海军护卫舰开始对峙。2013 年 1 月 22 日，菲律宾向中方提交了就南海问题提起国际仲裁的照会及通知。同年 2 月 19 日，中方声明不接受菲方所提仲裁，并将菲方照会及所附通知退回。2013 年 4 月初，中菲南海争端并未提交至国际海洋法法庭，而是遵照《联合国海洋法公约》的规定，并在菲律宾要求下，进入争端解决机制之一的"仲裁"程序中。

（2）中国在南海问题上的主张及其立场。中国政府一贯主张以和平方式谈判解决国际争端。根据这一精神，中国已同一些邻国通过双边协商和谈判，公正、合理、友好地解决了领土边界问题。这一立场同样适用于南沙群岛。中国愿同有关国家根据公认的国际法和现代海洋法，包括 1982 年《联合国海洋法公约》所确立的基本原则和法律制度，通过和平谈判妥善解决有关南海争议。这已明确写入 1997 年中国—东盟非正式首脑会晤发表的《联合声明》中。中国政府还提出"搁置争议、共同开发"的主张，愿意在争议解决前，同有关国家暂时搁置争议，开展合作。中国政府不仅是这样主张的，也是这样做的。近些年来，中国与有关国家就南海问题多次进行磋商，交换意见，达成广泛共识。中菲、中越、中马等国的双边磋商机制正在有效运行，对话取得不同程度的积极进展。在中国—东盟高官磋商、中国—东盟对话会中，双方也就南海问题坦诚交换意见，一致赞同以和平方式和友好协商寻求问题的妥善解决。

中国主张有关各方在南沙问题上采取克制、冷静和建设性的态度。近些年来，越南、菲律宾等出兵强占南海一些无人岛礁，摧毁中国在南沙无人岛礁所设主权标志，抓扣或以武力驱赶我在南海作业的渔民，对此，中方始终坚持通过外交渠道，以和平方式与有关国家商讨解决有关问题。这充分体现了中国维护地区稳定和双边友好关系大局的诚意。

中国高度重视南海国际航道的安全畅通。中国维护南沙群岛主权和海洋权益并不影响外国船舶和飞机根据国际法所享有的通行自由。事实上，中国过去从未干预过外国船舶和飞机在此地区的通行自由，今后也不会这样做。中国愿同南海沿岸国家一道，共同维护南海地区国际航道安全。

南海问题是中国与有关国家间的问题。中国政府一贯主张通过双边友好协商解决与有关国家之间的分歧。任何外部势力的介入都是不可取的，只能使局势进一步复杂化。中国与有关国家完全有能力、有信心妥善处理彼此的争议。南海地区的和平与安宁可以长期保持。目前，南海地区根本不存在什么危机。渲染南海局势紧张，是与事实相违的，甚至是别有用心的。

5. 大部分周边地区国家继续处于政治转型过程

我国周边地区各国经济、政治、文化和社会发展水平不一，贫富差距明显。在全球化、西方民主化浪潮以及金融危机冲击下，相当多的国家正处于政治转轨、经济转型和社会转制的过渡期。周边地区安全形势变得很复杂。我国周边地区国家包括中国都处于不同程度和类型的转型过程中。其中一些国家的转型比较顺利、平稳，另外一些国家的转型过程则比较曲折、漫长，特别是那些处于政治转轨或社会转制的国家，在其转型过程常常伴随政治动荡，甚至会发生武装冲突、流血事件。当前我国周边地区只有少数国家已经完成或基本上完成了政治转轨过程，实现了国家的政体稳定和繁荣的目标。大部分国家都没有完成这一过程，其中有些国家的转轨过程伴随着政治动荡。

2013 年 8 月，泰国执政党为泰党议员沃拉差提出有助于泰国前首相即英拉哥哥——他信回国的"特赦法案"，接受泰国国会的审议，由此引发反政府人士素贴等领导反政府示威活动。抗议者要求立即解散英拉政府及国会，并声称其政府是由英拉的哥哥、前总理他信所控制，誓言要彻底清除泰国的他信政权。2013 年 11 月 11 日，在泰国国会上议院否决了备受争议的特赦法案后，泰国政府所受压力减轻。2013 年 11 月 24 日，泰国前民主党议员素贴在曼谷民主纪念碑附近发起大规模反政府集会。2013 年 12 月 1 日凌晨，"红衫军"与反对派爆发大规模冲突，造成 5 人死亡，54 人受伤。2014 年 1 月 13 日，泰国曼谷，泰国反政府示威者开始正式实施"封锁曼谷"行动，泰国两派的政治对决掀开最新一幕。示威者表示，"封城"行动将持续 20 天，直至 2 月 2 日大选。"封城"的主要集会地点有 20 个，除民主纪念碑外，示威者将在 7 个地区建新的集会场所。泰国媒体称，如"封城"行动按计划实施，整个城市地面交通将被中断，政府机构被迫关门，曼谷将瘫痪。而这一事件的背景是：2006 年政变之后，泰国政坛一直处于分裂状态，支持他信和反他信的力量一直对峙。泰国经历了"红衫军"①、"黄衫军"② 对抗和数名总理下台的政治乱局。

　　2013 年 11 月 21 日，乌克兰政府宣布暂停与欧盟签署准成员国协定的准备工作后，欧洲一体化支持者开始在基辅和乌克兰各地举行大规模抗议活动。11 月 30 日，"别尔库特"特种部队驱散了基辅市中心的广场抗议民众。12 月 1 日，示威者在基辅举行大规模群众集会再次占领广场，参加者近 50 万人，然后示威者们占领了市政府，并且和警察发生大规模冲突。3 日，经过辩论，乌克兰议会投票否决了由反对派提出的对政府不信任案。11 日，乌克兰当局对基辅市中心进行抗议的人群进行清场。13 日，乌克兰当局与反对派举行圆桌会议。15 日，反对派和政府支持者同时在基辅举行活动。2014 年，执政当局与反对派的矛盾焦点已从对外政策转到内政问题。1 月下旬以来，执政当局与反对派已进行多轮谈判，并作出重大让步，但反对派步步紧逼，不断提出新要求，毫无停手之意。乌克兰危机迟迟得不到解决与外部干预有很大关系。美国和欧盟不断向乌克兰当局施加压力，甚至直接插手乌内政，但美欧对如何解决乌克兰危机也有分歧。分析人士指出，由于有西方撑腰和出谋划策，乌克兰反对派的态度越来越强硬，危机也就越来越难以解决。

　　6. 恐怖主义威胁仍然存在

　　近年来，我国周边地区的恐怖主义不断发展。阿富汗、巴基斯坦等中亚、南亚地区是国际恐怖主义和民族分裂主义以及宗教极端主义的重要基地和活动场所。随着美国"9·11"恐怖袭击的爆发，以美国为首的打击恐怖主义的国际行动迅速在全球展开。为打击恐怖主义，美国发动了阿富汗战争，沉重打击了国际恐怖主义和民族分裂主义以及宗教极端主义，但是这"三股势力"并未偃旗息鼓，而是转变了恐怖袭击方式，由公开袭击转变成暗杀、"游击战"以及"人体炸弹"，不时制造新的恐怖袭击事件。在东南亚，"9·11"恐怖袭击后恐怖主义进一步蔓延和发展，当地

---

　　① 泰国红衫军，自称反独裁民主联盟（UDD），又叫作泰国反独裁民主联盟，或者泰国反独联，俗称红衫军，他们在示威游行时穿着红色衣服以示识别，他们支持泰国前总理他信。

　　② 黄衫军，象征王权，代表城市精英与法官军队的利益，反对泰国前总理他信。

的伊斯兰激进势力与"基地"组织勾结，制造了一系列的恐怖袭击事件，最典型的就是 2002 年 10 月的巴厘岛爆炸案，恐怖主义已经成为东南亚地区安全的现实和潜在威胁。由于地缘的关系，再加上恐怖主义的国际流动性和扩散性，周边地区恐怖主义的蔓延和发展对中国产生了很大的影响和威胁。在这些形势影响下，中国国内也产生了本土恐怖组织"东突"，并且境外恐怖组织与我国国内的"东突"恐怖组织的联系日益密切，在我国国内制造了一些恐怖活动，严重影响了我国国内的安全形势，给人民群众的生活造成威胁，同样对新疆的稳定和中国的统一构成现实和潜在的威胁。

7. 台湾问题

台湾问题纯属中国内政，可是由于美国插手，台湾问题不再是单纯的中国内政问题，而成为中美之间的外交问题。台湾是美国在亚太地区制衡中国的一个筹码，以此牵制中国的经济和军事发展。马英九上台以来，两岸关系逐渐缓和，但是对于统一问题，他采取避重就轻原则，保持现状是其任内对两岸的态度和政策。近几年，中央政府在台湾问题上逐渐变被动为主动，积极采取各种措施，缓和两岸关系，加强与台湾经济、民间交流与合作。中央政府积极采取措施改善两岸的经济贸易关系，给台湾老百姓实实在在的实惠，使两岸关系逐渐回暖；两岸的直航以及台湾开放大陆民众到台湾旅游，加深了两岸人民之间的联系。但是两岸统一问题以及关于统一问题的政治对话短期内很难实现，但是只要目前两岸的交流合作继续加深，统一最终会实现。在统一的道路上会成为障碍的有两个：一个是美国；另一个是岛内的"台独"势力。以台制华、阻挠中国统一是美国的既定战略，美国的共和党和民主党对于台海两岸政策有一个底线，那就是不让两岸统一，尽量让两岸分裂，最好是永远分裂。目前，美国在台湾问题上实行的是"不独、不统、不武"的政策，即美国不希望台湾独立，也不愿意中国统一，更不愿意看到中国大陆对台湾动武。岛内的"台独"势力也是不容忽视的，他们在台湾的中南部具有一定影响力。这些问题的存在阻碍了两岸的统一，并且对中国的周边地区安全构成了长期的挑战和威胁。

二 我国的对外政策

(一) 正确认识当前的国际形势的特点

正确认识和准确判断当前的国际形势是党和国家制定外交战略和对外政策的基础。党的十八大报告对国际形势的总体认识和判断主要体现在两个方面。

1. 国际形势总体稳定

党的十八大报告指出："当今世界正在发生深刻复杂变化，和平与发展仍然是时代主题。世界多极化、经济全球化深入发展，文化多样化、社会信息化持续推进，科技革命孕育新突破，全球合作向多层次全方位拓展，新兴市场国家和发展中国家整体实力增强，国际力量对比朝着有利于维护世界和平方向发展，保持国际形势总体稳定具备更多有利条件。"面对复杂多变险象环生的国际形势，党中央做出"总体稳定"的判断。这个判断之所以正确，因为它符合以和平与发展为主题的时代精神，体现了国际形势发展的主流，其深层道理是基于自信在可预见的未来能够避免世界大战的发生。正因如此，我们必须坚定不移地坚持以经济建设为中心，一心一意谋发展方针政策。

2. 世界仍然很不安宁

党的十八大报告在做出世界形势总体稳定的判断后指出："同时，世界仍然很不安宁。国际金融危机影响深远，世界经济增长不稳定不确定因素增多，全球发展不平衡加剧，霸权主义、强权政治和新干涉主义有所上升，局部动荡频繁发生，粮食安全、能源资源安全、网络安全等全球性问题更加突出。"

(二) 正确认识我国周边地区形势的重要性

1. 周边地区形势是我国地缘战略的依托

正确认识我国周边地区形势意义重大，这是因为我国周边地区是中国重要的地缘战略依托。在中国总体外交格局中，周边地区外交更具有重要地位。因为我国周边地区集中了中国重要的国家政治、经济和安全利益，当然亚太地区的和平与稳定对于整个世界的和平与发展具有举足轻重的地位。在政治上，我国要实现和平发展的战略目标，很大程度取决于我国与周边地区国家之间的关系。所以有一个稳定的周边地区环境有利于维护我国的国家主权和领土完整，也有利于实现国家的统一，从这个意义上讲，周边地区环境的好与坏具有非常重要的意义。在经济上，亚太地区特别是我国周边地区是全球经济最有活力和潜力的地区。周边地区国家具有丰富的资源、市场需求大、技术先进、资本雄厚、劳动力丰富，而这些都是我国经济发展所需要的，如果双方能加强经济领域的合作，将会达到"双赢"的目的。地理位置的接近也会为双方经贸合作缩减成本，实现利益最大化。所以发展我国与周边地区国家的经贸关系，加强区域经济合作是中国开展世界经济合作与竞争的基础，同样也会为中国经济持续稳定地发展创造良好的外部环境。在安全上，中国与周边地区国家关系的好坏，也直接影响我国的国防安全、海洋通道安全、领土安全、能源安全以及经济安全。

所以我国"大周边"外交策略非常重要，消除双方误解和解决双方存在的矛盾，加强中国与周边地区国家的信任与合作，维护周边地区的和平与稳定，为中国现代化建设创造良好的和平国际环境。随着中国经济的飞速发展，综合国力的不断提高，中国在世界上的影响力越来越大，中国离不开世界，世界同样也需要中国。特别在亚太地区，中国的战略地位至关重要，如果中国能够维持好亚太地区的稳定，不仅能给本国带来政治、经济及安全上的利益，也会大大提升中国的国际地位，在世界上赢得更多的话语权，也有利于整个世界政治经济新秩序的建立。

2. 良好的周边关系有助于我们一心一意谋发展

新中国成立以来，特别是改革开放以来，我国综合国力不断增强，国际地位不断提高，国际影响不断扩大。国际金融危机爆发以来，我国发展模式引起各方高度关注，世界各地"中国热"持续升温。正确认识我国国际地位的变化，就要全面和准确把握胡锦涛同志在第 11 次驻外使节会议上提出的要"努力使我国在政治上更有影响力、经济上更有竞争力、形象上更有亲和力、道义上更有感召力"的深刻内涵和重要意义，既要正视我国全球性影响日益扩大的现实，又要坚持我国是发展中国家这一基本定位，要坚持承担与我国实力相称的国际责任，在国际事务中继续发挥建设性作用。新形势下，我国外交正站在新的历史起点上。我国同各大国的关系总体稳定。一批发展中大国加快崛起，推动世界力量对比进一步朝着多极化的方向发展。我国同周边国家友好合作关系深入发展。我国在当前的国际体系改革进程中处于相对主动地位，在国际事务中发挥着举足轻重的建设性作用。在准确把握机遇的同时，更要清醒认识挑战。国际形势复杂严峻的一面仍很突出，不确定、不稳定因素增多。国际经济金融危机尚未见底，对我国以及广大发展中国家的冲击不容忽视。不少国家对我国快速发展尚未做好心理准备，我国将长期面临外部各种牵制，将不时受到"中国威胁论"、"中国责任论"等干扰。

作为当代大学生应该充满忧患意识，正确认识国家与人民的依存关系，努力学习，刻苦钻研，增强自己的理论知识的同时，培养自己的动手能力，学会动脑思考问题，也学会以全局、全面的眼光和视野对待问题、解决问题，努力培养自己成为合格的国家建设者和接班人，为实现中华民族的伟大复兴不断奋进。

（三）我国的对外政策

作为世界第二大经济体，中国的一举一动都备受瞩目。从党的十八大报告中可以看出，中国的外交政策既有继承又有发展，体现了政策的连续性稳定性与开拓创新的有机统一。

1. 中国外交的大政方针没有变

十八大报告重申，中国坚定奉行独立自主的和平外交政策，始终不渝走和平发展道路，始终不渝奉行互利共赢的开放战略，坚持在和平共处五项原则基础上全面发展同各国友好合作，推动建设持久和平、共同繁荣的和谐世界。这些都是我国长期实行的并且被实践证明适合中国国情和当今时代发展潮流的正确的外交政策，体现了中国对外政策的稳定性和连续性。中国坚持开放发展、合作发展、共赢发展，通过争取和平国际环境发展自己，又以自身发展维护和促进世界和平，扩大同各方利益汇合点，党的十八大再次就中国将走什么样的道路向世界做出了庄严的承诺。

中国坚定不移地奉行独立自主的和平外交政策，其基本目标是维护中国的独立、主权和领土完整，为中国的改革开放和现代化建设创造一个良好的国际环境。其宗旨是维护世界和平，促进共同发展。这一政策的主要内容包括六个方面：

第一，中国始终奉行独立自主的原则。对于一切国际事务，都从中国人民和世界人民的根本利益出发，根据事情本身的是非曲直，决定自己的立场和政策，不屈从于任何外来压力。中国不同任何大国或国家集团结盟，不搞军事集团，不参加军备竞赛，不进行军事扩张。

第二，中国反对霸权主义，维护世界和平。中国认为，世界上国家不分大小、强弱、贫富，都是国际社会的平等一员。中国倡导树立互信、互利、平等、协作的新安全观，通过对话与合作解决国与国之间的纠纷和争端，互相尊重对方安全利益，而不应诉诸武力或以武力相威胁，不能以任何借口干涉他国内政，更不能恃强凌弱，侵略、欺负和颠覆别的国家。中国从不把自己的社会制度和意识形态强加于人，也绝不允许别国把他们的社会制度和意识形态强加于我们。

第三，中国主张顺应世界多极化和经济全球化的历史潮流，积极推动建立公正合理的国际政治经济新秩序。中国认为，新秩序应该体现历史发展和时代进步的要求，应该反映世界各国人民的普遍愿望和共同利益。和平共处五项原则和其他公认的国际关系准则应该成为建立国际政治经济新秩序的基础。中国尊重世界的多样性，并主张维护世界多样性，提倡国际关系民主化和发展模式多样化。中国认为，世界的多样性不应成为各国发展关系的障碍，而应该成为相互交流、补充、丰富的推动力。中国主张，各国的事务要由各国人民自己做主，国际事务应通过协商解决。

第四，中国愿意在互相尊重主权和领土完整、互不侵犯、互不干涉内政、平等互利、和平共处五项原则基础上，同所有国家建立和发展友好合作关系。

积极发展同周边国家的睦邻友好关系，是中国外交政策的重要组成部分。中国同绝大多数邻国解决了历史遗留问题，与周边国家的互利合作蓬勃发展。

加强同广大发展中国家的团结与合作是中国外交政策的基本立足点。中国与广大发展中国家有着共同历史遭遇，又面临着维护国家独立、实现经济发展的共同目标，合作基础深厚，前景广阔。

中国重视改善和发展同发达国家的关系，主张国与国之间应超越社会制度和意识形态的差异，相互尊重，求同存异，扩大互利合作。对彼此之间的分歧，应在平等与相互尊重的基础上坚持进行对话，不搞对抗，妥善加以解决。

第五，中国实行全方位的对外开放政策，愿在平等互利原则的基础上，同世界各国和地区广泛开展贸易往来、经济技术合作和科学文化交流，促进共同繁荣。

第六，中国积极参与多边外交活动，是维护世界和平和地区稳定的坚定力量。中国是安理会常任理事国，积极参与政治解决地区热点问题。中国派出了维和人员参与联合国的维和行动。中国支持联合国的改革，支持联合国等多边机构在国际事务中继续发挥重要作用。中国坚决反对一切形式的恐怖主义，为国际反恐合作做出重要贡献。

中国积极致力于推进国际军控、裁军与防扩散事业。迄今为止，中国已加入了所有国际军控与防扩散条约。在防扩散方面，中国一贯严格履行所承担的国际义务，积极致力于中国防扩散机制的法制化建设，已建立起一个相当完备的防扩散出口控制体系。

中国政府一向重视人权并为此做出了不懈的努力。中国已加入了包括《经济、社会及文化权利国际公约》在内的 18 项人权公约，并已签署了《公民权利和政治权利国际公约》。

中国愿与国际社会一道，加强合作，共同对付人类发展面临的环境恶化、资源匮乏、贫困失业、人口膨胀、疾病流行、毒品泛滥、国际犯罪活动猖獗等全球性问题。

2. 中国维护国家主权的政策宣示，并不意味着中国外交政策的改变

十八大报告指出，我们坚决维护国家主权、安全、发展利益，绝不屈服于任何外来压力。这是中国的一贯政策，从来没有改变，今后也不会改变。中国坚持走和平发展道路，不意味着放弃维护国家利益的权利，不意味着中国软弱可欺。在涉及重大利益和原则问题上，中国不会委曲求全，更不会拿原则做交易。近年来，特别是 2015 年以来，一些国家不顾中方劝阻，不断在南海、东海挑起事端，中方在忍无可忍的情况下，顺应民意，进行了必要的斗争，坚定维护了国家领土主权和海洋权益。同时，中方顾全大局，极力保持克制，展示了维护地区和平稳定的诚意和负责任的大国形象。

3. 中国外交政策也出现了新论断、新理念和新要求

十八大确定的外交政策提出一系列新论断。比如，除提出了世界多极化、经济全球化外，又进一步提出文化多样化、社会信息化持续推进；除强调我国发展仍处于可以大有作为的重要战略机遇期外，又指出要准确判断重要战略机遇期内涵和条件的变化；除阐述我国综合国力迈上大台阶之外，又明确指明我国是世界最大发展中国家的国际地位没有变。这些重要论断反映了我们党对国际形势和中国国际地位的深刻认识。

十八大确定的外交政策提出了一系列新理念。十八大报告提出，"中

国将继续高举和平、发展、合作、共赢的旗帜"，在国际关系中弘扬平等互信、包容互鉴、合作共赢的精神，"倡导人类命运共同体意识"，这些都强调了"合作共赢"的理念，也向世界表明了中国希望建设什么样的国际关系和什么样的国际秩序。

十八大对外交工作提出了一系列新要求。比如，提出要推动建立长期稳定健康发展的新型大国关系；要在发展睦邻友好的同时，使自身发展更好惠及周边国家；要加强同广大发展中国家的团结合作，永远做发展中国家的可靠朋友和真诚伙伴；要以更加积极的姿态参与国际事务，发挥负责任大国作用；要扎实推进公共外交和人文交流等。这些都对做好新形势下的外交工作提出了新的更高要求。

总之，无论是继承还是发展，外交工作都是坚决维护国家主权、安全和发展利益，都是要为全面建成小康社会和中华民族伟大复兴营造更为有利的外部环境，都是要为促进世界和平与发展做出应有贡献。当今时代是一个你中有我、我中有你、利益共生的时代。世界在变，中国也在变，但中国外交对维护和促进世界和平发展的承诺不会变，对共同追求人类美好未来承诺不会变。中国外交将在继承和发展中继续前行，以更加开放包容的心态，以更加积极有为的努力，为世界的和平发展，为人类的繁荣进步做出应有贡献！

拓展案例

材料一：2013 年 9 月 7 日，习近平在哈萨克斯坦纳扎尔巴耶夫大学发表演讲时表示，中国愿同东盟国家加强海上合作，使用好中国政府设立的中国—东盟海上合作基金，发展好海洋合作伙伴关系，共同建设 21 世纪"海上丝绸之路"。

材料二：2013 年 11 月，十八届三中全会通过的《中共中央关于全面深化改革若干重大问题的决定》首次在正式文件中提出，推进丝绸之路经济带和海上丝绸之路建设；2013 年 12 月，中央经济工作会议把丝绸之路经济带和海上丝绸之路的建设列为 2014 年经济工作重点；2014 年 3 月，国务院总理李克强在《政府工作报告》中再次强调，抓紧规划建设丝绸之路经济带和 21 世纪海上丝绸之路。

材料三：2014 年 12 月 29 日下午，一年一度的全国商务工作会议在北京闭幕。中国商务部部长高虎城提出，商务部 2015 年将推进"境外经贸合作区创新工程"。经过几年摸索，中国正在全球 50 个国家建设 118 个经贸合作区，其中涉及"一带一路"国家共达 77 个。这些境外经贸合作区成为"一带一路"建设的重要承接点。

参考文献

1. 教育部社会科学司：《2009 年下半年高校"形势与政策"教育教学要点》，《思想理论教育导刊》2009 年第 9 期。

2. 刀书林：《中国周边安全环境刍议》，《现代国际关系》2002 年第 1 期。

3. 李春玉：《世界经济危机下的国际形势》2009 年第 2 学期"形势与政策"课第 4 讲。

4. 刘柏林、黄石松：《中国周边环境变化趋势及应对策略》，《学理论》2009 年第 32 期。

5. 徐萍、赵青海：《中国周边安全环境透析》，《国际问题研究》2007 年第 2 期。

6. 高子川：《中国周边安全环境基本态势解析》，《当代亚太》2004 年第 1 期。

7. 刘清才：《新时期中国的睦邻外交政策》，《国际观察》2005 年第 5 期。

8. 张小明：《影响未来中国周边安全环境的因素》，《当代世界》2010 年第 6 期。

9. 罗会钧：《当前中国周边安全环境中的美国因素及其对策》，《文史博览》（理论）2008 年第 8 期。

第九章 新常态下的房地产

孟子《梁惠王章句上》有言："居者有其屋，病者有其医，勤者有其业，劳者有其得，少者有其学，童者有其乐，读者有其校，弱者有其助，老者有其养，车者有其位，工者有其薪，农者有其地，商者有其利，优者有其荣，能者得其用，阅者有其悟，学者有其为。"孟子的理想社会首先是让人民定有所居，即"住有所居"。其实，古今中外，"住"的问题都是民众最关心的大事之一，而"住有所居"也是为政者追求的共同目标。

以人为本，从人性角度出发，衣食住行是人们生存和发展中最基本的需要。建筑业、房地产业作为国民经济的支柱产业能否持续、稳定、协调发展，不仅关系到国民经济的健康发展，而且还关系到民生的基本问题的解决，关系到社会主义和谐社会的建设。"住有所居"不仅是每一个人的理想，也是政府应当解决的重大民生问题之一。

中共中央政治局于 2013 年 10 月 29 日就加快推进住房保障体系和供应体系建设进行集体学习。习近平指出，加快推进住房保障和供应体系建设，要处理好政府提供公共服务和市场化的关系、住房发展的经济功能和社会功能的关系、需要和可能的关系、住房保障和防止福利陷阱的关系。

2013 年 11 月 9—12 日召开的十八届三中全会，审议通过了《中共中央关于全面深化改革若干重大问题的决定》，指出：经济体制改革是全面深化改革的重点，核心问题是处理好政府和市场的关系，使市场在资源配置中起决定性作用和更好发挥政府作用。但是，随着我国市场经济的发展，住房制度改革的推进和城市化进程的加快，我国房地产业在近几年取得了快速发展，在贡献了大量的 GDP 的同时，也加剧了人们的不安。突出表现是在经济新常态下如何使商品房价格上涨与城市居民收入的增长形成良性搭配，实现房地产价格的合理回归，使普通百姓"住有所居"，恢复住房的保障功能。

一　2014年房地产市场情况分析

2014年，在全国整体经济"调档降速"的大背景下，房地产行业各项指标增速放缓。全国房地产市场整体出现较为明显的调整和回落态势，部分指标出现负增长。具体来看，房地产开发投资和资金来源增速明显回落，土地购置面积增速再次出现负增长，房价上涨幅度逐月回落，三季度末房价同比涨幅出现负增长，不同城市间分化趋势更加明显。可以说，在经济新常态下，房地产行业正式告别"黄金十年"，开启"白银十年"的转型升级路径。

（一）房地产开发投资增速有所回落

2014年，全国房地产开发投资95036亿元，比上年名义增长10.5%（扣除价格因素实际增长9.9%），增速比1—11月回落1.4个百分点，比2013年回落9.3个百分点。其中，住宅投资64352亿元，增长9.2%，增速比1—11月回落1.3个百分点。住宅投资占房地产开发投资的比重为67.7%。

（二）房屋新开工面积增速较上年下降明显

2014年，房地产开发企业房屋施工面积726482万平方米，比上年增长9.2%，增速比1—11月回落0.9个百分点。其中，住宅施工面积515096万平方米，增长5.9%。房屋新开工面积179592万平方米，下降10.7%，降幅扩大1.7个百分点。其中，住宅新开工面积124877万平方米，下降14.4%。房屋竣工面积107459万平方米，增长5.9%，增速回落2.2个百分点。其中，住宅竣工面积80868万平方米，增长2.7%。

（三）商品房销售下降明显，待售面积增加

2014年，商品房销售面积120649万平方米，仍处高位运行。比上年下降7.6%，降幅比1—11月收窄0.6个百分点，2013年增长17.3%。其中，住宅销售面积下降9.1%，办公楼销售面积下降13.4%，商业营业用房销售面积增长7.2%。商品房销售额76292亿元，下降6.3%，降幅比1—11月收窄1.5个百分点，2013年增长26.3%。其中，住宅销售额下降7.8%，办公楼销售额下降21.4%，商业营业用房销售额增长7.6%。如做过去五年的中期分析，中国房地产市场仍然处于上升通道中，毫无崩盘迹象。

2014 年年末，商品房待售面积 62169 万平方米，比 11 月末增加 2374 万平方米，比 2013 年末增加 12874 万平方米。其中，住宅待售面积比 11 月末增加 1352 万平方米，办公楼待售面积增加 202 万平方米，商业营业用房待售面积增加 361 万平方米。上述待售商品房在没有后续库存的情况下需要半年消化时间。这个数量并不严重，更不可怕。商品房库存在可以接受的范围内。

（四）房地产开发资金来源增速明显回落

2014 年，房地产开发企业到位资金 121991 亿元，比上年下降 0.1%，1—11 月增长 0.6%，2013 年增长 26.5%。其中，国内贷款 21243 亿元，增长 8.0%；利用外资 639 亿元，增长 19.7%；自筹资金 50420 亿元，增长 6.3%；其他资金 49690 亿元，下降 8.8%。在其他资金中，定金及预收款 30238 亿元，下降 12.4%；个人按揭贷款 13665 亿元，下降 2.6%。

随着房地产市场销售形势的下滑，2014 年房地产开发资金来源增速出现明显回落。2014 年 1—10 月，全国房地产开发企业资金来源为 100241 亿元，同比增长 3.1%，增速比 2013 年全年回落 23.4 个百分点，资金来源增速创住房制度改革以来新低。

房地产贷款余额增速回落，个人住房贷款增速平稳回落。2014 年前三季度末，主要金融机构（含外资）房地产贷款余额 16.7 万亿元，同比增长 18.2%，增速比 2013 年年末低 0.9 个百分点。

（五）土地购置面积减少，价格继续上升

2014 年 1—10 月，全国房地产企业土地购置面积为 26972 万平方米，增长 1.2%，与上年全年相比增幅回落 7.4 个百分点。2014 年，房地产开发企业土地购置面积 33383 万平方米，比上年下降 14.0%，降幅比 1—11 月收窄 0.5 个百分点。

前 10 个月，土地成交价款为 7747 亿元，同比增长 20.4%，增幅与上年全年相比回落 13.5 个百分点。全年土地成交价款 10020 亿元，增长 1.0%，1—11 月为下降 0.1%。

从房地产企业土地平均购置价格来看，2014 年前 10 个月房企土地购置价格为 2872 元/平方米，同比上涨 12.4%，涨幅较上年全年回落 10.6 个百分点。

（六）房价同比上涨的城市个数快速回落，同比整体出现下跌

10 月份，全国 70 个大中城市中，新建商品住宅价格同比上涨的城市个数明显回落，由此前 6 月的 69 个迅速下降到 3 个，下跌城市的个数由 1 个快速上升到 67 个。

表 9 - 1　　　　2014 年 11 月 70 个大中城市新建住宅价格指数

城市	新建住宅价格指数			城市	新建住宅价格指数		
	环比	同比	定基		环比	同比	定基
北　京	99.8	97.9	117.9	唐　山	99.9	97.2	100.1
天　津	99.7	97.7	108.8	秦皇岛	99.5	95.9	110.0
石家庄	99.8	97.2	116.1	包　头	99.3	95.5	107.3
太　原	99.6	97.0	111.0	丹　东	98.7	95.1	111.1
呼和浩特	99.1	96.3	109.9	锦　州	99.1	95.0	110.1
沈　阳	98.8	93.3	111.5	吉　林	99.7	96.5	110.5
大　连	98.6	95.3	111.3	牡丹江	99.8	98.3	110.9
长　春	99.4	97.1	109.5	无　锡	99.4	96.3	102.9
哈尔滨	99.6	96.8	110.3	扬　州	99.6	95.8	106.2
上　海	99.6	97.1	116.1	徐　州	99.4	96.4	108.9
南　京	100.0	98.5	110.7	温　州	99.5	94.5	77.8
杭　州	99.6	90.5	92.6	金　华	99.8	95.7	99.3
宁　波	99.6	95.6	95.0	蚌　埠	99.3	94.7	102.7
合　肥	100.0	99.4	111.0	安　庆	99.1	95.0	103.7
福　州	99.6	95.3	113.1	泉　州	98.8	95.3	102.4
厦　门	99.6	102.9	127.0	九　江	99.7	96.5	105.4
南　昌	99.6	95.6	112.3	赣　州	99.4	94.8	108.0
济　南	99.6	96.8	108.9	烟　台	99.1	96.4	107.4
青　岛	99.0	95.2	103.9	济　宁	99.6	97.5	110.0
郑　州	99.8	100.4	120.2	洛　阳	99.6	96.9	112.0
武　汉	99.7	96.4	111.2	平顶山	99.3	97.0	110.5
长　沙	99.1	94.3	114.5	宜　昌	99.1	96.1	110.0
广　州	99.6	96.2	122.3	襄　阳	99.3	95.7	109.9
深　圳	100.0	98.1	122.0	岳　阳	99.5	98.2	112.0
南　宁	99.7	96.7	107.8	常　德	99.7	97.5	108.9
海　口	99.7	96.3	99.5	惠　州	99.5	96.0	108.7

续表

城市	新建住宅价格指数			城市	新建住宅价格指数		
	环比	同比	定基		环比	同比	定基
重 庆	99.5	95.2	108.3	湛 江	99.0	95.9	112.6
成 都	99.4	95.8	108.3	韶 关	99.3	92.7	105.9
贵 阳	99.6	98.0	110.8	桂 林	98.7	94.0	110.9
昆 明	99.4	97.2	109.9	北 海	99.0	96.5	107.2
西 安	99.3	97.6	112.2	三 亚	99.4	96.8	102.7
兰 州	99.7	97.4	112.7	泸 州	99.6	95.4	107.0
西 宁	99.6	98.7	118.0	南 充	99.3	96.1	106.9
银 川	99.1	97.7	111.1	遵 义	99.5	97.4	110.0
乌鲁木齐	99.3	97.3	119.7	大 理	99.4	97.6	104.3

注：环比以上月价格为 100，同比以去年同月价格为 100，定基以 2010 年价格为 100。

资料来源：国家统计局：《2014 年 11 月份 70 个大中城市住宅销售价格变动情况》，http://www.stats.gov.cn/tjsj/zxfb/201412/t20141218_655220.html。

从房价同比指数的整体走势情况来看，呈现出持续回落的态势。2014年 10 月，70 个大中城市商品住宅价格同比指数的加权平均值为 97.3，比 2013 年 12 月回落 13.4 个百分点；算术平均值为 97.4，比 2013 年 12 月份回落 12.3 个百分点。70 个大中城市商品住宅价格同比上涨情况是：2012 年全年，房价指数整体呈现出低位运行的态势，2013 年起，房价指数迅速上升，至年底达到最高点，2014 年房价则出现持续回落，9 月份起整体出现下跌。

2014 年 12 月，房地产开发景气指数（简称"国房景气指数"）为 93.93，比上月回落 0.37 点。

（七）城市、企业间差异显著高度分化

一荣俱荣，一损俱损，无差别少差别的产业状况不复存在。不同城市间，不同企业间，不同项目间，同一城市不同区域间、企业间、项目间，同一企业不同区域、不同项目间，出现分化落差甚至冰火两重天，似乎正在成为新常态。万科、绿地、万达、恒大等中国领头大型房企继续扩大其市场份额，全面完成其年初制定的销售指标，中小型房企购地能力不断下降，仅依靠官商关系和银行贷款而获得发展机遇的模式不复存在。

表 9 - 2　　　　　　2014 年全国房地产开发和销售情况

指标	绝对量	比上年增长（%）
房地产开发投资（亿元）	95036	10.5
其中：住宅	64352	9.2
办公楼	5641	21.3
商业营业用房	14346	20.1
房屋施工面积（万平方米）	726482	9.2
其中：住宅	515096	5.9
办公楼	29928	21.8
商业营业用房	94320	17.0
房屋新开工面积（万平方米）	179592	- 10.7
其中：住宅	124877	- 14.4
办公楼	7349	6.7
商业营业用房	25048	- 3.3
房屋竣工面积（万平方米）	107459	5.9
其中：住宅	80868	2.7
办公楼	3144	12.7
商业营业用房	12084	11.3
土地购置面积（万平方米）	33383	- 14.0
土地成交价款（亿元）	10020	1.0
商品房销售面积（万平方米）	120649	- 7.6
其中：住宅	105182	- 9.1
办公楼	2498	- 13.4
商业营业用房	9075	7.2
商品房销售额（亿元）	76292	- 6.3
其中：住宅	62396	- 7.8
办公楼	2944	- 21.4
商业营业用房	8906	7.6
商品房待售面积（万平方米）	62169	26.1
其中：住宅	40684	25.6
办公楼	2627	34.4
商业营业用房	11773	26.0

续表

指标	绝对量	比上年增长（%）
房地产开发企业到位资金（亿元）	121991	-0.1
其中：国内贷款	21243	8.0
利用外资	639	19.7
自筹资金	50420	6.3
其他资金	49690	-8.8
其中：定金及预收款	30238	-12.4
个人按揭贷款	13665	-2.6

资料来源：国家统计局：《2014 年全国房地产开发和销售情况》，http：//www. stats. gov. cn/ tjsj/zxfb/201501/t20150120_ 671070. html。

表 9 - 3　　　　　2014 年东中西部地区房地产开发投资情况

地　区	投资额（亿元）	住　宅	比上年增长（%）	住　宅
全国总计	95036	64352	10.5	9.2
东部地区	52941	35477	10.4	8.5
中部地区	20662	14552	8.5	9.7
西部地区	21433	14323	12.8	10.3

资料来源：国家统计局：《2014 年全国房地产开发和销售情况》，http：//www. stats. gov. cn/ tjsj/zxfb/201501/t20150120_ 671070. html。

表 9 - 4　　　　　2014 年东中西部地区房地产销售情况

地　区	商品房销售面积		商品房销售额	
	绝对数（万平方米）	比上年增长（%）	绝对数（亿元）	比上年增长（%）
全国总计	120649	-7.6	76292	-6.3
东部地区	54756	-13.7	43607	-11.6
中部地区	33824	-3.9	16558	0.2
西部地区	32068	0.6	16127	3.5

资料来源：国家统计局：《2014 年全国房地产开发和销售情况》，http：//www. stats. gov. cn/ tjsj/zxfb/201501/t20150120_ 671070. html。

二　2015 年房地产市场形势展望

2014 年，中国经济"新常态"成为高大上的财经流行语。其实，中国房地产业也进入了"新常态"，政策变调、增速下滑、结构调整、利润压缩、企业分化等行业新特征日渐显现。

从市场短期变化而言，经历 2013 年的市场繁荣之后，2014 年市场全面降温，但是四季度比三季度好，下半年比上半年好。造成这一局面的原因是政府对房地产市场的政策调控走向去行政化和宽松：限购逐步取消，鼓励贷款优惠，降低准备金率和银行利率，提高普通商品房认定标准、公积金贷款调整、契税补贴等。这些政策有望在 2015 年继续贯彻并更加落地。进入 11 月、12 月两个月，各地特别是一线和二线城市市场有效需求得到明显释放，市场交易量明显放大。这种势头至少延续到明年一季度。政策支撑、金融支撑和需求支撑是 2015 年中国房地产发展的外部环境。

2015 年是全面深化改革的关键之年，是全面推进依法治国的开局之年，也是稳增长调结构的紧要之年。

十二届全国人大三次会议于 3 月 5 日开幕，国务院总理李克强作政府工作报告。李克强在报告中多次提及房地产领域。他指出："要对住房保障逐步实行实物保障与货币补贴并举，把一些存量房转为公租房和安置房。坚持分类指导，因地施策，落实地方政府主体责任，支持居民自住和改善性住房需求，促进房地产市场平稳健康发展。"

（一）部分城市房价仍具上涨动力

尽管房地产供需双双趋于稳定，房价仍然具备一定的上涨动力。数据显示，一线城市和热点二线城市的供需缺口仍然较大，短期内难以填补。今年各项增加供应的举措将控制房价涨幅，但尚不足以改变房价上涨的大势。

2015 年，房地产投资的增幅可能还会有所下跌，但再怎么下跌，也是正增长而不是负增长，也依然会保持中国各个产业当中的投资高增长。2015 年房市向好，主要表现在市场成交规模上而不是房价上。不会出现像过去几年的那种价格暴涨，也不会出现房价的剧烈下跌，房价总体是稳定的。但是房价上涨依然是趋势性的现象。

（二）房地产政策继续松绑

2014 年以来，由于银行房贷收紧、供求关系转变、市场预期下行，再加上市场需求和购买力在前几年被大量透支，全国房地产市场迅速转冷。为抑制楼市持续下行，在"双向调控、分类指导"的基调下，全国范围内共经历了三轮楼市政策松绑。第一阶段是中央相继以"央五条"、定向降准等手段"微刺激"以保障自住购房信贷需求；第二阶段是 5 月起地方政府相继出台各类"救市"政策，手段多样化、纵深化，"限购"政策也随之土崩瓦解；第三阶段是 9 月底起，中央放松"限贷"，房地产市场出现企稳迹象。随后，为防止经济下滑，央行进一步在 11 月份宣布降息，房地产市场也随之受益。

在中央层面，中央政府更注重长效机制的建立，逐步将重心由短期调控转移至住房制度建设上来，《新型城镇化规划》发布，不动产统一登记工作平稳展开，户籍制度改革加速推进。

在货币层面，5 月，央行召开住房金融服务专题座谈会，研究落实差别化住房信贷政策、改进住房金融服务工作；9 月，央行又出台《关于进一步做好住房金融服务工作的通知》，大规模放松住房信贷政策；11 月，又再次祭起降息利器，力促经济平衡增长。

2015 年开年以来，房地产市场可谓是捷报频传。2015 年 2 月 28 日，央行 2015 年来首次降息。央行决定，自 2015 年 3 月 1 日起下调金融机构人民币贷款和存款基准利率。金融机构一年期贷款基准利率下调 0.25 个百分点至 5.35%；一年期存款基准利率下调 0.25 个百分点至 2.5%。3 月 30 日，《中国人民银行 住房城乡建设部 中国银行业监督管理委员会关于个人住房贷款政策有关问题的通知》发布，央行、住建部、银监会联合下发通知，对拥有一套住房且相应购房贷款未结清的居民家庭购二套房，最低首付款比例调整为不低于 40%。使用住房公积金贷款购买首套普通自住房，最低首付 20%；拥有一套住房并已结清贷款的家庭，再次申请住房公积金购房，最低首付 30%。同日，财政部发布《关于调整个人住房转让营业税政策的通知》，通知要求，自 3 月 31 日起，个人住房转让营业税免征年限由 5 年恢复至 2 年。个人将购买不足 2 年的住房对外销售的，全额征收营业税；个人将购买 2 年以上（含 2 年）的非普通住房对外销售的，按照其销售收入减去购买房屋的价款后的差额征收营业税；个人将购买 2 年以上（含 2 年）的普通住房对外销售的，免征营业税。对于一直不温不火的房地产市场来讲，政府不折不扣地再次给 2015 年的房地产市场注入了一支强心剂。

从地方层面来看，在"分类调控"原则的指引下，调控的权力和责任转移至各地方政府。地方政府根据当地的实际情况，有针对性地出台调控政策。一线城市的楼市政策仅有微调，以继续抑制投资投机性需求，满足自住型需求。而那些库存量较高、供大于求的城市，地方政府积极出台利好政策，全力去库存。

从政策影响看，随着地方政府松绑限购、央行放松限贷以及降息、免税等利好政策的引导下，全国房地产市场下滑的势头有所减缓，特别是四季度以来，房屋成交量有所回升，房价环比跌幅也逐渐收窄。

从未来政策走向看，预计 2015 年房地产政策将延续"分类调控"的思路，政策整体保持适度宽松，金融领域预计将继续实施降息和降准政策，房地产市场整体谨慎乐观。

引人关注的是，目前北京、上海、广州和深圳依旧未放开限购。作为全国房地产市场的风向标、高房价集中营、严控人口的主要城市，2015 年一线城市限购不太可能完全放开，但在中央强调市场机制的大背景下，以及一线城市也存在经济稳增长、财政压力大的问题，因此不排除局部放松限购的可能。

（三）保障性住房趋于增加，供需趋于稳定

2014 年新开工保障性安居工程 740 万套，基本建成 511 万套。

2015 年，将加快培育消费增长点。鼓励大众消费，控制"三公"消费，稳定住房消费。加大城镇棚户区和城乡危房改造力度。2015 年保障性安居工程新安排 740 万套，其中棚户区改造 580 万套，增加 110 万套，把城市危房改造纳入棚改政策范围。农村危房改造 366 万户，增加 100 万户，统筹推进农房抗震改造。

随着热点城市市场供应的增加，未来市场总体供需将得到缓解，成交量、价格等走势将趋于稳定，难以出现类似 2013 年的大幅波动。总体来看，房地产供需双双趋于稳定，将成为 2014 年房地产市场的典型特征。

（四）市场分化或将继续加剧

由于房产政策还有一定的调整空间，货币政策也会进一步放松，因此，2015 年房地产市场不会出现大幅波动，全国房价综合指数可以延续 2014 年的平稳微幅波动的走势。在房价综合指数基本平稳的背景下，将有更多经济不景气的三四线城市房地产市场陷入困境，价格会出现破位下行，也就是俗称的"鬼城"会越来越多。

2015 年，一二线大城市的房价基本企稳，不会出现大幅下跌，但并不意味着之后永远不会下跌，只是它们会是最后下跌的地方。当大城市的房价也开始下跌后，中国房地产价格综合指数将出现显著的调整。当然这在 2015 年不会发生，但在 2016—2017 年发生将是一个大概率事件。

中国房地产价格从整体上回归合理之后（这个过程会经历若干年，大约会到 2020 年前后），将进入平稳发展阶段。但不同发展水平的城市其房产的价格将会出现冰火两重天的景象，北上广深等超级大城市和大部分一线大城市的房价会随着中国经济结构调整的完成而逐渐回归并且会再创新高，而大部分三四线城市的房产价格将长期在低位徘徊。介于这两类城市之间的中型城市其房价趋势会出现分化，其中重要的变量是城市对人口的吸引力。如果一个城市在未来能够持续吸引到外来人口，且人口总数还在不断增长，则房价的总体趋势是乐观的。反之，其房价很难有所作为。

值得注意的是，楼市已经出现严重分化，一二线城市聚集了过多的资源。在一二线城市增加供应的同时，一些三四线城市却面临不小的消化压力。

同时也应该看到，随着城镇化进程的推进，三四线城市可能再次掀起房地产投资热潮，这种潜在风险也是需要警惕的。

（五）政府调控政策将加速去行政化

由于 2013 年房地产市场分化已经开始显现，2014 年，城市间房地产价格的分化进一步扩大，房价总体平稳并不排除局部地区房价上涨或下跌，甚至出现局部大幅涨跌的可能，所以再搞全国一盘棋式的行政调控也就没有任何意义，调控的决策权将更多下放到地方，调控手段摆脱全国一刀切，根据城市特性出台不同的调控政策。房价快速上涨的城市进行调控升级，从严落实差别化住房信贷、税收政策和住房限购措施，增加住房用地和住房有效供应，而供应充足、成交低迷的城市则采取适度的放松微调，调控只会松不会紧。

2015 年，中央政府继续简政放权，让市场机制发挥资源配置的决定性作用，已成为经济政策决策的指导思想。政策重点已从房价走向保障房，特别是棚户危房旧区改造；调控责任已经从中央走向地方，赋予地方依据本地实际状况调整政策的更多权限。不要求地方政府制定年度房价控制目标并向国务院立军令状，不分解保障房建设配售年度硬性指标并允许各地创新内容措施，不扩大房产税试点范围并将其纳入全国人大职责范围，不追责地方政府放松限购限贷政策并允许因地制宜创新内容，不立即全国范围全面覆盖地实现房地产权籍登记和房地产信息联网并做出组织和法律基础准备，不阻止房地产企业兼并、上市、增发、发债、海外融资并实现降准、降息。

展望 2015 年，房地产政策将会比较平稳。我们需要重点关注三个方面：其一，由于经济稳增长压力较大，在扩大住房消费、加强保障房、棚改房方面，还将稳中求进。其二，政府对于房地产调控的态度与方针正在转变，由过去频频的行政干预，转为建立长效机制，不动产统一登记、住房信息联网、房地产税立法等继续推进。其三，继续坚持此前"双向调控，分类指导"的原则，全国多数地区楼市仍在降温，尤其是中小城市库存压力较大，地方政府托市、救市意愿依然强烈。一线城市限购不太可能全面取消，但有可能局部放松。

三　客观认识我国房地产业的"泡沫"问题

我国房地产业是否存在"泡沫"问题，政府、专家学者、城乡居民可能有不同的看法，这是正常的。房地产泡沫实质上是由于房地产投机引起的房地产价格与价值严重背离，市场价格脱离了实际使用者有效支付能力的情况。从 20 世纪中期以来，日本的地价泡沫为最典型的房地产泡沫事件。1960—1990 年的 30 年时间，日本的 GDP 增长了 17.4 倍，而地价上涨了 56.1 倍，房价上涨了 40 倍，是历史上影响时间最长的房地产泡沫事件。

近几年随着我国国民经济的持续快速发展、城市化进程的加快、居民收入水平的提高和政府启动内需的政策，房地产业的发展显示了勃勃生机。总体来说我国房地产业的发展仍在健康范围，但是一些局部性、地区性和结构性的"泡沫"问题也必须引起足够的重视。这是我们对当前房地产市场形势的基本判断。

建筑房地产业是我国国民经济支柱的产业之一，也是"泡沫经济"的主要载体之一。引导和促进建筑房地产业持续、稳定、健康发展，不仅有利于保持整个国民经济又好又快增长，有利于满足广大人民群众的基本住房消费需求，而且事关我国全面建设和谐社会目标的实现。因此，正确认识当前我国房地产市场的"泡沫"情况至关重要，它不仅直接影响国家对房地产市场的宏观调控政策的制定与落实，而且直接影响着居民对房地产市场信息的把握及购买决策的确定，对整个房地产业和整个国民经济的发展都有一定的影响。

（一）房地产"泡沫"形成的原因

从经济学角度看，社会总供求平衡是物价稳定的基本条件。其中总需求是指一国在一定时期内商品和劳务上的支出总量，表现为一定时期内有货币支付能力的购买力总额，总需求（D）包括投资需求（I）、消费需求（C）和政府需求（G）；总供给是指一国在一定时期内的总产出，表现为一定时期内社会提供进入市场可供购买的商品和劳务总额，总供给（y）包括消费（w）、储蓄（s）和税收（g）。社会总供求平衡，即：D = y；亦即：w + s + g = I + C + G。德国房价十年不涨，供求平衡是硬道理。当前我国房地产"泡沫"问题的产生是一种经济状态失衡现象的具体表现。导致这种现象的原因有很多，主要原因是随着经济发展，社会总需求不断增长，而供给的弹性价格也随之增长。就目前我国的经济体制环境而言，房地产"泡沫"的形成原因总结起来有以下几个方面：

1. 地价过快上涨

房价和地价是房地产价格的主要部分。房产价格随时间递减，而由于土地的稀缺性特征，地产价格在数量上是随时间递增的。土地价格上涨与土地囤积是同步的。土地价格之所以持续上涨，是由于城市建设速度不断加快，城市中心建设用地日趋紧缺，加上全国各地普遍实行了土地的收购储备制度，土地增值收益已经成为地方政府财政收入的主要来源。地方政府希望通过土地市场的价格调控获得更多的财政收入，这些都直接或者间接地导致了土地价格的上涨，进而推动了房地产价格的上涨。[①]

---

① 从 1998 年房地产市场化之后，土地收入在地方财政中获得了越来越大的比重，直到拯救金融危机的 2009 年达到高峰，土地出让价格翻番。以北京为例，2009 年通过招拍挂的方式成交的各类土地达到了 247 宗，成交的金额达了 928 亿元，土地出让金的收入占财政收入比重达到了 45.9%。而浙江、上海等地的房地产收益创出历史新高。据 2009 年年初工商联的调查报告，在房地产开发企业项目开发中，土地成本占直接成本的比例最高，达到 58.2%。2011 年，全国国有土地使用权出让收入 33173 亿元，达到全国公共财政收入的 32%。2012 年，国有土地使用权出让收入有所下降，仍然达到 28517 亿元。据国土资源部数据，全国土地出让价款到 2013 年首次超 4 万亿元为止，13 年间增长超 30 倍，累计达 19.4 万亿元。加上财政部最新公布的 2014 年 4.3 万亿元，土地出让金累计达 23.7 万亿元。

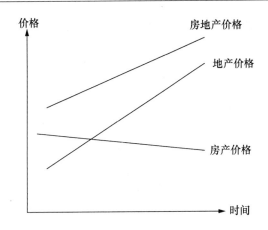

图9-1 房地产价格与土地价格、房产价格的关系

由图9-1可以看出，地产的升值性决定房地产的增值性，地产价格逐渐增加的变动趋势超过房产价格逐渐减少的趋势的时候房地产表现为增值。因为土地和房产的这一特性，决定了房地产发生"泡沫"现象主要取决于地价的"泡沫"。

如果我们对近十年来的土地价格和商品房价格进行比较（见图9-2)，可以更加清楚地发现土地价格和商品房价格之间存在非常强的相关

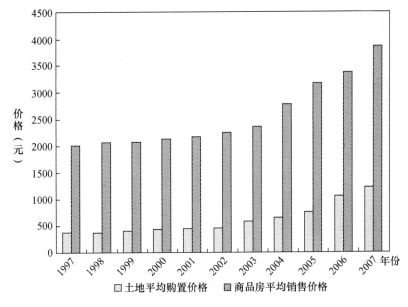

图9-2 土地平均购置价格和商品房平均销售价格比较

资料来源：有关年份《中国统计年鉴》。

性。可见，土地价格的确显著影响房价并能够用于预测未来房价的走势。

2. 房地产市场的特殊性及其秩序的不规范

与一般商品市场相比较，房地产市场具有自身的特点，具有供给弹性小、需求不确定［自住型及改善型需求，投资型及投机型需求，被动性需求（如"丈母娘需求"）等］和房地产交易成本比较低等特点，房地产市场的这种特殊供不应求关系导致房价的上涨。同时，我国房地产市场还很不规范，房地产市场秩序的不规范加剧了房地产市场信息的不对称状态，投机炒作之风盛行，房地产投机因素产生了大量的虚拟需求，这种需求刺激市场膨胀，出现了大量的虚假需求消息，使房价大幅度上涨，销售量也出现增长的局面。这种局面导致了开发商对市场的错误判断，盲目增加投资，把投资放在了利润较高的房地产市场，进而导致"泡沫"迅速膨胀。这种虚拟需求一旦减少，甚至演变成供给，出现了大量空置房，房地产泡沫也随之破裂。在投机炒作中，人们将赚取土地价格上涨的资本大量投入房地产，从而加速了房地产价格的上升。这是导致我国房地产"泡沫"产生的重要因素。

3. 购房者的预期及非理性行为

消费者对某种消费品价格的预期在一定程度上影响自己的需求。而不完全理性预期和投机行为决定了消费者的从众行为，使得对未来预期的形成主要依赖于经济环境的变化。从众行为即"羊群效应"① 是典型的非理性行为，人们不断地购买房地产，是因为他们难以准确地掌握信息，对未来预期的形成也主要来自市场其他人的行为和预期，进而通过他人的行为来选择自己的所需。房地产跟其他一般商品有所不同，当价格不断地上升时，人们认为价格还会持续上升，需求量变大了，供给量变少了，进一步刺激了价格上升，促进了"泡沫"的产生。房地产市场是垄断竞争市场，而开发商和最终消费者作为市场的两大主体所获取的信息是不对称的。在信息不对称的情况下，开发商过度炒作常常会影响投资者对收益现象的估

---

① "羊群效应"是指人们经常受到多数人影响，而跟从大众的思想或行为，也被称为"从众效应"。人们会追随大众所同意的，自己并不会思考事件的意义。"羊群效应"是诉诸群众谬误的基础。经济学里经常用"羊群效应"来描述经济个体的从众跟风心理。羊群是一种很散乱的组织，平时在一起也是盲目地左冲右撞，但是，一旦有一只头羊动起来，其他的羊也会不假思索地一哄而上，全然不顾前面可能有狼或者不远处有更好的草。因此，"羊群效应"就是比喻人都有一种从众心理，从众心理很容易导致盲从，而盲从往往会陷入骗局或遭到失败。

计。加之，房地产的建筑周期长，开发商的有效供给常常滞后于变化的市场需求，投资者对市场更加难以做出准确的判断。开发商无休止的炒作以及消费者收入水平的提高，使人们对未来的收益有了过高的估计从而使房地产价格严重脱离其实用价值进而加速房地产"泡沫"的生成。

4. 房地产市场供给的结构性矛盾

我国房地产市场的一个重要问题就是供给的结构性矛盾。我国的住房保障制度刚刚起步，"廉租房"、"经济适用房"等政策性住房地理位置偏僻而且数量严重不足，满足不了大量中低收入阶层的需要，供求矛盾非常突出；城市扩张、旧城改造造成市政建设中的大规模拆迁又加剧了这一供求矛盾，加上住房租赁市场不发达，使低档房价格急剧上升并产生了"泡沫"，中低价位、中小套型住宅比例相对偏低，别墅和高档公寓供给增长过快，这样的结构性矛盾使整个住房价格上涨。①

5. 银行等金融机构宽松的信贷政策

房地产是劳动密集型产业，更是资金密集型产业，房地产开发需要雄厚的资金支撑。银行等金融机构认为由于房地产是不动产，不易被查封、变卖，这种以房地产抵押的贷款风险很小，加上巨额的利息收益，通常愿意发放这种抵押贷款。从整个房地产市场的运行过程及其资金链来看，房地产金融主要是由银行房地产信贷构成的，银行信贷贯穿于土地储备、交易、房地产开发和房产销售的整个过程。房地产开发中土地收购和开发的资金主要来源于银行贷款，还款则主要依靠土地出让金。根据统计估算，我国房地产市场上80%左右的土地购置和房地产开发资金都直接或间接地来自我国商业银行信贷。而且从图9-3可以看出，房地产开发的全过程商业银行都基本参与了。当房地产价格不断上涨，抵押物市值不断攀升时，银行为了追求市场份额、信贷规模，对借款者的资信调查往往有所忽略，低估了市场的潜在风险，在贷款的实际操作过程中违反一些相关的规定，向开发商发放大量贷款使大量的资金涌向房地产市场，缺乏必要的风险控制意识和手段，导致许多开发商拥有少量的资金就可以从事项目开发。宽松的房地产信贷政策，为房地产"泡沫"的产生埋下了隐患。

---

① 华远集团总裁任志强曾经说过：我是一个商人，我没有责任替穷人盖房子，房地产开发商只替富人建房，我不应该考虑穷人。这在某种程度上反映了当前房地产开发商的典型心态。

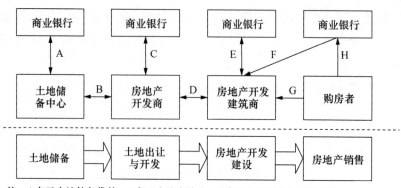

注：A表示土地储备贷款；B表示土地出让金；C表示土地转让与开发贷款；
　　D表示业务承包转让资金；E表示房地产开发与建设贷款；F表示按揭贷款；
　　G表示定金与预付金；H表示贷款本金和利息。

　　⟶ 表示资金流向　　⟹ 表示产业流程

图9－3　我国房地产市场运行及资金流程表

6. 国家对房地产消费的鼓励政策

　　房地产业作为国民经济的基础性、主导性产业对国民经济发展起着至关重要的促进作用，与国计民生的各个方面有着密不可分的紧密关系，各国政府都会对该行业进行干预。政府行为对房地产"泡沫"产生了重大影响。比如，自2008年9月起，为应对国际金融危机的影响，我国政府接连出台降息、减税、鼓励房地产消费的多项政策，中断了多年来的房地产调控政策，使房地产业成为受金融危机影响最为轻微的部门之一，这种政策的导向使房地产过度开发，使价格不断虚涨，空置率不断上升，加速了"泡沫"的形成。

（二）我国房地产业存在"泡沫"问题的客观现实

　　综上所述，在我国当前经济环境下，影响房地产"泡沫"的因素很多，既有房地产本身及房地产市场的特殊性及其运作的非规范性、消费者的预期及非理性行为、投机因素、银行等金融机构的非理性行为等因素的影响，也有政府方面的原因，还有信息非对称而导致的盲目行为等，这些因素共同作用会引发我国房地产局部性、地区性和结构性"泡沫"问题的形成。

　　按照国际惯例，目前比较通行的说法认为，房价收入比在3—6倍为合理区间，如考虑住房贷款因素，住房消费占居民收入的比重应低于30%。我国各个城市的房价收入比是不平衡的，中小城市的房价收入比多在六倍以上，属于房价过高的范畴，据调查，全国大部分大中城市房价收入比超过 6 倍，其中，北京、沈阳、贵阳、南京、广州、大连和西安的比率都超过了 20 甚至更高。

有数据显示，近年来，北京、上海、广州、深圳都属于房价上涨过快的城市，房价增长速度远快于社会平均工资增长速度。具体就广州本地而言，广州楼价从 2003 年的 3888 元/平方米开始起步，已经连续 8 年都呈现不断上涨的态势。其中，在 2006 年、2007 年、2010 年这三年更是涨幅惊人，分别达到 24.5%、37.1% 及 39.7%。2011 年在限购、限贷之下，楼价涨幅虽然趋缓，但依然达到 13401 元/平方米的历史最高水平。"房价太高了，买不起"是大多数普通老百姓的心声。图 9 - 4、图 9 - 5、图 9 - 6、图 9 - 7 和图 9 - 8 反映了房价上涨与居民收入增长严重脱节的客观现实。

房地产业又是一个产业关联度非常高的行业，一旦"泡沫"形成必将给整个国民经济及居民生活带来极大危害，对此我们必须有十分清醒的认识。因此，我国政府应及时分析形成房地产"泡沫"的原因，通过多种途径，及时采取多种措施来防范和消除房地产"泡沫"。如调整国家财税政策，改变地方政府过度依赖土地收益的局面；创造良好公平的市场环境，规范房地产市场；积极引导消费者树立正确的消费观，实现"居者有其屋"目标应该不仅仅限于"买房"；加强对金融机构的监管，增强其风险意识和宏观调控政策的执行力度；完善住房保障制度，调整房地产市场供给结构；等等。通过"综合治理"，促进房地产业的良性循环和健康发展，促进整个国民经济的协调与平衡发展。

四 促进房地产市场平稳健康发展的政策与措施

尽管房地产的调控政策不断加码，但在稳定房价特别是降低房价方面收效甚微。2013 年，"调控"字眼在公开场合消失，行业政策面趋于平缓。新一届政府在历次重要会议中，均未提及"调控"二字，类似"高房价问题"这样的提法也再未出现在任何公开场合。在十八届三中全会最终公布的决定中，对房地产行业虽无明确扶持表态，但诸如"处理好政府和市场的关系，使市场在资源配置中起决定性作用"、"建立城乡统一

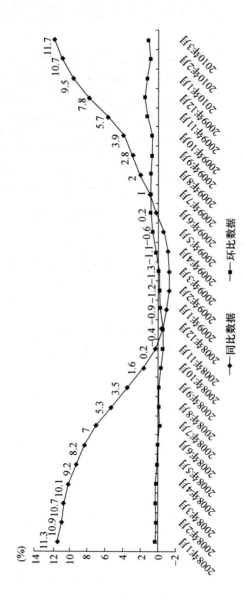

图 9 - 4 2008 年以来全国 70 个大中城市房价涨幅走势图

资料来源：搜狐财经（http://business. sohu. com/s2009/loushitiaozheng/）。

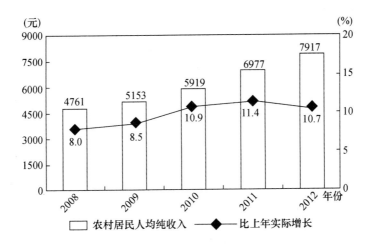

图9-5　2008—2012年农村居民人均纯收入及其实际增长速度

资料来源：国家统计局：《中华人民共和国2012年国民经济和社会发展统计公报》。

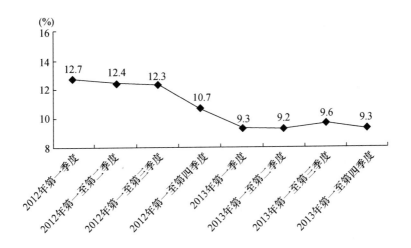

图9-6　2012—2013年农村居民人均收入实际增长速度（累计同比）

注：第一至第四季度为农村居民人均纯收入，其他为农村居民人均现金收入。

资料来源：国家统计局：《中华人民共和国2013年国民经济和社会发展统计公报》。

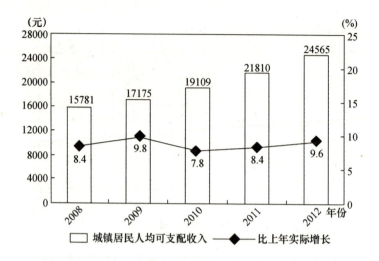

图 9 – 7 2008—2012 年城镇居民人均可支配收入及其实际增长速度

资料来源：国家统计局：《中华人民共和国2012年国民经济和社会发展统计公报》。

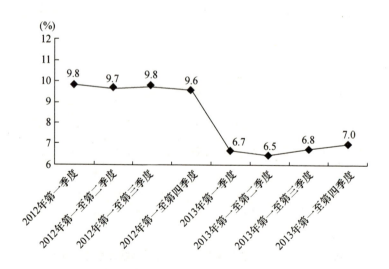

图 9 – 8 2012—2013 年城镇居民人均可支配收入增长速度（累计同比）

资料来源：国家统计局：《中华人民共和国2013年国民经济和社会发展统计公报》。

的建设用地市场"、"完善城镇化健康发展体制机制"、"推进以人为核心的城镇化"等内容，均毫无悬念地将对未来行业发展起到巨大推动作用，尤其是政府职能转型的提法，意味着过去十年房地产行政性调控的淡出。但是，这种转型是一个长期的过程，在2014年还将有不少深远影响了房地产市场的政策出台。今后一个时期内，一方面要处理好政府和市场的关系，使市场在资源配置中起决定性作用和更好发挥政府作用，保障房归政府，商品房归市场；另一方面，不解决股市等资本市场长期不景气的问题，不解决地方政府长期依赖土地财政的问题，恐怕难以厘清资本追逐利润所带来的楼市异化问题。

要想使稳定房地产价格的政策与措施取得预期的效果，必须尊重市场规律，必须采取政府引导和市场经济相结合的方式，首先要转变观念，澄清房地产市场宏观调控中存在的错误认识，其次要采取相关的政策与措施。

（一）需要澄清的几个错误认识

1. 房地产市场宏观调控就是要降低房价

我国尚处于社会主义初级阶段，落后的社会生产力与人民群众日益增长的物质文化需要之间的矛盾将长期存在。政府出台相关政策对房地产市场进行宏观调控，其真正目的在于实现房地产市场健康、有序和协调发展，并不是单纯降低房价，而是使其处于相对稳定状态或者是控制在与GDP和居民人均可支配收入增长速度相协调的上升幅度内。同时，基于商品住宅具有福利性和商品性的双重属性，政府在调控房地产市场的过程中还应考虑政府的社会保障职能。

2. 实现"住有所居"的目标就要买房

"住有所居"是我国人民几千年来的崇高理想。通过房地产市场的充分发展，为全体人民提供比例合理的高档房、普通商品房、保障性住房和租赁房，以满足不同层次居民的需求是房地产市场宏观调控的目标之一。但是在现实的国情下，对"住有所居"的科学理解不能简单地认为人人都能买得起住房，"有"，可以是"拥有"，也可以是"占有"，即"为我所用"。这既需要国家配套政策鼓励和引导，也需要个人转变观念。很可能在未来相当长的一段时期内，一些低收入和无收入家庭只能依靠租房来解决居住问题。目前我国的个人住房私有率已经达到80%以上，即使在一些发达的资本主义国家，个人住房的私有率也只有60%—70%，如美国仅为68%。

3. 土地稀缺导致高房价

我国是一个资源大国，更是一个人口大国，"人多地少"的矛盾十分突出。长期以来，很多观点认为我国"人多地少"的国情是决定地价、房价持续上涨的理由之一。事实上，"人多地少"的矛盾并不是我国独有的问题，世界上大部分国家面临的问题都是"人多地少"，土地资源极为稀缺。据有关资料介绍，我国平均的人口密度是每平方公里132人，而日本的这一数据为336人，日本的人口密度几乎是我国的3倍，但是日本的地价可以连跌13年，2003年日本的全国城市平均地价已经跌至20世纪70年代末的水平。新加坡每平方公里人口高达6430人，可谓是世界上人口密度最高的地区之一，却可以做到"居者有其屋"，其解决住房问题的思路颇值得我们思考。目前，新加坡有85%的人口居住在组屋，其中93%拥有自己的组屋。①

可见，我国房价大幅上涨的根源并不仅仅在于"人多地少"的矛盾，而是在于我国土地利用粗放以及房地产市场竞争不充分，信息严重不对称，价格信号遭到严重扭曲。中国现有城市建成区的面积约3.84万平方公里，仅占国土总面积的0.4%，而农村宅基地的面积约16.8万平方公里，占国土总面积的1.75%。如果拿出1%的国土面积来建设城市，则至少可以解决14亿人的居住问题。

4. 税收是房地产调控的主要手段

2013年3月1日晚，国务院出台房地产调控"新国五条"细则，在重申限购限贷的同时，也重申"对出售自有住房按规定应征收的个人所得税，通过税收征管、房屋登记等历史信息能核实房屋原值的，应依法严格按转让所得的20%计征"。计征20%个税这一原有政策的强调，引起市场强烈反应及广泛争议。来自链家、搜房网等房地产中介机构的信息显示，各地二手房成交突增，其中南京表现格外突出：根据南京市住建委数

---

① 组合房屋，简称组屋，由新加坡建屋发展局承担建筑的公共楼房，为大部分新加坡人的住所。建屋发展局的规则只让新加坡公民购买新组屋，而永久居民则只可以在二手转卖市场上购入组屋。在组屋购入后，一般上必须在屋主满五年后才可转卖。建屋发展局规定一个完整的家庭只能同时拥有一间政府组屋，另外对单身人士购买组屋，建屋发展局也有相当多的限制。截至2010年，85%的新加坡公民住进了政府建造的"政府组屋"，其中，93%的居民拥有其房屋的产权，7%的低收入家庭是向政府廉价租赁；另外，15%的高收入家庭住的是市场上购买的高档商品房。

据，仅 3 月 4—6 日，南京二手房累计成交 1430 套，3 月 6 日成交更是逼近 600 套，而在 3 月 1 日，当地二手房日均成交只有 180 套。

税收究竟是不是调控房价的政策工具呢？我们现在有一个误解，总觉得税收的主要功能是调控经济、调控价格、调控市场。其实这是错误的。正确的观念应该是什么呢？税收是有一定调控作用，但是这是它的派生出来的作用。

税收最根本的作用其实主要是两条：第一条是为政府筹集财政收入，然后政府来提供公共服务；第二条就是要公平，就是税收要公平。所谓公平就是不干扰正常的市场调节的价格。

所以，税收不能太扩大它的这种功能，如果它的税收的调控功能被扩大到无限大的话，那就等于破坏了整个的市场机制。税收的作用既不能被高估，也不能被忽略，适中、合理的税收政策才能够起到调节市场价格、进行收入再分配、维护社会公平的作用。税收不应该成为调控房价的主要工具，它更多承担的是实现社会财富再分配、体现社会公平的作用。目前在税收方面，存在着多收、重复收等问题，急需做的不是推出新的税种，而是捋顺现有税制，进行合并和取消，改变过去"改革就是收费，调控就是收税"的习惯。

5. 限购、限贷可以促进供求平衡

解决住房问题，最根本的是要靠供求关系、价格，要靠市场的调节，发挥市场机制作为基础性调节手段的作用，政府的调控应该作为辅助的手段。试想：当前我们的汽车市场，还需要限购、限贷吗？在货币超发、政府垄断土地市场、房产税试点未见明显成效、保障房建设长期缺位、问责机制形同虚设、土地财政盛行全国等诸多困局面前，下决心切实增加供应，促进房地产市场的供求平衡，才是解决问题的关键之所在。

（二）促进房地产市场健康有序发展的对策建议

当前房地产价格居高不下的两个原因：一是通货膨胀背景下，投资渠道不畅，实体经济效益下滑，导致流动性泛滥于房地产，这不属于房地产调控可以解决的问题。二是地方政府对土地财政的过度依赖仍未解决，导致土地与房地产的供求关系扭曲问题一直存在。

1. 房价上涨的根本原因是供给不足而不是需求过剩

居民住房需求确实是存在刚性的，在地方政府和开发商仍然人为制造供不应求的扭曲市场环境下，不断将政策压力加诸购房者即需求方身上，不但不能降低购房者的需求总量，反而会把新增的调控成本全部转嫁给购房者。房地产调控的重心仍然是供给方调控，增加商品房土地供应，提高中小户型比例，加大廉租房兴建力度。恰当运用税收杠杆，不在房屋的交易环节增税，在房屋的保有环节增税。因为买卖房屋属于市场行为，鼓励交易可以加大市场的供给量。在美国，二手房市场的交易量是一手房的数倍；在保有环节增税，加大了持有多套房的成本，能有效抑制一部分不合理需求。

2. 理顺中央—地方的财政分配结构

上一轮的分税制改革，直接导致中央财政大大"挤兑"了地方利益，地方政府被迫"学坏"，通过权力以各种方式"敛财"。"土地财政"困局的根源，是中央与地方的财政分配比例不合理，而不是由于地方政府的收入来源不够多。解决土地财政的最终目的，是为了实现中央—地方的财政分配比例合理化，从而扭转地方政府在"土地财政"下，以卖地收入最大化为目的引致的种种市场规则扭曲，降低从居民身上变相抽取的土地红利。

解决中央—地方财政分配结构，扭转地方政府对土地财政的依赖，已经成为无法绕过的攻坚环节。

中央与地方日益"紧张"的利益冲突，迫使中央必须加快财税改革。但是现在，很多地方政府财源拮据，陷入深度债务危机。在这种情况下，新一轮税制改革迫在眉睫。十八届三中全会对此项改革已有定调。《中共中央关于全面深化改革若干重大问题的决定》提出：要深化财税体制改革，建立事权和支出责任相适应的制度，保持现有中央和地方财力格局总体稳定，结合税制改革，考虑税种属性，进一步理顺中央和地方收入划分。可以预见，新一轮财税改革将优先调整事权、带动财力重新配置；特别是针对现存的政府事权不清、收支结构不合理、地方债务风险突出等问题，出台更切合实际的、适度向地方倾斜的改革举措。与此同时，将调整和优化税源结构，研究和实施切合中国实际的房产税征收政策。

3. 进行结构性调整，促进房地产业升级

进行产品结构调整。政府要引导房地产商主动适应市场的需要，在开发和销售多种档次商品房的同时，重点推出市场潜力较大的经济适用房和中档住房，要控制和降低高档豪华房的比重，盘活房地产三级市场。同时，还必须提高房地产企业的规模和规模效益；改变传统的产品、价格、管理和销售方式，提高信息化水平，确立企业自身发展的特色，提高企业核心竞争力。

进行地区结构调整。目前，房地产开发的热点地区一般集中在一线大城市，如北京、上海、广州、青岛等。这些地区不仅投资增长很快，而且房价的上涨也很快，不少地区的房价已经达到了"天价"的程度，让普通老百姓望而生畏。可以说，有些地区的房地产发展，特别是市区内房地产的发展已经有了一定程度的"过热"。建议政府加强交通、环境等方面的规划，今后房地产开发增加城市郊区投资，降低成本，降低房价，让更多的老百姓买得起房子，也为房地产行业的发展、城市特色老城区的保护，开辟一条新路。

4. 规范土地市场

首先，要加快有形土地市场的建设，实现国有土地使用权交易的公正、公开、公平性。公开招标拍卖可以为所有企业提供平等竞争的机会，避免"黑箱"操作的诸多弊端。招标并不是简单的价高者得标，政府可用综合指标，包括企业的资质、以往的开发业绩、土地使用方向、开发项目的市场前景等，来确定中标者的资格。这样，政府才可以有效地调控土地供给的规模、条件、时序和位置，同时，有效地保障老百姓急需的普通住宅用地供给。其次，各城市政府应对土地储备量、待拍卖的土地、现有土地使用结构、规划、评估价格等信息公开，防止信息不对称为一些人圈地、炒地牟取暴利提供便利。第三，对违规违纪者，包括土地用途与规划不符，对各种以圈地牟取暴利为目的的经营活动或政府官员违法乱纪的应给予严厉的制裁，以保障市场秩序的正常运行。

5. 完善房地产金融体制

在目前金融体制不健全的情况下，银行的房地产信贷业务，一方面受到我国的个人信用制度、抵押制度和抵押保险机制不健全的影响；另一方面，银行自身又存在着许多脆弱性，如资本不足、不良资产过高、资产负债管理水平低等，这些都会加大房地产信贷的风险。

为此，一方面，我国的银行业应从基础设施建设入手，提高自身抵御金融风险能力；另一方面，金融监管部门应从制度建设入手，完善信用制度、抵押制度、抵押保险和抵押二级市场的发展，为房地产业与金融业的共同发展提供一个良好的外部环境。

6. 把解决中低收入阶层的住房问题纳入公共选择程序

厘清政府与市场的边界，市场化商品住宅和保障住房体系是两码事，不能混在一起，商品房就是市场化，市场化是应该放开的，买商品房不应该限制。归结起来就是：保障房归政府，商品房归市场。

保障房的选址、兴建规格及适用人群，本质上是政府究竟将以多少资源用于买不起商品房的弱势群体的问题。这正是一个公共选择过程，应当在广泛征求意见的基础上，通过听证会或地方人民代表大会等程序，寻求一套公平合理的解决方法，最终使多数公众能够接受并感到满意。同时，保障房还是房地产供给的重要组成部分，通过保障房数量和地点选择，可以起到防止房价大起大落的作用。

7. 增强商品房市场信息的透明度

在中国新生的房地产市场，信息是一种公共品，政府应当在维护透明度上付诸更大努力。中国房地产市场的成熟和规范化，牵涉诸多配套的制度设施的完备，须假以时日；但有一点可以看得比较清楚，即必须加强市场信息的透明度，帮助购房者根据较为真实的信息，做出自己正确的判断。首先，政府在土地市场上处于完全垄断的地位，土地规划、供应量、闲置土地存量等直接影响房地产价格的一般性指标，并不易为公众所知，因此，市场信息的透明首先是这些一般性指标的透明化；其次，政府应当利用二级市场的信息优势，加强房地产投资、楼盘销售、房屋空置率、房价变动等信息的披露机制，为公众决策提供一致的、真实可靠的依据。经过一年多来的"房地产新政"，房地产投机成本大大增加，而投机的特性又要求短期内套现，因此，增强商品房市场信息的透明度，不仅有利于公众对房价走向做出正确判断，而且可以防止房地产开发商和投机者利用信息优势哄抬房价。

8. 利用土地市场调节房地产供求，加强政府的独立和公正性

在英联邦国家以及前英国殖民地，通过一级市场的管理和调控有效地调节土地二级交易市场，保持房地产市场供求基本平衡的做法比较常见。香港特区在这方面的政策运用上也有先例。因此，内地不少城市存有采用"香港模式"之想。然而，这种模式需要以政府的独立、公正和信息透明为基本前提；如若不然，政府可以从高房价拉动的高地价中获得大量财政收入而又不受监督，必然不会真心平抑房价，甚至会对高房价推波助澜。而这也正是我们一直担心的政府在房地产市场的"越位"问题。

人们有理由期待，随着转变经济发展方式的加快，随着"商品房＋保障房"供应体系的日益完善，随着地方财税体制和收入分配改革走向深入，房地产有望逐渐步入"理性开发、持续发展"的轨道。而随着社会对楼市与房价关注热情的逐步"降温"，"住有所居"就将不断从梦想走向现实。

拓展案例

管窥国外住房政策：引导与保障是重点

"安其居，乐其业。"这句话道出了住房对百姓生活的重要性。在解决住房市场供求矛盾时，政府扮演什么角色？政策产生何种导向？法律究竟如何作为？

1. 美国：政府推动"住房梦"

国际金融危机对美国住房市场造成了严重冲击。反思危机的产生时，很多专家认为美国人对自有住房的向往是不容忽视的因素之一。金融机构利用这一需求发放次级贷款，并设计了复杂的金融衍生品，最终导致泡沫不断膨胀。而这种需求的产生既有文化因素，也有政府推动。

大多数美国人把拥有一套自有住房看作实现美国梦的前提。皮尤中心的调查显示，2009 年 2 月在经济形势仍然非常严峻的时候，90% 的美国人仍将住房视为生活慰藉的来源。这一现象正如发明"美国梦"一词的历史学家詹姆斯·亚当斯所说："美国梦不仅仅意味着物质产品的堆积。住房应当成为一个家和一个生活的所在地……"

目前，除了次级房贷者无力偿还债务外，很多优良贷款者也因为房屋实际价值跌穿贷款总额而选择止赎。2008 年一年，美国共有 100 多万家庭失去了住房。但失去住房后的人们，并没有直接转为租房，而是借住亲戚或朋友家，说明经济危机的负面影响还在持续。美国当前的租房空置率为 10.7%，同比增加了 0.6 个百分点，高于 20 世纪 90 年代 8% 的平均值。

然而，在 20 世纪初以前，美国人与现在的价值观不同，宁可租房也不举债买房。当时，市场上的住房贷款发放要求非常苛刻，一般需要买房者首付 50%，并以较高利息在短期内（5 年）付清。1932 年，胡佛总统主持通过了《联邦住房贷款银行法》，继任的罗斯福总统则成立了房产主贷款公司，为失去住房的房主提供低息贷款。1934 年成立的联邦住房管理局，负责审定房屋建筑标准，并推出 25—30 年期的低息贷款。1938年，美国联邦国民抵押贷款协会（房利美）成立，向购房者提供抵押贷款支持。美国宾夕法尼亚大学历史和社会学教授托马斯·苏格鲁在《华尔街日报》撰文指出，从 1929 年爆发的经济大萧条起，"山姆大叔"成为了美国住房市场的真正推手。

1944 年，美政府为从战场返乡的老兵提供了慷慨的房贷补贴，促进了自有住房率的快速提升。1950 年，美国人的自有住房率从 10 年前的不到 50% 增长到了 55%。联邦政府的介入也为住房建设和房地产提供了大量资金，使其成为经济重要部门。20 世纪 50 年代末，美国统计局开始将新屋开工数作为考察经济的首要指标。20 世纪六七十年代，美国住房和城市发展部将房屋拥有权项目还扩展到少数民族群体。1976 年的《社区再投资法》允许向落后的社区提供贷款，这也让很多高风险人群拥有了贷款购买自有住房的机会。如今，美国人的自有住房率约为 67.2%。

最近几任美国总统也均将让民众拥有住房作为施政要点之一。克林顿总统在 1995 年宣布"全国房屋所有权日"时，把自有住房同公民责任联系起来。他呼吁巩固美国的家庭价值观、鼓励双亲家庭和让人们待在家里。布什总统也承诺要建设一个"住房拥有者社会"，宣称将有比以往任何时候都多的美国人有能力打开房门，欢迎客人。

奥巴马政府 2009 年 3 月公布了名为"让住房负担得起"的住房救援计划。该计划主要有三项措施，一是通过降低房贷月供、允许再融资，使 400 万—500 万户陷入困境的房主缓解房贷压力；二是设立 750 亿美元的房主稳定基金，帮助约 300 万—4000 万户房贷严重违约者保住即将失去的住房；三是美国财政则将房利美和房地美的融资额度增加一倍，每家 2000 亿美元。据估计整套住房救援计划最高耗资可达 2750 亿美元。

有投资分析公司指出，美国目前共有 1.306 亿套住房，其中 7500 万套为自有住房，3670 万套为出租房，另外 1890 万套闲置。美国政府面临的难题是，只有创造更多就业岗位，才能消化大量闲置住房。而如果住房存量太多，新房开工势必受到影响，从而拖累扩大就业。

2. 德国：法典保护租房者

由于租房比例很大，德国的《民法典》等多项法律对房租价格进行了强有力的管理和约束，特别侧重对房客利益予以保护，规定房东不得随意提高房租。

2009 年夏天，德国交通部和相关房地产协会共同资助的一项研究结果表明，在重要工业国家中，德国房地产市场稳定，价格波动率处于"末位"。该研究报告称，自 1991 年以来的 18 年中，德国购房价格仅上升了9%—18%，新房房租仅涨12.7%，旧房房租上涨近44%。这些基本上在通胀水平之内。德国是如何对房地产市场进行有效管理的？记者就此采访了柏林自由大学国际城市研究学院院长格哈德·布劳恩教授。

布劳恩说，在德国，农村人因自己有地，自有房率较高。此外，中小企业主拥有住房者也较多。但是大城市不一样，例如首都柏林，基本上是一个租房城市。造成这一现象的主要原因是年轻人多、共同生活但不结婚的人多以及人口流动性强。这些不稳定性导致人们对生活的设计并不长远。而且总体上看，租房也比买房更加便宜合算。

布劳恩特别指出："受教育程度与工作和住房状况三者间关系密切。"他说，以前，受过高等教育的人找长期性工作容易。但近些年来，由于金融危机和经济危机，越来越多的公司进行"项目性招聘"，即所招员工往往是为某个项目工作，收入也不一定宽裕，因此很多人的工作只稳定三五年，项目结束后即需"另谋高就"，还可能到别的城市谋生。因此，人们在一个地方投资买房做长远生活打算的自然就减少了，而银行针对这一不稳定情况，对其贷款也就更为谨慎。上述研究也表明，在德国西部有45%的人自建房或购房，而东部的这一比例约为1/3。

由于租房比例很大，德国的《民法典》等多项法律对房租价格进行了强有力的管理和约束，特别侧重对房客利益予以保护，规定房东不得随意涨房租。例如，房东须书面陈述涨价理由，并且在一般情况下还须举出3 个同类住房涨价的例证，否则房客可以起诉。需要指出的是，即使要涨到同类住房的通常水平，当事人还必须连续 15 个月内没涨过价，而且涨幅一般不得超过 10%。至于当地同类住房通常房租水平多高，《民法典》特别规定，设专门机构定期制定"房租水平表"，主要是根据所租房屋地理位置、交通状况、房屋建筑年份、质量及节能情况，来确定基本价格范围。由于这个机构包括当地房东协会、房客协会及中介公司代表和政府代表等，因此它制定的价格一般都能得到执行。

就房地产的供需情况而言，德国人重质量而非面积。对于德国民众来说，"需求最大的是 70 平方米左右的住房，150 平方米的房子就被认为是豪宅了"。

而在价格方面，德国房价稳定的一个重要原因在于价格的透明度。布劳恩介绍说，根据《建筑法》，德国每个州（相当于省）、县都设有独立的"专家委员会"，专门负责价格评估。这个委员会有权获得所有房地产交易价格，制定"地产基准价"，评估并发布地产及房产价格表。虽然房屋买卖是市场行为，但实际上由于每个公民都可以很方便地上网或通过其他途径从上述委员会获取分门别类的价格表，因此买卖双方容易达成一致。

参考文献

1. 《2015 中国房地产市场发展报告》，国家信息中心房地产信息处。

2. 郎咸平：《郎咸平说：改革如何再出发》，东方出版社 2014 年版。

3. 亓龙、黄楠楠：《我国房地产泡沫形成机理分析》，《产业经济》2010 年第 2 期。

4. 高薇、吴刚、李全润：《对房地产市场宏观调控的理性思考》，《房地产市场》2005 年第 11 期总第 299 期。

5. 欧阳强、李祝平：《我国房地产业现状与产业升级问题研究》，《湖南财经高等专科学校学报》2004 年第 5 期。

6. 刘纪学、汪成豪等：《次贷危机及其对我国房地产市场的影响》，《管理评论》2009 年第 2 期。

7. 中国经济信息网统计数据库（http：//www. cei. gov. cn）。

8. 国家统计局网站。